Norme d'échange automatique de renseignement relatifs aux comptes financiers en matière fiscale

OCDE

DES POLITIQUES MEILLEURES
POUR UNE VIE MEILLEURE

Cet ouvrage est publié sous la responsabilité du Secrétaire général de l'OCDE. Les opinions et les interprétations exprimées ne reflètent pas nécessairement les vues officielles des pays membres de l'OCDE.

Ce document et toute carte qu'il peut comprendre sont sans préjudice du statut de tout territoire, de la souveraineté s'exerçant sur ce dernier, du tracé des frontières et limites internationales, et du nom de tout territoire, ville ou région.

Merci de citer cet ouvrage comme suit :
OCDE (2014), *Norme d'échange automatique de renseignement relatifs aux comptes financiers en matière fiscale*, Éditions OCDE.
http://dx.doi.org/10.1787/9789264222090-fr

ISBN 978-92-64-22206-9 (imprimé)
ISBN 978-92-64-22209-0 (PDF)

Les données statistiques concernant Israël sont fournies par et sous la responsabilité des autorités israéliennes compétentes. L'utilisation de ces données par l'OCDE est sans préjudice du statut des hauteurs du Golan, de Jérusalem-Est et des colonies de peuplement israéliennes en Cisjordanie aux termes du droit international.

Les corrigenda des publications de l'OCDE sont disponibles sur :
www.oecd.org/about/publishing/corrigenda.htm.

© OCDE 2014

Avant-propos

Ceci est la première édition de la publication intitulée *Norme d'échange automatique de renseignements relatifs aux comptes financiers en matière fiscale.*

Cette édition inclut le texte du Modèle d'accord entre les autorités compétentes et la Norme commune de déclaration ainsi que les Commentaires s'y rapportant, dans leur version du 15 juillet 2014 après approbation de la *Norme d'échange automatique de renseignements relatifs aux comptes financiers en matière fiscale* par le Conseil de l'OCDE.

Table des matières

Abréviations et acronymes

NCD	Norme commune de déclaration
UE	Union européenne
FATCA	Loi américaine relative au respect des obligations fiscales concernant les comptes étrangers (Foreign Account Tax Compliance Act)
FTN	Format de transmission normalisé (en anglais Standard Transmission Format (STF)
GAFI	Groupe d'action financière
IF	Institutions financières
Modèle AAC	Modèle d'accord entre autorités compétentes
OCDE	Organisation de coopération et de développement économiques
TIEA	Accords d'échange de renseignements

I. Introduction

A. Contexte

1.   Avec la mondialisation croissante de l'économie mondiale, il devient plus facile, pour tous les contribuables, d'effectuer, de conserver et de gérer des placements par le biais d'institutions financières situées hors de leur juridiction de résidence. Des sommes considérables sont détenues à l'étranger où elles échappent à l'impôt si les contribuables ne respectent pas leurs obligations fiscales dans leur juridiction de résidence. La fraude fiscale internationale constitue un grave problème pour les juridictions partout dans le monde, qu'elles soient ou non membres de l'OCDE, grandes ou petites, développées ou en développement. Tous les pays ont intérêt à préserver l'intégrité de leurs systèmes fiscaux. La coopération entre administrations fiscales est essentielle pour lutter contre la fraude fiscale et protéger l'intégrité des systèmes fiscaux. Un aspect fondamental de cette coopération est l'échange de renseignements.

2.   L'OCDE travaille depuis longtemps sur toutes les formes d'échange de renseignements – sur demande, spontané et automatique – et la Convention multilatérale concernant l'assistance administrative mutuelle en matière fiscale ainsi que l'article 26 du Modèle de Convention fiscale de l'OCDE forment la base de toutes les formes d'échange de renseignements. Depuis 2009 en particulier, l'OCDE, l'UE et le Forum mondial sur la transparence et l'échange de renseignements à des fins fiscales ont beaucoup progressé pour améliorer la transparence et l'échange de renseignements sur demande.

3.   Depuis 2012, les responsables politiques se sont intéressés aux possibilités offertes par l'échange automatique de renseignements. Le 19 avril 2013, les ministres des Finances et gouverneurs de banque centrale du G20 ont approuvé l'échange automatique en tant que nouvelle norme attendue. La décision du G20 faisait suite à l'annonce antérieure, par cinq pays européens, de leur volonté de développer et de tester l'échange multilatéral de renseignements fiscaux en se basant sur le Modèle d'accord intergouvernemental en vue d'améliorer la discipline fiscale internationale et de mettre en œuvre FATCA, élaboré entre ces pays (Allemagne, Espagne, France, Italie et Royaume-Uni) et les

États-Unis (le « Modèle AIG 1 »). Le 22 mai 2013, le Conseil européen a décidé à l'unanimité de s'efforcer en priorité de développer l'échange automatique à l'échelle de l'UE et au niveau mondial, et s'est félicité des initiatives actuellement menées par le G8, le G20 et l'OCDE en vue d'élaborer une norme mondiale. Le 12 juin 2013, la Commission européenne a adopté une proposition législative visant à étendre la portée de l'échange automatique de renseignements dans sa directive sur la coopération administrative. Le 19 juin 2013, les dirigeants du G8 ont salué le rapport du Secrétaire général de l'OCDE intitulé « *A Step Change in Tax Transparency* » (un tournant pour la transparence fiscale) qui expose les mesures concrètes à prendre pour mettre en pratique un modèle mondial d'échange automatique. Les dirigeants du G8 se sont entendus pour coopérer avec l'OCDE et au sein du G20 en vue de mettre en œuvre de toute urgence les recommandations qui figurent dans ce rapport. Le 6 septembre 2013, les dirigeants des pays du G20 se sont engagés en faveur de l'échange automatique de renseignements en tant que nouvelle norme mondiale et ont pleinement appuyé les travaux menés par l'OCDE avec les pays du G20 en vue de présenter cette norme mondiale unique en 2014. En février 2014, les ministres des Finances et gouverneurs de banque centrale des pays du G20 ont approuvé la Norme commune de déclaration pour l'échange automatique de renseignements fiscaux figurant dans la deuxième partie du présent document. Au cours de la réunion du Conseil au niveau des Ministres, les Membres ont adopté (le 6 mai) une Déclaration sur l'échange automatique de renseignements en matière fiscale. En mai 2014, plus de 60 pays et territoires s'étaient engagés à mettre rapidement en œuvre la Norme commune de déclaration et à la transcrire dans leur droit interne. En outre, 44 juridictions se sont entendues sur un calendrier commun pour la mise en œuvre de la Norme.

4. Le modèle mondial d'échange automatique couvre les renseignements relatifs aux comptes financiers. De nombreuses juridictions, membres ou non de l'OCDE, pratiquent déjà l'échange automatique d'informations sur diverses catégories de revenu avec leurs partenaires et à l'échelle régionale (dans l'UE, par exemple), et transmettent aussi d'autres types de renseignements tels que les changements de résidence, l'achat ou la vente de biens immobiliers, les remboursements de la taxe sur la valeur ajoutée, les retenues d'impôt à la source, etc. La nouvelle norme mondiale n'a pas pour effet ni pour objet de restreindre les autres types ou catégories d'échange automatique de renseignements. Elle définit une norme minimale pour les renseignements à échanger. Les juridictions peuvent choisir d'échanger des renseignements en allant au-delà de la norme minimale définie dans le présent document.

5. La Norme commune de déclaration (« NCD »), qui vise à optimiser l'efficacité et à réduire les coûts pour les institutions financières, est largement inspirée de l'approche intergouvernementale suivie pour la mise en œuvre de la loi FATCA. Bien que cette approche diffère de la NCD sur certains aspects, les différences tiennent à la nature multilatérale du système NCD

et à d'autres facteurs spécifiques aux États-Unis, en particulier le concept d'imposition fondée sur la citoyenneté et l'existence d'une retenue d'impôt à la source significative et libératoire au titre de la loi FATCA. Compte tenu de ces caractéristiques, du fait que l'approche intergouvernementale pour l'application de la loi FATCA est un système préexistant qui présente d'étroites similitudes avec la NCD, et des progrès escomptés vers une large adhésion à la NCD, la démarche des États-Unis qui consiste à ne pas requérir de regarder à travers les entités d'investissement implantées dans des juridictions non partenaires est compatible et en accord avec la NCD.

B. Principales caractéristiques d'un modèle mondial d'échange automatique de renseignements sur les comptes financiers

6.   Pour qu'un modèle d'échange automatique de renseignements sur les comptes financiers soit efficace, il doit être spécifiquement conçu en ayant à l'esprit le respect des obligations fiscales dans les juridictions de résidence plutôt que d'être la simple transposition d'un système de déclaration nationale. En outre, il doit être harmonisé de manière à ce que le plus grand nombre possible de juridictions de résidence et d'institutions financières puissent l'utiliser avec profit, tout en reconnaissant qu'il demeure certaines questions devant être décidées par la mise en œuvre au plan local. La normalisation présente l'avantage de simplifier les processus, d'accroître l'efficacité et de réduire les coûts pour l'ensemble des parties prenantes concernées. Une prolifération de modèles différents et incompatibles risque d'imposer aux pouvoirs publics comme aux entreprises des coûts élevés liés à la collecte des informations nécessaires et à l'exploitation des différents modèles. Elle pourrait entraîner une fragmentation des normes, susceptible d'induire des exigences contradictoires, d'accroître les coûts de conformité et de réduire l'efficacité. Enfin, la fraude fiscale étant un problème mondial, le modèle doit être de portée mondiale afin de pouvoir lutter contre la fraude fiscale internationale et ne pas simplement déplacer le problème au lieu de le résoudre. Des mécanismes de nature à encourager le respect des obligations fiscales peuvent aussi être nécessaires pour atteindre cet objectif.

7.   En 2012, l'OCDE a présenté au G20 le rapport « *Échange automatique de renseignements : Qu'est-ce que l'échange automatique de renseignements, comment fonctionne-t-il, quels sont ses avantages, quels progrès reste-t-il à accomplir ?* »[1], qui résume les principales caractéristiques

---

1.   OECD (2012), *Échange automatique de renseignements : Qu'est-ce que l'échange automatique de renseignements, comment fonctionne-t-il, quels sont ses avantages, quels progrès reste-t-il à accomplir*, OCDE, Paris, disponible sur www.oecd.org/fr/fiscalite/echange-de-renseignements-fiscaux/rapportechangeautomatiquederenseignements.htm.

d'un modèle efficace d'échange automatique. Les principaux facteurs qui conditionnent la réussite de l'échange automatique de renseignements financiers sont les suivants : *(1)* une norme commune pour la déclaration de renseignements, une diligence raisonnable et un échange de renseignements, *(2)* une base juridique et opérationnelle pour l'échange de renseignements ; et *(3)* des solutions techniques communes ou compatibles.

1. Norme commune de déclaration, diligence raisonnable et échange de renseignements

8.   Un modèle efficace d'échange automatique de renseignements nécessite une norme commune définissant les renseignements devant être déclarés par les institutions financières et à échanger avec les juridictions de résidence. De cette manière, il est assuré que les déclarations des institutions financières sont alignées avec les intérêts de la juridiction de résidence, et les renseignements échangés seront de meilleure qualité et plus prévisibles. La juridiction de résidence disposera alors de meilleures possibilités pour améliorer le respect des obligations fiscales et utiliser au mieux les informations fournies (par exemple, via le recoupement automatique avec les informations nationales résultant des obligations déclaratives nationales et l'analyse de données).

9.   Pour limiter les risques que les contribuables contournent le modèle en transférant des actifs vers des institutions ou en investissant dans des produits qui ne sont pas couverts par le modèle, un régime déclaratif doit avoir une large portée comportant trois dimensions :

- **Les informations financières communiquées** : Un régime déclaratif complet couvre différentes catégories de revenus d'investissement, y compris les intérêts, dividendes et types analogues de revenu, et prévoit également le cas de figure dans lequel un contribuable cherche à dissimuler des capitaux qui représentent un revenu ou des actifs sur lesquels l'impôt a été éludé (par exemple, en demandant des informations sur les soldes de comptes).

- **Les titulaires de compte soumis à l'obligation déclarative** : Un régime déclaratif complet exige la communication d'informations concernant les personnes physiques, mais doit aussi limiter les possibilités pour les contribuables de recourir à des entités ou des constructions juridiques pour se soustraire à leurs obligations déclaratives. Par conséquent, les institutions financières doivent être tenues de regarder au travers des sociétés-écrans, des fiducies et structures analogues, y compris les entités imposables, afin de déceler les situations dans lesquelles un contribuable cherche à dissimuler le nominal mais accepte de payer des impôts sur le revenu.

- **Les institutions financières soumises à l'obligation déclarative** : Un régime déclaratif complet couvre non seulement les banques, mais également d'autres institutions financières telles que les courtiers, certains organismes de placement collectif et certaines sociétés d'assurance.

10. Outre une norme commune définissant la portée des renseignements à collecter et à échanger, un modèle efficace d'échange automatique d'informations financières requiert également une norme commune sur un ensemble solide de procédures de diligence raisonnable que les institutions financières doivent suivre afin de déterminer les comptes déclarables et de se procurer les éléments d'identification des titulaires de comptes qui doivent être communiqués pour ces comptes. Les procédures de diligence raisonnable sont essentielles parce qu'elles contribuent à garantir la qualité des informations communiquées et échangées. Enfin, un retour d'expérience de la juridiction qui reçoit les renseignements à celle qui les transmet concernant d'éventuelles erreurs dans les informations reçues peut aussi représenter un aspect important d'un modèle d'échange automatique efficace. Ce retour d'expérience peut prendre la forme d'un échange spontané de renseignements, qui constitue en soi un autre aspect important de la coopération entre autorités fiscales.

2. Base juridique et opérationnelle de l'échange de renseignements

11. Il existe différentes bases juridiques à l'échange automatique de renseignements. Même si les conventions bilatérales telles que celles fondées sur l'article 26 du Modèle de Convention fiscale de l'OCDE autorisent un tel échange, il peut être plus efficace de fonder les relations d'échange automatique sur un instrument multilatéral. La Convention multilatérale concernant l'assistance administrative mutuelle en matière fiscale (la « Convention »)[2], telle qu'amendée en 2011, est un tel instrument. Elle prévoit toutes les formes de coopération administrative, contient des règles strictes relatives à la confidentialité et au bon usage des informations, et permet l'échange automatique. L'un de ses principaux avantages est sa portée

---

2. La Convention multilatérale a été élaborée conjointement par le Conseil de l'Europe et l'OCDE et est ouverte à la signature par les pays membres de deux Organisations depuis le 25 janvier 1988. La Convention a été modifiée en réponse à l'appel lancé lors du Sommet de Londres du G20 en avril 2009 en vue de l'aligner sur la norme internationale relative à l'échange de renseignements et l'ouvrir à l'ensemble des pays, notamment pour permettre aux pays en développement de tirer profit du nouvel environnement plus transparent. Sa version modifiée a été ouverte à la signature le 1er juin 2011.

mondiale[3]. Aux termes de la Convention, l'échange automatique nécessite la conclusion d'un accord spécifique entre les autorités compétentes des parties, qui peut être souscrit par deux parties ou plus, de sorte qu'un accord unique peut régir l'échange automatique entre deux parties ou plus (l'échange automatique proprement dit ayant toujours lieu sur une base bilatérale). Cet accord entre autorités compétentes active et « rend opérationnel » l'échange automatique entre les participants. Lorsque des juridictions ont recours à d'autres instruments d'échange de renseignements, comme des conventions bilatérales, un accord entre autorités compétentes peut jouer le même rôle.

12. Les conventions et instruments d'échange de renseignements contiennent tous des dispositions strictes qui imposent la confidentialité des informations échangées et restreignent le nombre de personnes à qui ces informations peuvent être divulguées et l'usage qui peut en être fait. L'OCDE a publié un Guide sur la confidentialité,[4] qui définit les meilleures pratiques en la matière et donne des orientations concrètes sur les moyens d'assurer un niveau de protection adéquat. Avant de conclure un accord prévoyant l'échange automatique de renseignements avec une autre juridiction, la juridiction destinataire doit impérativement disposer du cadre juridique et des capacités et procédures administratives nécessaires pour garantir la confidentialité des informations reçues et s'assurer qu'elles seront utilisées uniquement aux fins prévues dans l'instrument.

3. Solutions techniques communes ou compatibles

13. Des solutions techniques communes ou compatibles pour la communication et l'échange d'informations constituent un aspect essentiel de tout système normalisé d'échange automatique, surtout s'il est destiné à être utilisé par de nombreuses juridictions et institutions financières. La normalisation réduit les coûts pour l'ensemble des parties concernées.

14. Le format technique de déclaration doit être normalisé afin de pouvoir collecter, échanger et traiter les informations rapidement, efficacement et au moindre coût, et des méthodes sécurisées et compatibles de transmission et de cryptage de données doivent être disponibles.

---

3. Pour des informations sur les juridictions couvertes par la Convention, les signataires et les ratifications, voir www.oecd.org/tax/exchange-of-tax-information/Status_of_convention.pdf.

4. OCDE (2012), *Garantir la confidentialité* OCDE, Paris, disponible sur www.oecd.org/fr/ctp/echange-de-renseignements-fiscaux/rapport-garantir-la-confidentialite.pdf.

C. Aperçu de la norme sur l'échange automatique de renseignements relatifs aux comptes financiers

15.   La deuxième partie de ce document contient (A) un modèle d'accord/d'arrangement entre autorités compétentes (« Modèle AAC ») et (B) la norme commune de déclaration et de diligence raisonnable concernant les renseignements relatifs aux comptes financiers (NCD). Ensemble, ils constituent la norme commune de déclaration, de diligence raisonnable et d'échange de renseignements relatifs aux comptes financiers.

16.   La mise en œuvre de la norme supposera de la transcrire dans le droit interne. La conclusion d'un accord entre autorités compétentes basé sur le modèle permettra alors la mise en place de l'échange d'informations fondé sur des instruments juridiques existants, comme la Convention ou des conventions bilatérales relatives à l'impôt sur le revenu. L'échange de renseignements peut aussi se fonder sur un accord/arrangement multilatéral entre autorités compétentes, ou des juridictions peuvent conclure un accord intergouvernemental multilatéral ou plusieurs accords intergouvernementaux qui seraient des traités internationaux à part entière couvrant à la fois les obligations déclaratives et les procédures de diligence, conjugués à un accord entre autorités compétentes de portée plus limitée. Une législation européenne qui couvrirait les éléments de la NCD pourrait également constituer la base juridique.

1. Résumé du Modèle d'accord entre autorités compétentes

17.   Le Modèle AAC est le lien entre la NCD et la base juridique (comme la Convention ou une convention fiscale bilatérale) permettant l'échange de renseignements relatifs aux comptes financiers. Le Modèle AAC se compose de plusieurs considérants et de sept sections, et définit les modalités des échanges pour assurer des flux appropriés de renseignements. Les considérants évoquent les règles nationales en matière de déclaration et de diligence raisonnable qui sous-tendent l'échange de renseignements en vertu de l'accord entre autorités compétentes. Ils énoncent également des principes relatifs à la confidentialité, aux garanties et à l'existence des infrastructures nécessaires à un échange efficace.

18.   Le Modèle AAC contient une section de définitions (section 1), couvre le type de renseignements à échanger (section 2), la durée et les modalités des échanges (section 3) ainsi que les règles de confidentialité et de protection des données qui doivent être respectées (section 5). Les sections 4, 6 et 7 portent sur les consultations entre autorités compétentes, la collaboration en matière d'application et de mise en œuvre de l'accord, les modifications et la durée de l'accord, y compris sa suspension et sa résiliation.

2. Résumé de la Norme commune de déclaration (« NCD »)

19.   La NCD définit la norme de déclaration et de diligence raisonnable qui sous-tend l'échange automatique de renseignements relatifs aux comptes financiers. Une juridiction qui met en œuvre la NCD doit s'être dotée de règles qui imposent aux institutions financières de communiquer des renseignements conformément aux obligations déclaratives figurant dans la section I et de suivre des procédures de diligence raisonnable conformes à celles énoncées dans les sections II à VII. Les termes commençant par une majuscule utilisés dans la NCD sont définis dans la section VIII.

20.   Les institutions financières couvertes par la norme incluent les établissements gérant des dépôts de titres, établissements de dépôt, entités d'investissement et organismes d'assurance particuliers, sauf s'ils présentent un faible risque d'être utilisés à des fins de fraude fiscale et sont dispensés des obligations déclaratives. Les informations financières à communiquer concernant les comptes déclarables incluent les intérêts, dividendes, soldes de comptes ou valeur portée en compte, revenus de certains produits d'assurance, produits de cession d'actifs financiers et autres revenus générés par des actifs inscrits au compte ou des paiements effectués en lien avec le compte. Les comptes déclarables incluent les comptes détenus par des personnes physiques et par des entités (comprenant les fiducies et fondations), et la norme impose « de regarder à travers » les entités passives en vue d'identifier et de déclarer les personnes qui en détiennent le contrôle.

21.   Les procédures de diligence raisonnable que les institutions financières déclarantes doivent suivre pour identifier les comptes déclarables sont décrites dans les sections II à VII. Elles opèrent une distinction entre comptes de personnes physiques et comptes d'entités. Elles font également une différence entre comptes préexistants et nouveaux comptes, sachant qu'il est plus difficile et onéreux pour les institutions financières de se procurer des informations auprès de titulaires de comptes existants qu'au moment de l'ouverture du compte.

- Pour les **comptes de personnes physiques préexistants**, les institutions financières sont tenues d'examiner les comptes sans appliquer de seuil *de minimis*. Les règles distinguent les comptes de valeur élevée et les comptes de faible valeur. Pour ces derniers, elles prévoient un test fondé sur l'adresse de résidence permanente au moyen de pièces justificatives ; à défaut, l'institution financière doit déterminer la résidence en procédant à une recherche d'indices. Une auto-certification (et/ou des pièces justificatives) est nécessaire si les indices s'avèrent contradictoires, faute de quoi, les informations seront communiquées à toutes les juridictions soumises à déclaration pour lesquelles des indices ont été trouvés. Pour les comptes de valeur élevée, des procédures de diligence raisonnable renforcées s'appliquent, comportant l'examen des dossiers papier et un test de connaissance effective par le chargé de clientèle.

- Pour les **nouveaux comptes de personnes physiques**, la NCD requiert l'auto-certification (et la confirmation de sa vraisemblance) sans seuil *de minimis*.

- Pour les **comptes d'entité préexistants**, les institutions financières sont tenues de déterminer : a) si l'entité proprement dite est une personne devant faire l'objet d'une déclaration, ce qu'elles peuvent généralement faire en étudiant les informations disponibles (procédures AML/KYC en matière de lutte contre le blanchiment d'argent et de connaissance de la clientèle) et, dans le cas contraire, une auto-certification est requise ; et b) si l'entité est une entité non financière (ENF) passive, et dans l'affirmative, la résidence des personnes qui en détiennent le contrôle. Pour un certain nombre de titulaires de comptes, l'évaluation du caractère actif ou passif est assez simple, et peut être réalisée à partir des informations disponibles ; pour d'autres, une auto-certification peut s'avérer nécessaire. Les comptes d'entité préexistants présentant un solde inférieur à 250 000 USD (ou l'équivalent en monnaie locale) ne font pas l'objet d'un examen.

- Pour les **nouveaux comptes d'entité**, les évaluations à effectuer sont les mêmes que pour les comptes préexistants. Toutefois, compte tenu de la plus grande facilité d'obtenir des auto-certifications pour de nouveaux comptes, le seuil de 250 000 USD (ou l'équivalent en monnaie locale) ne s'applique pas.

22.   La section IX de la NCD décrit les règles et procédures administratives qu'une juridiction est censée avoir mises en place pour garantir une mise en œuvre efficace de la NCD et son respect.

3. Commentaires sur le Modèle AAC et sur la NCD

23.   À chaque section du Modèle AAC et de la NCD correspond un Commentaire détaillé destiné à illustrer ou à interpréter ses dispositions. Les Commentaires sont réunis dans la troisième partie de ce rapport. La mise en œuvre de la norme étant basée sur le droit interne, il faudra veiller à une application cohérente entre juridictions afin d'éviter de soumettre les institutions financières, surtout celles qui exercent leurs activités dans plusieurs juridictions, à des coûts et des procédures inutiles. Les Commentaires proposent plusieurs situations dans certains cas bien précis.

4. Solutions techniques

24.   Enfin, ce document contient également des informations sur les solutions techniques nécessaires. Il comprend un schéma qui devra être utilisé pour l'échange de renseignements, et définit une norme pour les aspects informatiques de la protection des données et de la confidentialité, ainsi que pour la transmission et le cryptage nécessaires à la sécurité des informations communiquées en vertu de la NCD. L'Annexe 3 de ce document contient une représentation, sous forme de diagrammes, du schéma NCD et un guide de l'utilisateur. Comme le prévoit le Modèle AAC, les autorités compétentes utiliseront le schéma NCD pour l'échange des renseignements demandés. Ce schéma peut également être utilisé par les Institutions financières déclarantes pour communiquer les informations (dans la mesure où le droit interne les y autorise). Les aspects informatiques de la protection des données et de la confidentialité ainsi que les règles de transmission et de cryptage figurent dans les Commentaires sur les sections 3 et 5 du Modèle AAC.

II. Modèle d'accord entre autorités compétentes et Norme commune de déclaration

A. Modèle d'accord entre autorités compétentes

MODÈLE D'ACCORD ENTRE LES AUTORITÉS COMPÉTENTES DE LA [JURIDICTION A] ET LA [JURIDICTION B] CONCERNANT L'ÉCHANGE AUTOMATIQUE DE RENSEIGNEMENTS RELATIFS AUX COMPTES FINANCIERS EN VUE D'AMÉLIORER LE RESPECT DES OBLIGATIONS FISCALES INTERNATIONALES

Considérant que le Gouvernement de la [Juridiction A] et le Gouvernement de la [Juridiction B] entretiennent de longue date une relation concernant l'assistance mutuelle en matière fiscale et désirent améliorer le respect des obligations fiscales à l'échelle internationale en approfondissant cette relation;

Considérant que les lois de leurs juridictions respectives [devraient imposer]/[imposent]/[imposent ou devraient imposer] aux institutions financières de communiquer des informations concernant certains comptes et de suivre des procédures de diligence raisonnable qui s'y rattachent, conformément à la portée des échanges définie à la section 2 du présent Accord et aux procédures de déclaration et de diligence raisonnable établies dans la Norme commune de déclaration;

Considérant que [l'article [...] de la Convention fiscale conclue entre la [Juridiction A] et la [Juridiction B]/[l'article 6 de la Convention concernant l'assistance administrative mutuelle en matière fiscale] (la « Convention »)]/ [un autre instrument juridique applicable (l'« Instrument »)] autorise l'échange de renseignements à des fins fiscales, y compris de manière automatique, et autorise les autorités compétentes de la [Juridiction A] et de la [Juridiction B] (les « Autorités compétentes ») à définir la portée et les modalités de ces échanges automatiques;

Considérant que la [Juridiction A] et la [Juridiction B] ont mis en place *(i)* les protections adéquates pour faire en sorte que les renseignements reçus conformément au présent Accord restent confidentiels et soient utilisés uniquement aux fins prévues par la [Convention]/l'[Instrument], et *(ii)* les infrastructures nécessaires à un échange effectif (y compris les processus garantissant un échange de renseignements en temps voulu, exact et confidentiel, des communications efficaces et fiables, et les moyens permettant de résoudre rapidement les questions et préoccupations relatives aux échanges ou aux demandes d'échanges et d'appliquer les dispositions de la section 4 du présent Accord);

Considérant que les Autorités compétentes souhaitent conclure un accord afin d'améliorer le respect des obligations fiscales à l'échelle internationale sur la base d'échanges automatiques réciproques en application de la [Convention]/l'[Instrument], sous réserve de la confidentialité et des garanties prévues par [la Convention]/[l'Instrument], y compris les dispositions qui limitent l'utilisation des renseignements échangés en vertu de la celle-ci;

Les Autorités compétentes sont convenues des dispositions suivantes :

SECTION 1

Définitions

1. Aux fins du présent accord (« Accord »), les termes et expressions suivants ont le sens défini ci-après :

a) Le terme « **[Juridiction A]** » désigne […].

b) Le terme « **[Juridiction B]** » désigne […].

c) L'expression « **Autorité compétente** » désigne :

   (1) dans le cas de la [Juridiction A], […]; et

   (2) dans le cas de la [Juridiction B], […].

d) L'expression « **Institution financière de la [Juridiction A]** » désigne *(i)* toute Institution financière résidente de la [Juridiction A], à l'exception de toute succursale de cette Institution financière établie en dehors de la [Juridiction A], et *(ii)* toute succursale d'une Institution financière non résidente de la [Juridiction A] si cette succursale est établie dans la [Juridiction A].

e) L'expression « **Institution financière de la [Juridiction B]** » désigne *(i)* toute Institution financière résidente de la [Juridiction B], à l'exception de toute succursale de cette Institution financière établie en dehors de la [Juridiction B], et *(ii)* toute succursale d'une Institution financière non résidente de la [Juridiction B] si cette succursale est établie dans la [Juridiction B].

f) L'expression « **Institution financière déclarante** » désigne une Institution financière de la [Juridiction A] ou Institution financière de la [Juridiction B], en fonction du contexte, qui n'est pas une Institution financière non déclarante.

g) L'expression « **Compte déclarable** » désigne un Compte déclarable de la [Juridiction A] ou un Compte déclarable de la [Juridiction B], selon le contexte, à condition d'avoir été identifié en tant que tel selon les procédures de diligence raisonnable, conformément à la Norme commune de déclaration, en vigueur dans la [Juridiction A] ou la [Juridiction B].

h) L'expression « **Compte déclarable de la [Juridiction A]** » désigne un Compte financier ouvert auprès d'une Institution financière déclarante de la [Juridiction B] et détenu par une ou plusieurs Personnes de la [Juridiction A] qui sont des Personnes devant faire l'objet d'une déclaration ou par une ENF passive dont une ou plusieurs Personnes qui en détiennent le contrôle sont des Personnes de la [Juridiction A] devant faire l'objet d'une déclaration.

i) L'expression « **Compte déclarable de la [Juridiction B]** » désigne un Compte financier ouvert auprès d'une Institution financière déclarante de la [Juridiction A] et détenu par une ou plusieurs Personnes de la [Juridiction B] qui sont des Personnes devant faire l'objet d'une déclaration ou par une ENF passive dont une ou plusieurs Personnes qui en détiennent le contrôle sont des Personnes de la [Juridiction B] devant faire l'objet d'une déclaration.

j) L'expression « **Personne de la [Juridiction A]** » désigne une personne physique ou une Entité identifiée par une Institution financière déclarante de la [Juridiction B] comme résidente de la [Juridiction A] conformément aux procédures de diligence raisonnable prévues par la Norme commune de déclaration, ou la succession d'un défunt qui était résident de la [Juridiction A].

k) L'expression « [**Personne de la Juridiction B**] » désigne une personne physique ou une Entité identifiée par une Institution financière déclarante de la [Juridiction A] comme résidente de la [Juridiction B] conformément aux procédures de diligence raisonnable prévues par la Norme commune de déclaration, ou la succession d'un défunt qui était résident de la [Juridiction B].

l) L'expression « **NIF** » désigne un NIF (numéro d'identification fiscale) de la [Juridiction A] ou de la [Juridiction B], selon le contexte.

m) L'expression « **NIF de la [Juridiction A]** » désigne un […].

n) L'expression « **NIF de la [Juridiction B]** » désigne un […].

2.   Tout terme ou expression en majuscule qui n'est pas défini dans le présent Accord a le sens que lui attribue au moment considéré la législation de la juridiction qui applique l'Accord, cette définition étant conforme à celle figurant dans la Norme commune de déclaration. Tout terme ou expression qui n'est pas défini dans le présent Accord ou dans la Norme commune de déclaration a, sauf si le contexte exige une interprétation différente ou si les Autorités compétentes s'entendent sur une signification commune (comme le prévoit le droit national), le sens que lui attribue au moment considéré la législation de la Juridiction qui applique le présent Accord, toute définition figurant dans la législation fiscale applicable de cette juridiction l'emportant sur une définition contenue dans une autre législation de la même Juridiction.

SECTION 2

Échange de renseignements concernant des Comptes déclarables

1.   Conformément aux dispositions de l'article […] de la [Convention]/ l'[Instrument] et sous réserve des règles applicables en matière de déclaration et de diligence raisonnable définies par la Norme commune de déclaration, chaque Autorité compétente échangera chaque année avec l'autre Autorité compétente, de manière automatique, les renseignements obtenus conformément à ces règles et précisés dans le paragraphe 2.

2.   Les renseignements qui doivent être échangés, dans le cas de la [Juridiction A] concernant chaque Compte déclarable de la [Juridiction B], et dans le cas de la [Juridiction B] concernant chaque Compte déclarable de la [Juridiction A], sont les suivants :

   a)   les nom, adresse, NIF, date et lieu de naissance (dans le cas d'une personne physique) de chaque Personne devant faire l'objet d'une déclaration qui est un Titulaire de ce compte et, dans le cas d'une Entité qui est Titulaire de ce compte et pour laquelle, après application des procédures de diligence raisonnable décrites à la Norme commune de déclaration, il apparaît qu'une ou plusieurs Personnes qui en détiennent le contrôle sont des Personnes devant faire l'objet d'une déclaration, le nom, l'adresse et le NIF de cette Entité ainsi que les nom, adresse, NIF et date et lieu de naissance de chacune de ces Personnes devant faire l'objet d'une déclaration ;

   b)   le numéro de compte (ou son équivalent fonctionnel en l'absence de numéro de compte) ;

   c)   le nom et le numéro d'identification (éventuel) de l'Institution financière déclarante ;

d) le solde ou la valeur portée sur le compte (y compris, dans le cas d'un Contrat d'assurance avec valeur de rachat ou d'un Contrat de rente, la Valeur de rachat) à la fin de l'année civile considérée ou d'une autre période de référence adéquate ou, si le compte a été clos au cours de l'année ou de la période en question, la clôture du compte ;

e) dans le cas d'un Compte conservateur :

   (1) le montant brut total des intérêts, le montant brut total des dividendes et le montant brut total des autres revenus produits par les actifs détenus sur le compte, versés ou crédités sur le compte (ou au titre du compte) au cours de l'année civile ou d'une autre période de référence adéquate ; et

   (2) le produit brut total de la vente ou du rachat d'Actifs financiers versé ou crédité sur le compte au cours de l'année civile ou d'une autre période de référence adéquate au titre de laquelle l'Institution financière déclarante a agi en tant que dépositaire, courtier, prête-nom ou représentant du Titulaire du compte ;

f) dans le cas d'un Compte de dépôt, le montant brut total des intérêts versés ou crédités sur le compte au cours de l'année civile ou d'une autre période de référence adéquate ; et

g) dans le cas d'un compte qui n'est pas visé aux alinéas 2(e) ou (f), le montant brut total versé au Titulaire du compte ou porté à son crédit au titre de ce compte au cours de l'année civile ou d'une autre période de référence adéquate, dont l'Institution financière déclarante est la débitrice, y compris le montant total de toutes les sommes remboursées au Titulaire du compte au cours de l'année civile ou d'une autre période de référence adéquate.

SECTION 3

Calendrier et modalités des échanges de renseignements

1. Aux fins de l'échange de renseignements prévu à la section 2, le montant et la qualification des versements effectués au titre d'un Compte déclarable peuvent être déterminés conformément aux principes de la législation fiscale de la Juridiction qui procède à l'échange.

2. Aux fins de l'échange de renseignements prévu à la section 2, les renseignements échangés indiquent la monnaie dans laquelle chaque montant concerné est libellé.

3. S'agissant du paragraphe 2 de la section 2, les renseignements à échanger pour [xxxx] et toutes les années suivantes sont échangés dans les

neuf mois qui suivent la fin de l'année civile à laquelle ils se rapportent. Nonobstant la phrase précédente, l'obligation d'échanger les renseignements pour une année civile s'applique uniquement si les deux juridictions sont dotées d'une législation qui prévoit la communication d'informations pour cette année civile conforme à la portée de l'échange définie à la section 2 et aux procédures de déclaration et de diligence raisonnable stipulées dans la Norme commune de déclaration.

4.   Nonobstant le paragraphe 3, les renseignements à échanger pour [xxxx] sont celles décrites au paragraphe 2 de la section 2, à l'exception des produits bruts décrits à l'alinéa 2(e)(2) de la section 2.

5.   Les Autorités compétentes échangent automatiquement les informations décrites à la section 2 selon le schéma de la Norme commune de déclaration en langage XML.

6.   Les Autorités compétentes élaborent et adoptent d'un commun accord une ou plusieurs méthodes de transmission de données, y compris sur des normes de cryptage.

SECTION 4

Collaboration en matière d'application et de mise en œuvre de l'Accord

Une Autorité compétente transmet une notification à l'autre Autorité compétente lorsque la première Autorité compétente a des raisons de croire qu'une erreur peut avoir eu pour conséquence la communication de renseignements erronés ou incomplets ou qu'une Institution financière déclarante ne respecte pas les obligations déclaratives en vigueur et les procédures de diligence raisonnable définies dans la Norme commune de déclaration. L'Autorité compétente ainsi informée applique toutes les dispositions appropriées de son droit interne pour corriger ces erreurs ou remédier aux manquements décrits dans la notification.

SECTION 5

Confidentialité et protection des données

1.   Tous les renseignements échangés sont soumis aux obligations de confidentialité et autres protections prévues par la [Convention]/l'[Instrument], y compris les dispositions qui limitent l'utilisation des renseignements échangés et, dans la mesure où cela est nécessaire pour garantir le degré requis de protection des données personnelles, conformes aux protections qui peuvent être exigées par l'Autorité compétente qui communique les données en vertu de son droit interne.

2.   Chaque Autorité compétente informe immédiatement l'Autorité compétente de l'autre partie de toute violation de l'obligation de confidentialité ou des protections, ainsi que de toute sanction et action corrective qui en résultent.

SECTION 6

Consultations et modifications

1.   En cas de difficulté dans l'application du présent Accord, chaque Autorité compétente peut solliciter des consultations en vue d'élaborer des mesures appropriées pour garantir l'exécution du présent Accord.

2.   Le présent Accord peut être modifié par accord écrit des Autorités compétentes. Sauf disposition contraire, une telle modification prend effet le premier jour du mois suivant l'expiration d'une période d'un mois après la date de la dernière signature de cet accord écrit ou de la dernière notification échangée aux fins de d'un tel accord écrit.

SECTION 7

Durée de l'Accord

1.   Le présent Accord prend effet […]/[à la date de la dernière notification effectuée par chaque Autorité compétente indiquant que sa juridiction a adopté la législation nécessaire pour mettre en œuvre l'Accord].

2.   Une Autorité compétente peut suspendre l'échange de renseignements visé par le présent Accord moyennant préavis écrit adressé à l'Autorité compétente de l'autre partie indiquant que cette dernière commet ou a commis un manquement grave au présent Accord. Cette suspension est à effet immédiat. Aux fins du présent paragraphe, l'expression « manquement grave » désigne notamment le non-respect des obligations de confidentialité et des dispositions relatives à la protection des données du présent Accord et de la [Convention]/l'[Instrument], le fait pour l'Autorité compétente de ne pas communiquer des renseignements appropriés ou en temps voulu comme le prévoit le présent Accord, ou de qualifier des Entités ou des comptes d'Institutions financières non déclarantes et de Comptes exclus en allant à l'encontre des objectifs de la Norme commune de déclaration.

3.   Chacune des Autorités compétentes peut dénoncer le présent Accord moyennant préavis écrit adressé à l'Autorité compétente de l'autre partie. Cette dénonciation prend effet le premier jour du mois suivant l'expiration d'un délai de douze mois à compter de la date du préavis. En cas de dénonciation, toutes

les renseignements déjà reçus au titre du présent Accord restent confidentiels et soumis aux dispositions de la [Convention]/l'[Instrument].

Signé en double exemplaire à […] le […].

AUTORITÉ COMPÉTENTE DE LA
[Juridiction A] :

AUTORITÉ COMPÉTENTE DE LA
[Juridiction B] :

B. Norme commune de déclaration

NORME COMMUNE EN MATIÈRE DE DÉCLARATION ET DE DILIGENCE RAISONNABLE CONCERNANT LES RENSEIGNEMENTS RELATIFS AUX COMPTES FINANCIERS

Section I : Obligations déclaratives générales

A. Sous réserve des paragraphes C à F, chaque Institution financière déclarante doit communiquer les renseignements suivants concernant chaque Compte déclarable de cette Institution financière déclarante :

1. le nom, l'adresse, la ou les juridiction(s) de résidence, le NIF, la date et le lieu de naissance (pour une personne physique) de chaque Personne devant faire l'objet d'une déclaration qui est un Titulaire de ce compte et, dans le cas d'une Entité qui est Titulaire de ce compte pour laquelle, après application des procédures de diligence raisonnable décrites dans les sections V, VI et VII, il apparaît qu'une ou plusieurs Personnes qui en détiennent le contrôle sont des Personnes devant faire l'objet d'une déclaration, le nom, l'adresse, la ou les juridiction(s) de résidence et le NIF de cette Entité et le nom, l'adresse, la ou les juridiction(s) de résidence, le NIF et les date et lieu de naissance de chacune de ces Personnes devant faire l'objet d'une déclaration ;

2. le numéro de compte (ou son équivalent fonctionnel en l'absence de numéro de compte) ;

3. le nom et le numéro d'identification (éventuel) de l'Institution financière déclarante ;

4. le solde ou la valeur portée sur le compte (y compris, dans le cas d'un Contrat d'assurance avec valeur de rachat ou d'un Contrat de rente, la Valeur de rachat) à la fin de l'année civile considérée

ou d'une autre période de référence adéquate ou, si le compte a été clos au cours de l'année ou de la période en question, la clôture du compte ;

5. dans le cas d'un Compte conservateur :

   a) le montant brut total des intérêts, le montant brut total des dividendes et le montant brut total des autres revenus produits par les actifs détenus sur le compte, versés ou crédités sur le compte (ou au titre du compte) au cours de l'année civile ou d'une autre période de référence adéquate ; et

   b) le produit brut total de la vente ou du rachat d'Actifs financiers versé ou crédité sur le compte au cours de l'année civile ou d'une autre période de référence adéquate au titre de laquelle l'Institution financière déclarante a agi en tant que dépositaire, courtier, prête-nom ou représentant du Titulaire du compte ;

6. dans le cas d'un Compte de dépôt, le montant brut total des intérêts versés ou crédités sur le compte au cours de l'année civile ou d'une autre période de référence adéquate ; et

7. dans le cas d'un compte qui n'est pas visé par l'alinéa A(5) ou (6), le montant brut total versé au Titulaire du compte ou porté à son crédit, au cours de l'année civile ou d'une autre période de référence adéquate, dont l'Institution financière déclarante est la débitrice, y compris le montant total de toutes les sommes remboursées au Titulaire du compte au cours de l'année civile ou d'une autre période de référence adéquate.

B. Les renseignements communiqués doivent indiquer la monnaie dans laquelle chaque montant est libellé.

C. Nonobstant l'alinéa A(1), s'agissant de chaque Compte déclarable qui est un Compte préexistant, le NIF ou la date de naissance n'ont pas à être communiqués s'ils ne figurent pas dans les dossiers de l'Institution financière déclarante et si son droit interne ne l'oblige pas à se procurer ces renseignements. Toutefois, une Institution financière déclarante est tenue de déployer des efforts raisonnables pour se procurer le NIF et la date de naissance concernant des Comptes préexistants avant la fin de la deuxième année civile qui suit l'année durant laquelle ces Comptes ont été identifiés en tant que Comptes déclarables.

D. Nonobstant l'alinéa A(1), le NIF n'a pas à être communiqué si *(i)* la Juridiction soumise à déclaration concernée n'a pas émis de NIF ou si *(ii)* le droit interne de la Juridiction soumise à déclaration concernée n'impose pas le recueil des NIF émis par celle-ci.

E. Nonobstant l'alinéa A(1), le lieu de naissance n'a pas à être communiqué sauf si l'Institution financière déclarante est par ailleurs tenue par son droit interne de se procurer et de communiquer ce renseignement et si le lieu de naissance figure dans les données conservées par l'Institution financière déclarante et pouvant faire l'objet de recherches par voie électronique.

F. Nonobstant le paragraphe A, les renseignements à communiquer concernant [xxxx] sont ceux décrits dans ce même paragraphe, à l'exception des produits bruts visés à l'alinéa A(5)(b).

Section II : Obligations générales de diligence raisonnable

A. Un compte est considéré comme un Compte déclarable à partir de la date à laquelle il est identifié comme tel en application des procédures de diligence raisonnable énoncées dans les sections II à VII et, sauf dispositions contraires, les renseignements relatifs à un Compte déclarable sont transmis chaque année au cours de l'année civile qui suit l'année à laquelle se rattachent ces renseignements.

B. Le solde ou la valeur d'un compte correspond à son solde ou à sa valeur le dernier jour de l'année civile ou d'une autre période de référence pertinente.

C. Lorsqu'un solde ou un seuil de valeur doit être déterminé le dernier jour d'une année civile, le solde ou le seuil de valeur considéré doit être déterminée le dernier jour de la période de déclaration qui se termine à la fin de cette année civile ou pendant cette année civile.

D. Chaque Juridiction peut autoriser les Institutions financières déclarantes à faire appel à des prestataires de service pour s'acquitter des obligations déclaratives et de diligence raisonnable qui leur sont imposées, en application de leur droit interne, ces obligations restant toutefois du domaine de la responsabilité des Institutions financières déclarantes.

E. Chaque Juridiction peut autoriser les Institutions financières déclarantes à appliquer aux Comptes préexistants les procédures de diligence raisonnable prévues pour les Nouveaux comptes, et à appliquer aux Comptes de faible valeur celles prévues pour les Comptes de valeur élevée. Lorsqu'une Juridiction autorise l'application aux Comptes préexistants des procédures de diligence raisonnable prévues pour les Nouveaux comptes, les règles autrement applicables aux Comptes préexistants restent en vigueur.

Section III : Procédures de diligence raisonnable pour les Comptes de personnes physiques préexistants

Les procédures suivantes s'appliquent pour l'identification des Comptes déclarables parmi les Comptes de personnes physiques préexistants.

A. **Comptes non soumis à examen, identification ou déclaration.** Un Compte de personne physique préexistant qui est un Contrat d'assurance avec valeur de rachat ou un Contrat de rente n'a pas à être examiné, identifié ou déclaré, à condition que la loi empêche effectivement l'Institution financière déclarante de vendre de tels Contrats à des résidents d'une Juridiction soumise à déclaration.

B. **Comptes de faible valeur.** Les procédures suivantes s'appliquent concernant les Comptes de faible valeur.

   1. **Adresse de résidence.** Si l'Institution financière déclarante a dans ses dossiers une adresse de résidence actuelle de la personne physique Titulaire de compte basée sur des Pièces justificatives, elle peut considérer ce Titulaire de compte comme étant résident, à des fins fiscales, de la juridiction dans laquelle se situe l'adresse dans le but de déterminer si ce Titulaire de compte est une Personne devant faire l'objet d'une déclaration.

   2. **Recherche des dossiers par voie électronique.** Si l'Institution financière déclarante n'utilise pas une adresse de résidence actuelle de la personne physique Titulaire de compte basée sur des Pièces justificatives comme indiqué à l'alinéa B(1), elle doit examiner les données pouvant faire l'objet de recherches par voie électronique qu'elle conserve en vue de déceler un ou plusieurs des indices suivants et appliquer les indications énoncées aux alinéas B(3) à (6) :

      a) identification du Titulaire du compte comme résident d'une Juridiction soumise à déclaration ;

      b) adresse postale ou de résidence actuelle (y compris une boîte postale) dans une Juridiction soumise à déclaration ;

      c) un ou plusieurs numéros de téléphone dans une Juridiction soumise à déclaration et aucun numéro de téléphone dans la juridiction de l'Institution financière déclarante ;

      d) ordre de virement permanent (sauf sur un Compte de dépôt) sur un compte géré dans une Juridiction soumise à déclaration ;

      e) procuration ou délégation de signature en cours de validité accordée à une personne dont l'adresse est située dans une Juridiction soumise à déclaration ; ou *f)* adresse portant la mention « poste restante » ou « à l'attention de » dans une Juridiction soumise à déclaration si l'Institution financière déclarante n'a pas d'autre adresse enregistrée pour le Titulaire du compte.

3. Si l'examen des données par voie électronique ne révèle aucun des indices énumérés à l'alinéa B(2), aucune nouvelle démarche n'est requise jusqu'à ce qu'un changement de circonstances se produise et ait pour conséquence qu'un ou plusieurs indices soient associés à ce compte, ou que ce compte devienne un Compte de valeur élevée.

4. Si l'examen des données par voie électronique révèle un des indices énumérés aux alinéas B(2)(a) à (e) ou si un changement de circonstances intervient qui se traduit par un ou plusieurs indices associés à ce compte, l'Institution financière déclarante est tenue de traiter le Titulaire du compte comme un résident à des fins fiscales de chacune des Juridictions soumises à déclaration pour laquelle un indice est identifié, à moins qu'elle choisisse d'appliquer l'alinéa B(6) et qu'une des exceptions qui y figurent s'applique à ce compte.

5. Si la mention « poste restante » ou « à l'attention de » figure dans le dossier électronique et qu'aucune autre adresse et aucun des autres indices énumérés aux alinéas B(2)(a) à (e) ne sont identifiés pour le Titulaire du compte, l'Institution financière déclarante doit, dans l'ordre le plus approprié aux circonstances, effectuer la recherche dans les dossiers papier décrite à l'alinéa C(2) ou s'efforcer d'obtenir du Titulaire du compte une auto-certification ou des Pièces justificatives établissant l'adresse ou les adresses de résidence à des fins fiscales de ce Titulaire de compte. Si la recherche dans les dossiers papier ne révèle aucun indice et si la tentative d'obtenir l'auto-certification ou les Pièces justificatives échoue, l'Institution financière déclarante doit déclarer le compte en tant que compte non documenté.

6. Nonobstant la découverte d'indices mentionnés à l'alinéa B(2), une Institution financière déclarante n'est pas tenue de considérer un Titulaire de compte comme résident d'une Juridiction soumise à déclaration si :

a) Les renseignements sur le Titulaire du compte comprennent une adresse postale ou de résidence actuelle dans la Juridiction soumise à déclaration, un ou plusieurs numéros de téléphone dans la Juridiction soumise à déclaration (et aucun numéro de téléphone dans la juridiction de l'Institution financière déclarante) ou des ordres de virement permanents (concernant des Comptes financiers autres que des Comptes de dépôt) sur un compte géré dans une Juridiction soumise à déclaration, l'Institution financière déclarante obtient, ou a auparavant examiné, et conserve une copie des documents suivants :

i) une auto-certification émanant du Titulaire du compte de la juridiction ou des juridictions où il réside qui ne mentionne pas cette Juridiction soumise à déclaration ; et

ii) une Pièce justificative qui établit que le Titulaire du compte n'est pas soumis à déclaration.

b) Les renseignements sur le Titulaire du compte comprennent une procuration ou une délégation de signature en cours de validité accordée à une personne dont l'adresse est située dans la Juridiction soumise à déclaration, l'Institution financière déclarante obtient, ou a auparavant examiné, et conserve une copie des documents suivants :

i) une auto-certification émanant du Titulaire du compte de la juridiction ou des juridictions où il réside qui ne mentionne pas cette Juridiction soumise à déclaration ; ou

ii) une Pièce justificative qui établit que le Titulaire du compte n'est pas soumis à déclaration.

C. **Procédures d'examen approfondi pour les Comptes de valeur élevée.** Les procédures d'examen approfondi suivantes s'appliquent concernant les Comptes de valeur élevée.

1. **Recherche par voie électronique.** S'agissant des Comptes de valeur élevée, l'Institution financière déclarante est tenue d'examiner les données qu'elle détient et qui peuvent faire l'objet de recherches par voie électronique en vue de déceler l'un des indices visés à l'alinéa B(2).

2. **Recherche dans les dossiers papier.** Si les données de l'Institution financière déclarante susceptibles d'être examinées par voie électronique contiennent des champs comprenant tous les renseignements décrits à l'alinéa C(3) et permettent d'en appréhender le contenu, aucune recherche dans les dossiers papier n'est requise. Si ces données ne contiennent pas tous ces renseignements, l'Institution financière déclarante est également tenue, pour un Compte de valeur élevée, d'examiner le dossier principal actuel du client et, dans la mesure où ces renseignements n'y figurent pas, les documents suivants associés

au compte et obtenus par l'Institution financière déclarante au cours des cinq années précédentes en vue de rechercher un des indices décrits à l'alinéa B(2) :

a) les Pièces justificatives collectées le plus récemment concernant le compte ;

b) la convention la plus récente ou le document d'ouverture de compte le plus récent ;

c) la documentation la plus récente obtenue par l'Institution financière déclarante en application des Procédures (AML/KYC) visant à identifier les clients et à lutter contre le blanchiment ou pour d'autres raisons légales ;

d) toute procuration ou délégation de signature en cours de validité ; et

e) tout ordre de virement permanent (sauf pour un Compte de dépôt) en cours de validité.

3. **Exception lorsque les bases de données contiennent suffisamment de renseignements.** Une Institution financière déclarante n'est pas tenue d'effectuer les recherches dans les dossiers papier décrites à l'alinéa C(2) si ses informations susceptibles d'être examinées par voie électronique comprennent les éléments suivants :

a) le statut de résidence du Titulaire du compte ;

b) l'adresse de résidence et l'adresse postale du Titulaire du compte qui figurent au dossier de l'Institution financière déclarante ;

c) le(s) numéro(s) de téléphone éventuel(s) du Titulaire du compte qui figure(nt) au dossier de l'Institution financière déclarante ;

d) dans le cas de Comptes financiers autres que des Comptes de dépôt, un éventuel ordre de virement permanent depuis le compte vers un autre compte (y compris un compte auprès d'une autre succursale de l'Institution financière déclarante ou d'une autre Institution financière) ;

e) une éventuelle adresse portant la mention « à l'attention de » ou « poste restante » pour le Titulaire du compte ; et

f) une éventuelle procuration ou délégation de signature sur le compte.

4. **Prise de renseignements auprès du chargé de clientèle en vue d'une connaissance réelle du compte.** Outre les recherches dans les dossiers informatiques et papier décrites ci-dessus, l'Institution financière déclarante est tenue de traiter comme Compte déclarable tout Compte de valeur élevée confié à un chargé de clientèle (y compris les éventuels comptes financiers qui sont groupés avec ce Compte de valeur élevée) si ce chargé de clientèle sait que le Titulaire du compte est une Personne devant faire l'objet d'une déclaration.

5. **Conséquences de la découverte d'indices**

    a) Si l'examen approfondi des Comptes de valeur élevée décrit ci-dessus ne révèle aucun des indices énumérés à l'alinéa B(2), et si l'application de l'alinéa C(4) ne permet pas d'établir que le compte est détenu par une Personne devant faire l'objet d'une déclaration, aucune nouvelle démarche n'est requise jusqu'à ce qu'un changement de circonstances intervienne qui se traduise par un ou plusieurs indices associés à ce compte.

    b) Si l'examen approfondi des Comptes de valeur élevée décrit ci-dessus révèle l'un des indices énumérés aux alinéas B(2)(a) à (e) ou en cas de changement ultérieur de circonstances qui a pour conséquence d'associer au compte un ou plusieurs indices liés au compte, l'Institution financière déclarante doit considérer le compte comme un Compte déclarable pour chacune des Juridictions soumises à déclaration pour laquelle un indice est identifié, sauf si elle choisit d'appliquer l'alinéa B(6) de la présente section et que l'une des exceptions s'applique qui y figurent à ce compte.

    c) Si la mention « poste restante » ou « à l'attention de » figure dans le dossier électronique et qu'aucune autre adresse et aucun des autres indices énumérés aux alinéas B(2)(a) à (e) ne sont identifiés pour le Titulaire du compte, l'Institution financière déclarante doit obtenir du Titulaire du compte une auto-certification ou une Pièce justificative établissant l'adresse ou les adresses de résidence à des fins fiscales de ce Titulaire de compte. Si l'Institution financière déclarante ne parvient pas à obtenir cette auto-certification ou cette Pièce justificative, elle doit déclarer le compte en tant que compte non documenté.

6. Si, au 31 décembre [xxxx], un Compte de personne physique préexistant n'est pas un Compte de valeur élevée mais le devient au dernier jour de toute année civile ultérieure, l'Institution financière déclarante doit appliquer à ce compte les procédures

d'examen approfondi décrites au paragraphe C durant l'année qui suit l'année civile au cours de laquelle le compte devient un Compte de valeur élevée. Si, à la suite de cet examen, il apparaît que ce compte est un Compte déclarable, l'Institution financière déclarante doit fournir les renseignements requis sur ce compte pour l'année durant laquelle il est identifié comme Compte déclarable ainsi que pour les années suivantes sur une base annuelle, à moins que le Titulaire du compte cesse d'être une Personne devant faire l'objet d'une déclaration.

7. Après qu'une Institution financière déclarante a appliqué les procédures d'examen approfondi décrites au paragraphe C à un Compte de valeur élevée, elle n'est plus tenue de renouveler ces procédures les années suivantes, à l'exception de la prise de renseignements auprès du chargé de clientèle décrite à l'alinéa C(4), sauf si le compte n'est pas documenté, auquel cas elle doit les renouveler chaque année jusqu'à ce que ce compte cesse d'être non documenté.

8. Si un changement de circonstances concernant un Compte de valeur élevée se produit et a pour conséquence qu'un ou plusieurs des indices visés à l'alinéa B(2) sont associés à ce compte, l'Institution financière déclarante doit considérer le compte comme un Compte déclarable pour chaque Juridiction soumise à déclaration pour laquelle un indice est identifié, à moins qu'elle choisisse d'appliquer l'alinéa B(6) et qu'une des exceptions qui y figurent s'applique à ce compte.

9. Une Institution financière déclarante est tenue de mettre en œuvre des procédures garantissant que les chargés de clientèle identifient tout changement de circonstances en relation avec un compte. Si, par exemple, un chargé de clientèle est informé que le Titulaire du compte dispose d'une nouvelle adresse postale dans une Juridiction soumise à déclaration, l'Institution financière déclarante doit considérer cette nouvelle adresse comme un changement de circonstances et, si elle choisit d'appliquer l'alinéa B(6), obtenir les documents requis auprès du Titulaire du compte.

D. L'examen des Comptes de personnes physiques préexistants doit être achevé le [xx/xx/xxxx] au plus tard.

E. Tout Compte de personne physique préexistant qui a été identifié comme Compte déclarable conformément à la présente section est considéré comme un Compte déclarable les années suivantes, sauf si le Titulaire du compte cesse d'être une Personne devant faire l'objet d'une déclaration.

Section IV : Procédures de diligence raisonnable pour les Nouveaux comptes de personnes physiques

Les procédures suivantes s'appliquent afin d'identifier les Comptes déclarables parmi les Nouveaux comptes de personnes physiques.

A. S'agissant des Nouveaux comptes de personnes physiques, l'Institution financière déclarante doit obtenir lors de l'ouverture du compte une auto-certification (qui peut faire partie des documents remis lors de l'ouverture de compte) qui lui permette de déterminer l'adresse ou les adresses de résidence du Titulaire du compte à des fins fiscales et de confirmer la vraisemblance de l'auto-certification en s'appuyant sur les renseignements obtenus dans le cadre de l'ouverture du compte, y compris les documents recueillis en application des Procédures (AML/ KYC) visant à identifier les clients et à lutter contre le blanchiment.

B. Si l'auto-certification établit que le Titulaire du compte réside à des fins fiscales dans une Juridiction soumise à déclaration, l'Institution financière déclarante est tenue de traiter le compte comme un Compte déclarable et l'auto-certification doit indiquer le NIF du Titulaire du compte pour cette Juridiction soumise à déclaration (sous réserve du paragraphe D de la section I) et sa date de naissance.

C. Si un changement de circonstances concernant un Nouveau compte de personne physique se produit et a pour conséquence que l'Institution financière déclarante constate ou a tout lieu de savoir que l'auto-certification initiale est inexacte ou n'est pas fiable, cette Institution financière déclarante ne peut utiliser cette auto-certification et doit obtenir une auto-certification valide qui précise l'adresse ou les adresses de résidence du Titulaire du compte à des fins fiscales.

Section V : Procédures de diligence raisonnable pour les Comptes d'entités préexistants

Les procédures suivantes s'appliquent afin d'identifier les Comptes déclarables parmi les Comptes d'entités préexistants.

A. **Comptes d'entités non soumis à examen, identification ou déclaration.** Sauf si l'Institution financière déclarante en décide autrement, soit à l'égard de tous les Comptes d'entités préexistants ou, séparément, par rapport à un groupe clairement identifié de tels comptes, un Compte d'entité préexistant dont le solde ou la valeur agrégé n'excède pas 250 000 USD au 31 décembre [xxxx] n'a pas à être examiné, identifié ou déclaré comme Compte déclarable tant que son solde ou sa valeur agrégé n'excède pas 250 000 USD au dernier jour de toute année civile ultérieure.

B. **Comptes d'entités soumis à examen.** Un Compte d'entité préexistant dont le solde ou la valeur agrégé excède 250 000 USD au 31 décembre [xxxx] et un Compte d'entité préexistant dont le solde n'excède pas 250 000 USD au 31 décembre [xxxx] mais dépasse le seuil de 250 000 USD au dernier jour de toute année civile ultérieure doivent être examinés en appliquant les procédures décrites au paragraphe D.

C. **Comptes d'entités pour lesquels une déclaration est requise.** S'agissant des Comptes d'entités préexistants visés au paragraphe B, seuls les comptes détenus par une ou plusieurs Entités qui sont des Personnes devant faire l'objet d'une déclaration, ou par des ENF passives dont une ou plusieurs Personnes qui en détiennent le contrôle sont des Personnes devant faire l'objet d'une déclaration, doivent être considérés comme des Comptes déclarables.

D. **Procédures d'examen relatives à l'identification des Comptes d'entités pour lesquels des déclarations sont requises.** Pour les Comptes d'entités préexistants décrits au paragraphe B, l'Institution financière déclarante doit appliquer les procédures d'examen suivantes afin de déterminer si le compte est détenu par une ou plusieurs Personnes devant faire l'objet d'une déclaration, ou par des ENF passives dont une ou plusieurs Personnes qui en détiennent le contrôle sont des Personnes devant faire l'objet d'une déclaration :

1. **Déterminer si l'Entité est une Personne devant faire l'objet d'une déclaration.**

    a) Examiner les renseignements obtenus à des fins réglementaires ou de relations avec le client (y compris les informations collectées dans le cadre des Procédures (AML/KYC) visant à identifier les clients et à lutter contre le blanchiment afin de déterminer si ces renseignements indiquent que le Titulaire du compte est résident d'une Juridiction soumise à déclaration. À cette fin, le lieu de constitution ou de création ou une adresse dans une Juridiction soumise à déclaration font partie des renseignements indiquant que le Titulaire du compte est résident d'une Juridiction soumise à déclaration.

    b) Si les renseignements obtenus indiquent que le Titulaire du compte est résident d'une Juridiction soumise à déclaration, l'Institution financière déclarante est tenue de traiter le compte comme un Compte déclarable sauf si elle obtient une auto-certification du Titulaire du compte ou si elle détermine avec une certitude suffisante sur la base de renseignements en sa possession ou qui sont accessibles au public que le Titulaire du compte n'est pas une Personne devant faire l'objet d'une déclaration.

2. **Déterminer si l'Entité est une ENF passive dont une ou plusieurs personnes qui en détiennent le contrôle sont des Personnes devant faire l'objet d'une déclaration.** S'agissant du Titulaire de compte d'un Compte d'entité préexistant (y compris une Entité qui est une Personne devant faire l'objet d'une déclaration), l'Institution financière déclarante doit déterminer si le Titulaire du compte est une ENF passive dont une ou plusieurs Personnes qui en détiennent le contrôle sont des Personnes devant faire l'objet d'une déclaration. Si tel est le cas, le compte doit être considéré comme un Compte déclarable. À cette fin, l'Institution financière déclarante doit suivre les orientations mentionnées aux alinéas D(2)(a) à (c) dans l'ordre le plus approprié aux circonstances.

   a) **Déterminer si le Titulaire du compte est une ENF passive.** Pour déterminer si le Titulaire du compte est une ENF passive, l'Institution financière déclarante doit obtenir une auto-certification du Titulaire du compte établissant son statut, sauf si elle détermine avec une certitude suffisante sur la base de renseignements en sa possession ou qui sont accessibles au public que le Titulaire du compte est une ENF active ou une Institution financière autre qu'une Entité d'investissement décrite à l'alinéa A(6)(b) de la section VIII qui n'est pas une Institution financière d'une Juridiction partenaire.

   b) **Identifier les Personnes détenant le contrôle d'un Titulaire de compte.** Pour déterminer les Personnes détenant le contrôle d'un Titulaire de compte, une Institution financière déclarante peut se fonder sur les informations collectées et conservées dans le cadre des Procédures (AML/KYC) visant à identifier les clients et à lutter contre le blanchiment.

   c) **Déterminer si une Personne détenant le contrôle d'une ENF passive est une Personne devant faire l'objet d'une déclaration**. Pour déterminer si une Personne détenant le contrôle d'une ENF passive est une Personne devant faire l'objet d'une déclaration, une Institution financière déclarante peut se fonder sur :

      i) des renseignements recueillis et collectés en application des Procédures (AML/KYC) visant à identifier les clients et à lutter contre le blanchiment dans le cas d'un Compte d'entité préexistant détenu par une ou plusieurs ENF et dont le solde ou la valeur agrégé n'excède pas 1 000 000 USD, ou *ii)* une auto-certification du Titulaire du compte ou de la Personne détenant le contrôle de la ou des juridictions dont cette Personne détenant le contrôle est résidente à des fins fiscales.

E. **Calendrier de mise en œuvre de l'examen et procédures supplémentaires applicables aux Comptes d'entités préexistants.**

1. L'examen des Comptes d'entités préexistants dont le solde ou la valeur agrégé est supérieure à 250 000 USD au 31 décembre [xxxx] doit être achevé au plus tard le 31 décembre [xxxx].

2. L'examen des Comptes d'entités préexistants dont le solde ou la valeur agrégé n'excède pas 250 000 USD au 31 décembre [xxxx], mais est supérieure à 250 000 USD au 31 décembre de toute année ultérieure, doit être achevé dans l'année civile qui suit l'année au cours de laquelle le solde ou la valeur agrégé du compte a été supérieur à 250 000 USD.

3. Si un changement de circonstances concernant un Compte d'entité préexistant se produit et a pour conséquence que l'Institution financière déclarante sait ou a tout lieu de savoir que l'auto-certification ou un autre document associé au compte est inexact ou n'est pas fiable, cette Institution financière déclarante doit déterminer à nouveau le statut du compte en appliquant les procédures décrites au paragraphe D de la présente section.

Section VI : Procédures de diligence raisonnable pour les Nouveaux comptes d'entités

Les procédures suivantes s'appliquent afin d'identifier les Comptes déclarables parmi les Nouveaux comptes d'entités.

A. **Procédures d'examen relatives à l'identification des Comptes d'entités pour lesquels des déclarations sont requises.** Pour les Nouveaux comptes d'entités, une Institution financière déclarante doit appliquer les procédures d'examen suivantes pour déterminer si le compte est détenu par une ou plusieurs Personnes devant faire l'objet d'une déclaration ou par des ENF passives dont une ou plusieurs Personnes qui en détiennent le contrôle sont des Personnes devant faire l'objet d'une déclaration :

1. **Déterminer si l'Entité est une Personne devant faire l'objet d'une déclaration.**

a) Obtenir une auto-certification, qui peut faire partie des documents remis lors de l'ouverture de compte, permettant à l'Institution financière déclarante de déterminer l'adresse ou les adresses de résidence du Titulaire du compte à des fins fiscales et de confirmer la vraisemblance de l'auto-certification en s'appuyant sur les renseignements obtenus dans le cadre de l'ouverture du compte, y compris les documents recueillis en application des Procédures (AML/KYC) visant à connaitre les clients et lutter contre le blanchiment d'argent. Si l'Entité certifie qu'elle n'a pas d'adresse de résidence à des fins fiscales, l'Institution financière déclarante peut se fonder sur l'adresse de son établissement principal afin de déterminer la résidence du Titulaire du compte.

b)   Si l'auto-certification établit que le Titulaire du compte réside dans une Juridiction soumise à déclaration, l'Institution financière déclarante est tenue de traiter le compte comme un Compte déclarable sauf si elle détermine avec une certitude suffisante sur la base de renseignements en sa possession ou qui sont accessibles au public que le Titulaire du compte n'est pas une Personne devant faire l'objet d'une déclaration au titre de cette Juridiction soumise à déclaration.

2.   **Déterminer si l'Entité est une ENF passive dont une ou plusieurs Personnes qui en détiennent le contrôle sont des Personnes devant faire l'objet d'une déclaration.** S'agissant d'un Titulaire de compte d'un Nouveau compte d'Entité (y compris une Entité qui est une Personne devant faire l'objet d'une déclaration), l'Institution financière déclarante doit déterminer si le Titulaire du compte est une ENF passive dont une ou plusieurs Personnes qui en détiennent le contrôle sont des Personnes devant faire l'objet d'une déclaration. Si une ou plusieurs Personnes qui détiennent le contrôle d'une ENF passive sont des Personnes devant faire l'objet d'une déclaration, le compte doit être considéré comme un Compte déclarable. À cette fin, l'Institution financière déclarante doit suivre les orientations mentionnées aux alinéas A(2)(a) à (c) dans l'ordre le plus approprié aux circonstances.

a)   **Déterminer si le Titulaire du compte est une ENF passive.** Pour déterminer si le Titulaire du compte est une ENF passive, l'Institution financière déclarante doit obtenir une auto-certification du Titulaire du compte établissant son statut, sauf si elle détermine avec une certitude suffisante sur la base de renseignements en sa possession ou qui sont accessibles au public que le Titulaire du compte est une ENF active ou une Institution financière autre qu'une Entité d'investissement décrite à l'alinéa A(6)(b) de la section VIII qui n'est pas une Institution financière d'une Juridiction partenaire.

b) **Identifier les Personnes détenant le contrôle d'un Titulaire de compte.** Pour déterminer les Personnes détenant le contrôle d'un Titulaire de compte, une Institution financière déclarante peut se fonder sur les informations collectées et conservées dans le cadre des Procédures (AML/KYC) visant à identifier les clients et à lutter contre le blanchiment.

c) **Déterminer si une Personne détenant le contrôle d'une ENF passive est une Personne devant faire l'objet d'une déclaration.** Pour déterminer si une Personne détenant le contrôle d'une ENF passive est une Personne devant faire l'objet d'une déclaration, une Institution financière déclarante peut se fonder sur une auto-certification du Titulaire du compte ou de la Personne détenant le contrôle.

Section VII : Règles de diligence raisonnable particulières

Pour la mise en œuvre des procédures de diligence raisonnable décrites ci-dessus, les règles supplémentaires suivantes s'appliquent :

A. **Recours aux auto-certifications et aux Pièces justificatives.** Une Institution financière déclarante ne peut pas se fier à une auto-certification ou à une Pièce justificative si elle sait ou a tout lieu de savoir que cette auto-certification ou cette Pièce justificative est inexacte ou n'est pas fiable.

B. **Procédures alternatives pour les Comptes financiers détenus par une personne physique bénéficiaire d'un Contrat d'assurance avec valeur de rachat ou d'un Contrat de rente.** Une Institution financière déclarante peut présumer que le bénéficiaire d'un Contrat d'assurance avec valeur de rachat ou d'un Contrat de rente (autre que le souscripteur) qui perçoit un capital à la suite d'un décès n'est pas une Personne devant faire l'objet d'une déclaration et peut considérer que ce Compte financier n'est pas un Compte déclarable à moins que l'Institution financière déclarante ait effectivement connaissance du fait que le bénéficiaire du capital est une Personne devant faire l'objet d'une déclaration ou ait tout lieu de le savoir. Une Institution financière déclarante a tout lieu de savoir que le bénéficiaire du capital d'un Contrat d'assurance avec valeur de rachat ou d'un Contrat de rente est une Personne devant faire l'objet d'une déclaration si les informations recueillies par l'Institution financière déclarante et associées au bénéficiaire comprennent des indices visés au paragraphe B de la section III. Si une Institution financière déclarante sait, ou a tout lieu de savoir, que le bénéficiaire est une Personne devant faire l'objet d'une déclaration, elle doit suivre les procédures énoncées au paragraphe B de la section III.

C. **Agrégation des soldes de compte et règles de conversion monétaire**

1. **Agrégation des soldes de Comptes des personnes physiques.** Pour déterminer le solde ou la valeur total des Comptes financiers détenus par une personne physique, une Institution financière déclarante doit agréger tous les Comptes financiers gérés par elle ou par une Entité liée, mais uniquement dans la mesure où ses systèmes informatiques établissent un lien entre ces comptes grâce à une donnée tel que le numéro de client ou le NIF, et permettent ainsi d'effectuer l'agrégation des soldes ou des valeurs des comptes. Chaque Titulaire d'un compte joint se voit attribuer le total du solde ou de la valeur de ce compte aux fins de l'application de ces règles.

2. **Agrégation des soldes de Comptes d'entités.** Pour déterminer le solde ou la valeur totale des Comptes financiers détenus par une Entité, une Institution financière déclarante doit tenir compte de tous les Comptes financiers détenus auprès d'elle ou auprès d'une Entité liée, dans la mesure où ses systèmes informatiques établissent un lien entre ces comptes grâce à une donnée tel que le numéro de client ou le NIF, et permettent ainsi d'effectuer l'agrégation des soldes ou des valeurs des comptes. Chaque Titulaire d'un compte joint se voit attribuer le total du solde ou de la valeur de ce compte aux fins de l'application de ces règles.

3. **Règle d'agrégation particulière applicable aux chargés de clientèle.** Pour déterminer le solde total ou la valeur totale des Comptes financiers détenus par une personne dans le but d'établir si un Compte financier est un Compte de valeur élevée, une Institution financière déclarante doit également agréger les soldes de tous les comptes, lorsqu'un chargé de clientèle sait ou a tout lieu de savoir que ces comptes appartiennent directement ou indirectement à la même personne ou qu'ils sont contrôlés ou ont été ouverts par la même personne (sauf en cas d'ouverture à titre fiduciaire).

4. **Les montants incluent leur équivalent en d'autres monnaies.** Tous les montants sont exprimés en dollars des États-Unis et renvoient à leur contre-valeur en d'autres monnaies, conformément au droit interne.

Section VIII : Définitions

Les termes et expressions qui suivent ont la signification ci-dessous :

A. **Institution financière déclarante**

1. L'expression « **Institution financière déclarante** » désigne toute Institution financière d'une Juridiction partenaire qui n'est pas une Institution financière non déclarante.

2. L'expression « **Institution financière d'une Juridiction partenaire** » désigne *(i)* toute Institution financière résidente d'une Juridiction partenaire, à l'exclusion de toute succursale de cette Institution financière située en dehors du territoire de cette Juridiction partenaire, et *(ii)* toute succursale d'une Institution financière non résidente d'une Juridiction partenaire si cette succursale est établie dans cette Juridiction partenaire.

3. L'expression « **Institution financière** » désigne un Établissement gérant des dépôts de titres, un Établissement de dépôt, une Entité d'investissement ou un Organisme d'assurance particulier.

4. L'expression « **Établissement gérant des dépôts de titres** » désigne toute Entité dont une part substantielle de l'activité consiste à détenir des Actifs financiers pour le compte de tiers. Tel est le cas si les revenus bruts de cette Entité attribuable à la détention d'actifs financiers et aux services financiers connexes est supérieur ou égal à 20 % du revenu brut de l'Entité durant la plus courte des deux périodes suivantes : *(i)* la période de trois ans qui s'achève le 31 décembre (ou le dernier jour d'un exercice comptable décalé) précédant l'année au cours de laquelle le calcul est effectué ou *(ii)* la période d'existence de l'Entité si celle-ci est inférieure à trois ans.

5. L'expression « **Établissement de dépôt** » désigne toute Entité qui accepte des dépôts dans le cadre habituel d'une activité bancaire ou d'activités semblables.

6. L'expression « **Entité d'investissement** » désigne toute Entité :

    a) qui exerce comme activité principale une ou plusieurs des activités ou opérations suivantes au nom ou pour le compte d'un client :

    i) transactions sur les instruments du marché monétaire (chèques, billets, certificats de dépôt, instruments dérivés, etc.), le marché des changes, les instruments sur devises, taux d'intérêt et indices, les valeurs mobilières ou les marchés à terme de marchandises ;

ii) gestion individuelle ou collective de portefeuille ; ou

iii) autres opérations d'investissement, d'administration ou de gestion d'Actifs financiers ou d'argent pour le compte de tiers ; ou

b) dont les revenus bruts proviennent principalement d'une activité d'investissement, de réinvestissement ou de négociation d'Actifs financiers, si l'Entité est gérée par une autre Entité qui est un Établissement de dépôt, un Établissement gérant des dépôts de titres, un Organisme d'assurance particulier ou une Entité d'investissement décrite à l'alinéa A(6)(a).

Une Entité est considérée comme exerçant comme activité principale une ou plusieurs des activités décrites à l'alinéa A(6)(a), ou les revenus bruts d'une Entité proviennent principalement d'une activité d'investissement, de réinvestissement ou de négociation d'Actifs financiers aux fins de l'alinéa A(6)(b) si les revenus bruts de l'Entité générés par les activités correspondantes sont supérieurs ou égaux à 50 % de ses revenus bruts durant la plus courte des deux périodes suivantes : *(i)* la période de trois ans se terminant le 31 décembre de l'année précédant l'année au cours de laquelle le calcul est effectué ; ou *(ii)* la période d'existence de l'Entité si celle-ci est inférieure à trois ans. L'expression « Entité d'investissement » exclut une Entité qui est une ENF active parce qu'elle répond aux critères visés aux alinéas D(9)(d) à (g).

Ce paragraphe est interprété conformément à la définition de l'expression « institution financière » qui figure dans les Recommandations du Groupe d'action financière (GAFI).

7. L'expression « **Actif financier** » désigne un titre (par exemple, représentant une part du capital dans une société de capitaux ; une part ou un droit de jouissance dans une société de personnes à participation multiple ou cotée en bourse, ou un trust ; une autre obligation ou un autre titre de créance), un intérêt dans une société de personnes, une marchandise, un contrat d'échange (par exemple de taux d'intérêt, de devise, de taux de référence, contrats de garantie de taux plafond et de taux plancher, contrat d'échange de marchandises, de créances contre des actifs, contrats sur indices boursiers et accords similaires), un Contrat d'assurance ou un Contrat de rente, ou tout droit (y compris un contrat à terme ou un contrat à terme de gré à gré ou une option) attaché à un titre, un intérêt dans une société de personnes, une

marchandise, un contrat d'échange, un Contrat d'assurance ou un Contrat de rente. Un intérêt direct dans un bien immobilier sans recours à l'emprunt ne constitue pas un « Actif financier ».

8. L'expression « **Organisme d'assurance particulier** » désigne tout organisme d'assurance (ou la société holding d'un organisme d'assurance) qui émet un Contrat d'assurance avec valeur de rachat ou un Contrat de rente ou est tenu d'effectuer des versements afférents à un Contrat d'assurance avec valeur de rachat ou un Contrat de rente.

B. **Institution financière non déclarante**

1. L'expression « **Institution financière non déclarante** » désigne toute Institution financière qui est :

   a) une Entité publique, une Organisation internationale ou une Banque centrale, sauf en ce qui concerne un paiement résultant d'une obligation détenue en lien avec une activité financière commerciale exercée par un Organisme d'assurance particulier, un Établissement de dépôt ou un Établissement gérant des dépôts de titres ;

   b) une Caisse de retraite à large participation ; une Caisse de retraite à participation étroite ; un Fonds de pension d'une Entité publique, d'une Organisation internationale ou d'une Banque centrale ; ou un Émetteur de carte de crédit homologué ;

   c) toute autre Entité qui présente un faible risque d'être utilisée dans un but de fraude fiscale, qui affiche des caractéristiques substantiellement similaires à celles des Entités décrites aux alinéas B(1)(a) et (b) et qui est définie en droit interne en tant qu'Institution financière non déclarante, à condition que son statut d'Institution financière non déclarante ne va pas à l'encontre des objectifs de la Norme commune de déclaration ;

   d) un Organisme de placement collectif dispensé ; ou

   e) un trust dans la mesure où le trustee de ce trust est une Institution financière déclarante et communique toutes les informations requises en vertu de la section I concernant l'ensemble des Comptes déclarables du trust.

2. L'expression « **Entité publique** » désigne le gouvernement d'une juridiction, une subdivision politique d'une juridiction (terme qui, pour éviter toute ambiguïté, comprend un État, une province, un comté ou une municipalité) ou tout établissement ou

organisme détenu intégralement par les Entités précitées (chacun constituant une « Entité publique »). Cette catégorie englobe les parties intégrantes, Entités contrôlées et subdivisions politiques d'une juridiction.

a) Une « partie intégrante » d'une juridiction désigne toute personne, organisation, agence, bureau, fonds, personne morale ou autre organisme, quelle que soit sa désignation, qui constitue une autorité dirigeante d'une juridiction. Le revenu net de l'autorité dirigeante doit être porté au crédit de son propre compte ou d'autres comptes de la juridiction, et aucune fraction de ce revenu ne peut échoir à une personne privée. Une partie intégrante exclut toute personne qui est dirigeant, responsable ou administrateur agissant à titre privé ou personnel.

b) Une Entité contrôlée désigne une Entité de forme distincte de la juridiction ou qui constitue une Entité juridiquement séparée, dès lors que :

   i) l'Entité est possédée et contrôlée exclusivement par une ou plusieurs Entités publiques, directement ou par le biais d'une ou de plusieurs Entités contrôlées ;

   ii) le revenu net de l'Entité est porté au crédit de son propre compte ou des comptes d'une ou de plusieurs Entités publiques, et aucune fraction de ce revenu ne peut échoir à une personne privée ; et

   iii) les actifs de l'Entité reviennent à une ou plusieurs Entités publiques lors de sa dissolution.

c) Le revenu n'échoit pas à des personnes privées si ces personnes sont les bénéficiaires prévus d'un programme public, et si les activités couvertes par ce programme sont accomplies à l'intention du grand public dans l'intérêt général ou se rapportent à l'administration d'une partie du gouvernement. Nonobstant ce qui précède, le revenu est considéré comme perçu par des personnes privées s'il provient du recours à une Entité publique dans le but d'exercer une activité commerciale, comme une activité bancaire à but lucratif, qui fournit des prestations financières à des personnes privées.

3. L'expression « **Organisation internationale** » désigne une organisation internationale ou tout établissement ou organisme détenu intégralement par cette organisation. Cette catégorie englobe toute organisation intergouvernementale (y compris une organisation supranationale) *(1)* qui se compose principalement

de gouvernements ; *(2)* qui a conclu un accord de siège ou un accord substantiellement similaire avec la juridiction ; et *(3)* dont les revenus n'échoient pas à des personnes privées.

4. L'expression « **Banque centrale** » désigne une institution qui, en vertu de la loi ou d'une décision publique, est l'autorité principale, autre que le gouvernement de la juridiction proprement dit, qui émet des instruments destinés à être utilisés comme monnaie. Cette institution peut inclure un organisme distinct du gouvernement de la juridiction, qu'il soit ou non détenu en tout ou partie par cette juridiction.

5. L'expression « **Caisse de retraite à large participation** » désigne une caisse établie en vue de verser des prestations de retraite, d'invalidité ou de décès, ou une combinaison d'entre elles, à des bénéficiaires qui sont des salariés actuels ou d'anciens salariés (ou des personnes désignées par ces salariés) d'un ou de plusieurs employeurs en contrepartie de services rendus, dès lors que cette caisse :

    a) n'est pas caractérisée par l'existence d'un bénéficiaire détenant un droit sur plus de 5 % des actifs de la caisse ;

    b) est soumise à la réglementation publique et communique des informations aux autorités fiscales ; et

    c) satisfait à au moins une des exigences suivantes :

        i) la caisse est généralement exemptée de l'impôt sur les revenus d'investissement, l'imposition de ces revenus est différée ou les revenus d'investissement sont imposés à taux réduit, en vertu de son statut de régime de retraite ou de pension ;

        ii) la caisse reçoit au moins 50 % du total de ses cotisations (à l'exception des transferts d'actifs d'autres régimes visés aux alinéas B(5) à (7) ou des comptes de retraite et de pension décrits à l'alinéa C(17)(a)) des employeurs qui la financent ;

        iii) les versements ou retraits de la caisse sont autorisés uniquement lorsque surviennent les événements prévus en lien avec le départ en retraite, l'invalidité ou le décès (à l'exception des versements périodiques à d'autres caisses de retraite visées aux alinéas B(5) à (7) ou aux comptes de retraite et de pension décrits à l'alinéa C(17)(a)), ou des pénalités s'appliquent aux versements ou aux retraits effectués avant la survenue de ces événements ; ou

> *iv)* les cotisations (à l'exception de certaines cotisations compensatoires autorisées) des salariés à la caisse sont limitées par référence au revenu d'activité du salarié ou ne peuvent pas dépasser 50 000 USD par an, en appliquant les règles exposées au paragraphe C de la section VII relatives à l'agrégation des soldes de comptes et à la conversion monétaire.

6. L'expression « **Caisse de retraite à participation étroite** » désigne une caisse établie en vue de verser des prestations de retraite, d'invalidité ou de décès à des bénéficiaires qui sont des salariés actuels ou d'anciens salariés (ou des personnes désignées par ces salariés) d'un ou de plusieurs employeurs en contrepartie de services rendus, dès lors que :

   a) la caisse compte moins de 50 membres ;

   b) la caisse est financée par un ou plusieurs employeurs qui ne sont pas des Entités d'investissement ou des ENF passives ;

   c) les cotisations salariales et patronales à la caisse (à l'exception des transferts d'actifs de comptes de retraite et de pension visés à l'alinéa C(17)(a)) sont limitées par référence respectivement au revenu d'activité et à la rémunération du salarié ;

   d) les membres qui ne sont pas établis dans la juridiction où se situe la caisse n'ont pas droit à plus de 20 % des actifs de la caisse ; et

   e) la caisse est soumise à la réglementation publique et communique des informations aux autorités fiscales.

7. L'expression « **Fonds de pension d'une Entité publique, d'une Organisation internationale ou d'une Banque centrale** » désigne un fonds constitué par une Entité publique, une Organisation internationale ou une Banque centrale en vue de verser des prestations de retraite, d'invalidité ou de décès à des bénéficiaires ou des membres qui sont des salariés actuels ou d'anciens salariés (ou des personnes désignées par ces salariés), ou qui ne sont pas des salariés actuels ou d'anciens salariés, si les prestations versées à ces bénéficiaires ou membres le sont en contrepartie de services personnels rendus à l'Entité publique, à l'Organisation internationale ou à la Banque centrale.

8. L'expression « **Émetteur de carte de crédit homologué** » désigne une Institution financière qui satisfait aux critères suivants :

    a) l'Institution financière jouit de ce statut uniquement parce qu'elle est un émetteur de cartes de crédit qui accepte les dépôts à la seule condition qu'un client procède à un paiement dont le montant dépasse le solde dû au titre de la carte et que cet excédent ne soit pas immédiatement restitué au client ; et

    b) à compter du [xx/xx/xxxx] ou avant cette date, l'Institution financière met en œuvre des règles et des procédures visant à empêcher un client de procéder à un paiement excédentaire supérieur à 50 000 USD ou à faire en sorte que tout paiement excédentaire supérieur à 50 000 USD soit remboursé au client dans un délai de 60 jours, en appliquant systématiquement les règles énoncées dans le paragraphe C de la section VII concernant l'agrégation des soldes de comptes et la conversion monétaire. À cette fin, un excédent de paiement d'un client exclut les soldes créditeurs imputables à des transactions contestées mais inclut les soldes créditeurs résultant de retours de marchandises.

9. L'expression « **Organisme de placement collectif dispensé** » désigne une Entité d'investissement réglementée en tant qu'organisme de placement collectif, à condition que les intérêts dans cet organisme soient détenus en totalité par des personnes physiques ou des Entités qui ne sont pas des Personnes devant faire l'objet d'une déclaration sauf une ENF passive avec des personnes qui en assurent le contrôle qui ne sont pas des Personnes reportables.

    Une Entité d'investissement réglementée en tant qu'organisme de placement collectif n'échappe pas au statut d'Organisme de placement collectif dispensé visé à l'alinéa B(9) du simple fait que l'organisme de placement collectif a émis des titres matériels au porteur, dès lors que :

    a) l'organisme de placement collectif n'a pas émis et n'émet pas de titres matériels au porteur après le [xx/xx/xxxx] ;

    b) l'organisme de placement collectif retire tous ces titres lors de leur cession ;

    c) l'organisme de placement collectif accomplit les procédures de diligence raisonnable prévues par les sections II à VII et communique tous les renseignements qui doivent être communiqués concernant ces titres lorsque ceux-ci sont présentés pour rachat ou autre paiement ; et

d) l'organisme de placement collectif a mis en place des règles et procédures qui garantissent que ces titres sont rachetés ou immobilisés le plus rapidement possible, et en tout état de cause avant le [xx/xx/xxxx].

C. Compte financier

1. L'expression « **Compte financier** » désigne un compte auprès d'une Institution financière et comprend un Compte de dépôt, un Compte conservateur et :

   a) dans le cas d'une Entité d'investissement, toute participation ou toute créance dans une Institution financière. Nonobstant ce qui précède, le terme « Compte financier » n'inclut aucune participation, intérêt ou créance dans une Entité qui est une Entité d'investissement du seul fait *(i)* qu'elle donne des conseils en matière d'investissement à un client, et agit pour le compte d'un client, ou *(ii)* gère des portefeuilles pour un client, et agit pour le compte d'un client dans le but d'investir, de gérer ou administrer des Actifs financiers déposés au nom du client auprès d'une Institution financière autre que cette Entité ;

   b) dans le cas d'une Institution financière non visée à l'alinéa C(1)(a), toute participation, intérêt ou créance dans cette Institution, si l'instrument en question a été créé afin de se soustraire aux déclarations prévues à la section I ; et

   c) tout Contrat d'assurance avec valeur de rachat et tout Contrat de rente établi ou géré par une Institution financière autre qu'une rente viagère dont l'exécution est immédiate, qui est incessible et non liée à un placement, qui est accordée à une personne physique et qui monétise une pension de retraite ou d'invalidité perçue dans le cadre d'un compte qui est un Compte exclu.

   L'expression « Compte financier » ne comprend aucun compte qui est un Compte exclu.

2. L'expression « **Compte de dépôt** » comprend tous les comptes commerciaux, les compte-chèques, d'épargne ou à terme et les comptes dont l'existence est attestée par un certificat de dépôt, un certificat d'épargne, un certificat d'investissement, un titre de créance ou un autre instrument analogue auprès d'une Institution

financière dans le cadre habituel d'une activité bancaire ou similaire. Les Comptes de dépôt comprennent également les sommes détenues par les organismes d'assurance en vertu d'un contrat de placement garanti ou d'un contrat semblable ayant pour objet de verser des intérêts ou de les porter au crédit du titulaire.

3. L'expression « **Compte conservateur** » désigne un compte (à l'exclusion d'un Contrat d'assurance ou d'un Contrat de rente) sur lequel figurent un ou plusieurs Actifs financiers au bénéfice d'une autre personne.

4. L'expression « **Titre de participation** » désigne, dans le cas d'une société de personnes qui est une Institution financière, toute participation ou intérêt au capital ou aux bénéfices de cette société. Dans le cas d'un trust qui est une Institution financière, un « Titre de participation » est considéré détenu par toute personne considérée comme le constituant ou le bénéficiaire de tout ou partie du trust ou par toute autre personne physique exerçant en dernier lieu un contrôle effectif sur le trust. Une Personne devant faire l'objet d'une déclaration est considérée comme le bénéficiaire d'un trust si elle a le droit de bénéficier, directement ou indirectement (par l'intermédiaire d'un prête-nom (*nominee*), par exemple), d'une distribution obligatoire ou discrétionnaire de la part du trust.

5. L'expression « **Contrat d'assurance** » désigne un contrat (à l'exception d'un Contrat de rente) dans lequel l'assureur s'engage à verser une somme d'argent en cas de réalisation d'un risque particulier, notamment un décès, une maladie, un accident, une responsabilité civile ou un dommage matériel.

6. L'expression « **Contrat de rente** » désigne un contrat dans lequel l'assureur s'engage à effectuer des paiements pendant une certaine durée, laquelle est déterminée en tout ou partie par l'espérance de vie d'une ou de plusieurs personnes physiques. Cette expression comprend également tout contrat considéré comme un Contrat de rente par la loi, la réglementation ou la pratique de la juridiction dans laquelle ce contrat a été établi, et dans lequel l'émetteur s'engage à effectuer des paiements durant plusieurs années.

7. L'expression « **Contrat d'assurance avec valeur de rachat** » désigne un Contrat d'assurance (à l'exclusion d'un contrat de réassurance conclu entre deux organismes d'assurance) qui possède une Valeur de rachat.

8. L'expression « **Valeur de rachat** » désigne la plus élevée des deux sommes suivantes : *i)* la somme que le souscripteur du contrat d'assurance est en droit de recevoir en cas de rachat ou de fin du contrat (calculée sans déduction des éventuels frais de rachat ou avances) ; *ii)* la somme que le souscripteur du contrat d'assurance peut emprunter en vertu du contrat ou eu égard à son objet. Nonobstant ce qui précède, l'expression « Valeur de rachat » ne comprend pas une somme due dans le cadre d'un Contrat d'assurance :

   a) uniquement en raison du décès d'une personne assurée en vertu d'un contrat d'assurance vie ;

   b) au titre de l'indemnisation d'un dommage corporel, d'une maladie ou d'une perte économique subie lors de la réalisation d'un risque assuré ;

   c) au titre du remboursement au souscripteur d'une prime payée antérieurement (moins les frais d'assurance qu'ils soient ou non réellement imposés) dans le cadre d'un Contrat d'assurance (autre qu'un contrat d'assurance vie lié à des placements ou d'un contrat de rente) en raison de l'annulation ou de la résiliation du contrat, d'une diminution de l'exposition au risque durant la période au cours de laquelle le Contrat d'assurance est en vigueur ou résultant d'un nouveau calcul de la prime rendu nécessaire par la correction d'une erreur d'écriture ou d'une autre erreur analogue ;

   d) au titre de la participation aux bénéfices du souscripteur du contrat (à l'exception des dividendes versés lors de la résiliation du contrat) à condition qu'elle se rapporte à un Contrat d'assurance en vertu duquel les seules prestations dues sont celles décrites à l'alinéa C(8)(b) ; ou

   e) au titre de la restitution d'une prime anticipée ou d'un dépôt de prime pour un Contrat d'assurance dont la prime est exigible au moins une fois par an si le montant de la prime anticipée ou du dépôt de prime ne dépasse pas le montant de la prime contractuelle due au titre de l'année suivante.

9. L'expression « **Compte préexistant** » désigne un Compte financier géré au [xx/xx/xxxx] par une Institution financière déclarante.

10. L'expression « **Nouveau compte** » désigne un Compte financier ouvert à partir du [xx/xx/xxxx] auprès d'une Institution financière déclarante.

11. L'expression « **Compte de personne physique préexistant** » désigne un Compte préexistant détenu par une ou plusieurs personnes physiques.

12. L'expression « **Nouveau compte de personne physique** » désigne un Nouveau compte détenu par une ou plusieurs personnes physiques.

13. L'expression « **Compte d'entité préexistant** » désigne un Compte préexistant détenu par une ou plusieurs Entités.

14. L'expression « **Compte de faible valeur** » désigne un Compte de personne physique préexistant dont le solde ou la valeur agrégé au 31 décembre [xxxx] ne dépasse pas 1 000 000 USD.

15. L'expression « **Compte de valeur élevée** » désigne un Compte de personne physique préexistant dont le solde ou la valeur agrégé dépasse 1 000 000 USD au 31 décembre [xxxx] ou au 31 décembre d'une année ultérieure.

16. L'expression « **Nouveau Compte d'entité** » désigne un Nouveau compte détenu par une ou plusieurs Entités.

17. L'expression « **Compte exclu** » désigne un ou plusieurs des comptes suivants :

    a) Un compte de retraite ou de pension qui répond aux critères suivants :

    i) le compte est réglementé en tant que compte de retraite personnel ou fait partie d'un régime de retraite ou de pension agréé ou réglementé qui prévoit le versement de prestations de retraite ou de pension (y compris d'invalidité ou de décès) ;

    ii) le compte bénéficie d'un traitement fiscal favorable (les versements qui seraient normalement soumis à l'impôt sont déductibles ou exclus du revenu brut du titulaire du compte ou sont imposés à taux réduit, ou l'imposition du revenu d'investissement généré par le compte est différée ou le revenu d'investissement est imposé à taux réduit) ;

    iii) des renseignements relatifs au compte doivent être communiqués aux autorités fiscales ;

    iv) les retraits sont possibles uniquement à partir de l'âge fixé pour le départ en retraite, de la survenue d'une invalidité ou d'un décès, ou les retraits effectués avant de tels événements sont soumis à des pénalités ; et *v)* les *(i)* cotisations annuelles sont limitées à 50 000 USD ou moins, ou *(ii)* un plafond de 1 000 000 USD ou moins s'applique au total des cotisations versées au cours de la vie du souscripteur, en suivant à chaque fois les règles définies au paragraphe C de la section VII concernant l'agrégation des soldes de comptes et la conversion monétaire.

Un Compte financier qui, pour le reste, remplit les critères énoncés à l'alinéa C(17)(a)(v) ne peut être considéré comme n'y satisfaisant pas uniquement parce qu'il est susceptible de recevoir des actifs ou des fonds transférés d'un ou de plusieurs Comptes financiers qui répondent aux exigences définies à l'alinéa C(17)(a) ou (b) ou d'un ou de plusieurs fonds de pension ou caisses de retraite qui répondent aux exigences énoncées aux paragraphes B(5) à (7).

b) Un compte qui remplit les critères suivants :

i) le compte est réglementé en tant que véhicule d'investissement à des fins autres que la retraite et fait l'objet de transactions régulières sur un marché boursier réglementé, ou est réglementé en tant que véhicule d'épargne à des fins autres que la retraite ;

ii) le compte bénéficie d'un traitement fiscal favorable (les versements qui seraient normalement soumis à l'impôt sont déductibles ou exclus du revenu brut du titulaire du compte ou sont imposés à taux réduit, ou l'imposition du revenu d'investissement généré par le compte est différé ou le revenu d'investissement est imposé à taux réduit) ;

iii) les retraits sont conditionnés au respect de certains critères liés à l'objectif du compte d'investissement ou d'épargne (par exemple, le versement de prestations d'éducation ou médicales), ou des pénalités s'appliquent aux retraits effectués avant que ces critères ne soient remplis ; et

iv) les cotisations annuelles sont plafonnées à 50 000 USD ou moins, en appliquant les règles définies au paragraphe C de la section VII concernant l'agrégation des soldes de comptes et la conversion monétaire.

Un Compte financier qui, pour le reste, remplit les critères énoncés à l'alinéa C(17)(b)(iv) ne peut être considéré comme n'y satisfaisant pas uniquement parce qu'il est susceptible de recevoir des actifs ou des fonds transférés d'un ou de plusieurs Comptes financiers qui répondent aux exigences définies à l'alinéa C(17)(a) ou (b) ou d'un ou de plusieurs fonds de pension ou caisses de retraite qui répondent aux exigences énoncées aux paragraphes B(5) à (7).

c) Un contrat d'assurance vie dont la période de couverture s'achève avant que l'assuré atteigne l'âge de 90 ans, à condition que le contrat satisfasse aux exigences suivantes :

   i) des primes périodiques, dont le montant n'est pas diminué dans la durée, sont dues au moins une fois par an au cours de la durée d'existence du contrat ou jusqu'à ce que l'assuré atteigne l'âge de 90 ans, si cette période est plus courte ;

   ii) il n'est pas possible pour quiconque de bénéficier des prestations contractuelles (par retrait, prêt ou autre) sans résilier le contrat ;

   iii) la somme (autre qu'une prestation de décès) payable en cas d'annulation ou de résiliation du contrat ne peut pas dépasser le total des primes acquittées au titre du contrat, moins l'ensemble des frais de mortalité, de morbidité et d'exploitation (qu'ils soient ou non imposés) pour la période ou les périodes d'existence du contrat et toute somme payée avant l'annulation ou la résiliation du contrat ; et

   iv) le contrat n'est pas conservé par un cessionnaire à titre onéreux.

d) Un compte qui est détenu uniquement par une succession si la documentation de ce compte comprend une copie du testament du défunt ou du certificat de décès.

e) Un compte ouvert en lien avec l'un des actes suivants :

   i) Une décision ou un jugement d'un tribunal.

   ii) La vente, l'échange ou la location d'un bien immobilier ou personnel, à condition que le compte satisfasse aux exigences suivantes :

      i) le compte est financé uniquement par un acompte, un versement à titre d'arrhes, d'un montant suffisant pour garantir une obligation directement liée à la transaction, ou par un paiement similaire, ou est financé par un Actif financier inscrit au compte en lien avec la vente, l'échange ou la location du bien ;

ii) le compte est ouvert et utilisé uniquement pour garantir l'obligation impartie à l'acheteur de payer le prix d'achat du bien, au vendeur de payer tout passif éventuel, ou au bailleur ou au locataire de prendre en charge tout dommage lié au bien loué selon les dispositions du bail ;

iii) les avoirs du compte, y compris le revenu qu'il génère, seront payés ou versés à l'acheteur, au vendeur, au bailleur ou au locataire (y compris pour couvrir ses obligations) au moment de la vente, de l'échange ou de la cession du bien, ou à l'expiration du bail ;

iv) le compte n'est pas un compte sur marge ou similaire ouvert en lien avec une vente ou un échange d'un Actif financier ; et

v) le compte n'est pas associé à un compte décrit à l'alinéa C(17)(f).

iii) L'obligation pour une Institution financière qui octroie un prêt garanti par un bien immobilier de réserver une partie d'un paiement uniquement pour faciliter le paiement d'impôts ou de primes d'assurance liés au bien immobilier à l'avenir.

iv) L'obligation pour une Institution financière de faciliter le paiement d'impôts à l'avenir.

f) Un Compte de dépôt qui satisfait aux exigences suivantes :

i) le compte existe uniquement parce qu'un client procède à un paiement d'un montant supérieur au solde exigible au titre d'une carte de crédit ou d'une autre facilité de crédit renouvelable et l'excédent n'est pas immédiatement restitué au client ; et

ii) à compter du [xx/xx/xxxx] ou avant cette date, l'Institution financière met en œuvre des règles et des procédures visant à empêcher un client de procéder à un paiement excédentaire supérieur à 50 000 USD ou à faire en sorte que tout paiement excédentaire supérieur à 50 000 USD soit remboursé au client dans un délai de 60 jours, en appliquant systématiquement les règles énoncées dans le paragraphe C de la section VII concernant la conversion monétaire. À cette fin, excédent de paiement d'un client exclut les soldes créditeurs imputables à des transactions contestées mais inclut les soldes créditeurs résultant de retours de marchandises.

g)   Tout autre compte qui présente un faible risque d'être utilisé dans un but de fraude fiscale, qui affiche des caractéristiques substantiellement similaires à celles des comptes décrits aux alinéas C(17)(a) à (f) et qui est défini en droit interne en tant que Compte exclu, à condition que ce statut ne va pas à l'encontre des objectifs de la Norme commune de déclaration.

D.   Compte déclarable

1.   L'expression « **Compte déclarable** » désigne un compte détenu par une ou plusieurs Personnes devant faire l'objet d'une déclaration ou par une ENF passive dont une ou plusieurs Personnes qui en détiennent le contrôle sont des Personnes devant faire l'objet d'une déclaration, à condition d'être identifiées comme telles selon les procédures de diligence raisonnable visées par les sections II à VII.

2.   L'expression « **Personne devant faire l'objet d'une déclaration** » désigne une Personne d'une Juridiction soumise à déclaration autre que : *(i)* toute société dont les titres font l'objet de transactions régulières sur un ou plusieurs marchés boursiers réglementés ; *(ii)* toute société de capitaux qui est une Entité liée à une société de capitaux décrite au point (i) ; *(iii)* une Entité publique ; *(iv)* une Organisation internationale ; *(v)* une Banque centrale ; ou *(vi)* une Institution financière.

3.   L'expression « **Personne d'une Juridiction soumise à déclaration** » désigne une personne physique ou une Entité établie dans une Juridiction soumise à déclaration en vertu du droit fiscal de cette juridiction, ou la succession d'un défunt qui résidait dans une Juridiction soumise à déclaration. À cette fin, une Entité telle qu'une société de personnes, une société en commandite simple ou une structure juridique similaire qui n'a pas de résidence à des fins fiscales doit être considérée comme établie dans la juridiction où se situe son siège de direction effective.

4.   L'expression « **Juridiction soumise à déclaration** » désigne une juridiction *(i)* avec laquelle un accord est conclu qui prévoit l'obligation de fournir les renseignements indiqués à la section I, et *(ii)* qui figure dans une liste publiée.

5.   L'expression « **Juridiction partenaire** » désigne une juridiction *(i)* avec laquelle un accord est conclu qui impose à elle l'obligation

de mettre à disposition les renseignements indiqués à la section I, et *(ii)* qui figure dans une liste publiée.

6. L'expression « **Personnes détenant le contrôle** » désigne les personnes physiques qui exercent un contrôle sur une Entité. Dans le cas d'un trust, cette expression désigne le(s) constituant(s), le(s) trustee(s), le(s) protecteur(s) du trust le cas échéant, le(s) bénéficiaire(s) ou la(es) catégorie(s) de bénéficiaires, et toute(s) autre(s) personne(s) physique(s) exerçant en dernier lieu un contrôle effectif sur le trust et, dans le cas d'une construction juridique qui n'est pas un trust, l'expression désigne les personnes dont la situation est équivalente ou analogue. L'expression « Personnes détenant le contrôle » doit être interprétée conformément aux Recommandations du GAFI.

7. Le terme « **ENF** » désigne une Entité qui n'est pas une Institution financière.

8. L'expression « **ENF passive** » désigne : *(i)* une ENF qui n'est pas une ENF active ; ou *(ii)* une Entité d'investissement décrite à l'alinéa A(6)(b) qui n'est pas une Institution financière d'une Juridiction partenaire.

9. L'expression « **ENF active** » désigne toute ENF qui satisfait à l'un des critères suivants :

   a) moins de 50 % des revenus bruts de l'ENF au titre de l'année civile précédente ou d'une autre période de référence comptable pertinente sont des revenus passifs et moins de 50 % des actifs détenus par l'ENF au cours de l'année civile précédente ou d'une autre période de référence comptable pertinente sont des actifs qui produisent ou qui sont détenus pour produire des revenus passifs ;

   b) les actions de l'ENF font l'objet de transactions régulières sur un marché boursier réglementé ou l'ENF est une Entité liée à une Entité dont les actions font l'objet de transactions régulières sur un marché boursier réglementé ;

   c) l'ENF est une Entité publique, une Organisation internationale, une Banque centrale, ou une Entité détenue à 100 % par une ou plusieurs des organismes précités ;

   d) les activités de l'ENF consistent pour l'essentiel à détenir (en tout ou en partie) les actions émises par une ou plusieurs filiales dont les activités ne sont pas celles d'une Institution financière, ou à proposer des financements ou des services à ces filiales. Une Entité ne peut prétendre à ce statut si elle opère (ou se présente) comme un fonds de placement, tel qu'un fonds de capital-investissement, un fonds de capital-risque, un fonds de rachat d'entreprise par endettement ou tout autre organisme de placement dont l'objet est d'acquérir ou de financer des sociétés puis d'y détenir des participations à des fins de placement ;

e) l'ENF n'exerce pas encore d'activité et n'en a jamais exercé précédemment mais investit des capitaux dans des actifs en vue d'exercer une activité autre que celle d'une Institution financière, étant entendu que cette exception ne saurait s'appliquer à l'ENF après expiration d'un délai de 24 mois après la date de sa constitution initiale ;

f) l'ENF n'était pas une Institution financière durant les cinq années précédentes et procède à la liquidation de ses actifs ou est en cours de restructuration afin de poursuivre ou de reprendre des transactions ou des activités qui ne sont pas celles d'une Institution financière ;

g) l'ENF se livre principalement au financement d'Entités liées qui ne sont pas des Institutions financières et à des transactions de couverture avec ou pour le compte de celles-ci et ne fournit pas de services de financement ou de couverture à des Entités qui ne sont pas des Entités liées, à condition que le groupe auquel appartiennent ces Entités liées se consacre principalement à une activité qui n'est pas celle d'une Institution financière ; ou

h) l'ENF remplit toutes les conditions suivantes :

i) elle est établie et exploitée dans sa juridiction de résidence exclusivement à des fins religieuses, caritatives, scientifiques, artistiques, culturelles, sportives ou éducatives ; ou est établie et exploitée dans sa juridiction de résidence et elle est une organisation professionnelle, une association patronale, une chambre de commerce, une organisation syndicale, agricole ou horticole, civique ou un organisme dont l'objet exclusif est de promouvoir le bien-être-social ;

ii) elle est exonérée d'impôt sur le revenu dans sa juridiction de résidence ;

iii) elle n'a aucun actionnaire ni aucun membre disposant d'un droit de propriété ou de jouissance sur ses recettes ou ses actifs ;

iv) le droit applicable dans la juridiction de résidence de l'ENF ou les documents constitutifs de celle-ci excluent que les recettes ou les actifs de l'ENF soient distribués à des personnes physiques ou à des Entités à but lucratif ou utilisés à leur bénéfice, à moins que cette utilisation ne soit en relation avec les activités caritatives de l'ENF ou à titre de rémunération raisonnable, au prix du marché, pour les biens et services rendus, acquis ou souscrits par l'ENF ; et

v) le droit applicable dans la juridiction de résidence de l'ENF ou les documents constitutifs de celle-ci imposent que, lors de la liquidation ou de la dissolution de l'ENF, tous ses actifs soient distribués à une Entité publique ou à une autre organisation à but non lucratif ou soient dévolus au gouvernement de la juridiction de résidence de l'ENF ou à l'une de ses subdivisions politiques.

E. **Divers**

1. L'expression « **Titulaire de compte** » désigne la personne enregistrée ou identifiée comme titulaire d'un Compte financier par l'Institution financière qui gère le compte. Une personne, autre qu'une Institution financière, détenant un Compte financier pour le compte ou le bénéfice d'une autre personne en tant que mandataire, dépositaire, prête-nom, signataire, conseiller en placement ou intermédiaire, n'est pas considérée comme détenant le compte aux fins de la Norme commune de déclaration, et cette autre personne est considérée comme détenant le compte. Dans le cas d'un Contrat d'assurance avec valeur de rachat ou d'un Contrat de rente, le Titulaire du compte est toute personne autorisée à tirer parti de la Valeur de rachat ou à changer le nom du bénéficiaire du contrat. Si nul ne peut tirer parti de la Valeur de rachat ou changer le nom du bénéficiaire, les Titulaires du compte sont les personnes désignées comme bénéficiaires dans le contrat et celles qui jouissent d'un droit absolu à des paiements en vertu du contrat. À l'échéance d'un Contrat d'assurance avec valeur de rachat ou d'un Contrat de rente, chaque personne qui est en droit de percevoir une somme d'argent en vertu du contrat est considérée comme un Titulaire de compte.

2. L'expression « **Procédures (AML/KYC) visant à identifier les clients et à lutter contre le blanchiment** » désigne les procédures de diligence raisonnable à l'égard de ses clients que l'Institution financière déclarante est tenue d'observer en vertu des dispositions de lutte contre le blanchiment ou de règles

analogues auxquelles cette Institution financière déclarante est soumise.

3. Le terme « **Entité** » désigne une personne morale ou une construction juridique, telle qu'une société de capitaux, une société de personnes, un trust ou une fondation.

4. Une Entité est une « **Entité liée** » à une autre Entité si l'une des deux Entités contrôle l'autre ou si ces deux Entités sont placées sous un contrôle commun. À ce titre, le contrôle comprend la détention directe ou indirecte de plus de 50 % des droits de vote et de la valeur d'une Entité.

5. L'expression « **NIF** » désigne un numéro d'identification fiscale (ou son équivalent fonctionnel en l'absence de numéro d'identification fiscale).

6. L'expression « **Pièce justificative** » désigne un des éléments suivants :

   a) Une attestation de résidence délivrée par un organisme public autorisé à le faire (par exemple un État, une agence de celui-ci ou une commune) de la juridiction dont le bénéficiaire affirme être résident.

   b) Dans le cas d'une personne physique, toute pièce d'identité en cours de validité délivrée par un organisme public autorisé à le faire (par exemple un État, une agence de celui-ci ou une commune), sur laquelle figure le nom de la personne et qui est généralement utilisée à des fins d'identification.

   c) Dans le cas d'une Entité, tout document officiel délivré par un organisme public autorisé à le faire (par exemple un État, une agence de celui-ci ou une commune) sur lequel figure la dénomination de l'Entité et soit l'adresse de son établissement principal dans la juridiction dont elle affirme être résidente, soit la juridiction dans laquelle l'Entité a été constituée ou dont le droit la régit.

   d) Tout état financier révisé, rapport de solvabilité établi par un tiers, dépôt de bilan ou rapport établi par l'organisme de réglementation des valeurs mobilières.

Section IX : Mise en œuvre effective

A. Une juridiction doit avoir mis en place les règles et procédures administratives requises pour garantir la mise en œuvre effective et le respect des procédures de déclaration et de diligence raisonnable décrites ci-dessus, notamment :

1. règles empêchant les Institutions financières, personnes ou intermédiaires d'adopter des pratiques destinées à contourner les procédures de déclaration et de diligence raisonnable ;

2. règles obligeant les Institutions financières déclarantes à conserver des registres des actions engagées et des éléments probants utilisés en vue d'assurer l'exécution de ces procédures, et mesures adéquates en vue de se procurer ces registres ;

3. procédures administratives destinées à vérifier que les Institutions financières déclarantes appliquent bien les procédures de déclaration et de diligence raisonnable ; procédures administratives destinées à effectuer un suivi auprès d'une Institution financière déclarante lorsque des comptes non documentés sont signalés ;

4. procédures administratives destinées à faire en sorte que les Entités et les comptes définis en droit interne en tant qu'Institutions financières non déclarantes et Comptes exclus continuent de présenter un faible risque d'être utilisés dans un but de fraude fiscale ; et

5. mesures coercitives appropriées pour remédier aux cas de non-respect.

III. Commentaires sur le Modèle d'accord entre autorités compétentes et sur la Norme commune de déclaration

A. Commentaires sur le Modèle d'accord entre autorités compétentes

Introduction

1.   Le Modèle AAC associe la NCD et la base juridique (comme la Convention concernant l'assistance administrative mutuelle en matière fiscale ou une convention fiscale bilatérale) qui permet l'échange d'informations relatives aux comptes financiers. Le Modèle AAC se compose d'un préambule et de sept sections, et définit les conditions à réunir pour assurer une communication efficace d'informations. Le préambule inclut les règles nationales en matière de déclaration et de diligence raisonnable qui sous-tendent l'échange de renseignements en vertu du Modèle AAC. Il énonce également des principes relatifs à la confidentialité, aux protections et à l'existence des infrastructures nécessaires à un échange efficace.

2.   Le Modèle AAC contient une section de définitions (section 1), détermine le type de renseignements à échanger (section 2), la durée et les modalités des échanges (section 3), la collaboration en matière d'application et d'exécution (section 4), ainsi que les règles de confidentialité et de protection des données qui doivent être respectées (section 5). Les sections 4, 6 et 7 portent sur les consultations entre autorités compétentes, les modifications et la durée de l'accord, y compris sa suspension et sa résiliation.

3.   Le Modèle AAC est conçu comme un accord bilatéral réciproque basé sur le principe selon lequel l'échange automatique est réciproque et qu'il sera effectué sur une base bilatérale. Pour réduire les coûts induits par la signature de nombreux accords entre autorités compétentes, l'échange de renseignements peut aussi être mis en œuvre sur la base d'un accord/arrangement multilatéral. L'Annexe 1 contient une version multilatérale du Modèle AAC. Bien que l'accord soit multilatéral, les renseignements seraient échangés sur une base bilatérale. Il se peut également que, dans certains cas, des juridictions souhaitent conclure un accord bilatéral non réciproque entre autorités compétentes (lorsque par exemple une juridiction ne prélève pas

d'impôt sur le revenu). L'Annexe 2 contient une version non réciproque du Modèle AAC. Certains observateurs, dont des pays du G20 et d'autres, ont souligné le fait que les pays en développement peuvent se trouver confrontés à des contraintes spécifiques de capacités en ce qui concerne l'échange automatique de renseignements, et que c'est un aspect important à prendre en considération ; en juillet 2013, le G20 a demandé au Forum mondial sur la transparence et l'échange de renseignements à des fins fiscales de coopérer avec le Groupe de travail de l'OCDE sur la fiscalité et le développement, la Banque mondiale et d'autres acteurs en vue d'aider les pays en développement à cerner leurs besoins en matière d'assistance technique et de renforcement des capacités.

4.   Des juridictions peuvent aussi conclure un accord intergouvernemental multilatéral ou plusieurs accords intergouvernementaux qui seraient des traités internationaux à part entière ou une législation régionale couvrant à la fois les obligations déclaratives et les procédures de diligence raisonnable, conjugués à un accord entre autorités compétentes de portée plus limitée.

Commentaires sur le préambule

1.　　Le préambule (« considérants ») définit le contexte et contient des déclarations, notamment une phrase qui fait référence à la base juridique sous-jacente qui autorise l'échange automatique de renseignements.

2.　　Le premier paragraphe est une introduction et peut être adapté aux circonstances propres aux juridictions qui concluent l'Accord.

3.　　Au deuxième paragraphe, les autorités compétentes déclarent que les lois de leurs juridictions respectives imposent ou sont censées imposer aux institutions financières de communiquer des informations concernant certains comptes, conformément à la portée des échanges définie à la section 2 du présent Accord.

4.　　Les différentes possibilités prévues dans ce paragraphe permettent aux juridictions qui le souhaitent de conclure l'accord entre autorités compétentes avant même que l'une des parties, ou les deux, aient mis en place des règles de déclaration et de diligence raisonnable pertinentes. Voir également la section 3, troisième paragraphe (paragraphe 3 des Commentaires sur la section 3) et la section 7 (paragraphe 1 des Commentaires sur la section 7).

5.　　Le troisième paragraphe définit la base juridique qui autorise l'échange automatique de renseignements sur les comptes financiers et qui autorise les autorités compétentes à définir la portée et les modalités de ces échanges automatiques. La portée ainsi définie doit être cohérente avec celle de l'échange visée par la section 2 du présent Accord. D'autres instruments juridiques (différents des conventions relatives à l'impôt sur le revenu ou de la Convention concernant l'assistance administrative mutuelle en matière fiscale) qui autorisent l'échange automatique de renseignements en matière fiscale peuvent inclure certains accords d'échange de renseignements fiscaux ou des accords régionaux de coopération fiscale. À l'échelle régionale, l'échange automatique de renseignements peut aussi être mis en œuvre sur la base d'une législation européenne ou d'une législation de la Communauté andine, par exemple, qui couvrirait les éléments du Modèle AAC et de la NCD.

6.　　Le quatrième paragraphe contient des déclarations selon lesquelles les autorités compétentes ont mis en place *(i)* les protections adéquates pour faire en sorte que les renseignements reçus restent confidentiels, et *(ii)* les infrastructures nécessaires à un échange efficace. Les Commentaires relatifs à la section 5 du Modèle AAC donnent des précisions supplémentaires.

Commentaires sur la section 1 concernant les définitions

Paragraphe 1 – Définitions

1.   Le paragraphe 1 contient les définitions des termes qui sont propres à l'Accord. Les définitions de tous les autres termes utilisés dans l'Accord figurent dans la section VIII de la Norme commune de déclaration.

2.   Les alinéas 1(a) et (b) définissent les juridictions qui concluent l'Accord. Les autorités compétentes sont libres de s'accorder sur les définitions des termes « [Juridiction A] » et « [Juridiction B] », mais ces définitions doivent être cohérentes avec celles qui figurent dans l'instrument juridique sous-jacent. En outre, les autorités compétentes sont libres de convenir d'inclure une description géographique (notamment une référence au plateau continental) ; toutefois, seule une définition politique est nécessaire, dont voici un exemple : « Mexique signifie les États-Unis du Mexique ».

3.   La définition du terme « Autorité compétente » figurant à l'alinéa 1(c) vise à décrire les autorités compétentes aux fins de l'Accord. Elle permet à chaque juridiction de désigner une ou plusieurs autorités compétentes. Toutefois, cette définition doit être cohérente avec celle qui figure dans l'instrument juridique sous-jacent.

4.   Les termes contenus aux alinéas 1(d) à (k) alignent la portée de l'échange de renseignements entre les juridictions qui concluent l'Accord sur celle de la Norme commune de déclaration. Ces termes désignent :

- les institutions financières tenues de déclarer : « Institution financière de la [Juridiction A] », « Institution financière de la [Juridiction B] », et « Institution financière déclarante », conformément aux expressions « Institution financière déclarante » et « Institution financière d'une Juridiction partenaire » figurant aux alinéas A(1) et (2) de la section VIII de la Norme commune de déclaration (voir les paragraphes 2-6 des Commentaires sur la section VIII) ;

- les comptes financiers soumis à déclaration : « Compte déclarable », « Compte déclarable de la [Juridiction A] », et « Compte déclarable de la [Juridiction B] », conformément à l'expression « Compte déclarable » figurant à l'alinéa D(1) de la section VIII de la Norme commune de déclaration (voir le paragraphe 105 des Commentaires sur la section VIII) ; et

- les Titulaires de compte soumis à déclaration : « Personne de la [Juridiction A] » et « Personne de la [Juridiction B] », conformément aux expressions « Personne devant faire l'objet d'une déclaration » et « Personne d'une Juridiction soumise à déclaration » figurant aux alinéas D(2) et (3) de la section VIII de la Norme commune de déclaration (voir les paragraphes 106-116 des Commentaires sur la section VIII).

5.   L'alinéa 1(l) contient la définition du terme « NIF », qui est également un terme défini à l'alinéa E(5) de la section VIII de la Norme commune de déclaration. Dans la Norme, cette définition précise qu'un NIF est un numéro d'identification fiscale ou, à défaut, un équivalent fonctionnel (voir les paragraphes 146-149 des Commentaires sur la section VIII), tandis que dans le Modèle AAC, elle désigne les NIF des juridictions qui concluent l'accord. Les expressions « NIF de la [Juridiction A] » et « NIF de la [Juridiction B] » contenus aux alinéas 1(m) et (n) poursuivent le même objectif.

6.   L'expression « Norme commune de déclaration » n'est pas définie dans le Modèle AAC, mais est définie dans la version multilatérale de ce Modèle. Il est possible que la Norme commune de déclaration, y compris les modalités informatiques, soit périodiquement mise à jour à mesure que de nouvelles juridictions l'appliqueront et acquerront une expérience correspondante. Dans le contexte d'un accord multilatéral, les autorités compétentes peuvent apposer leur signature à des dates différentes et, de ce fait, la Norme commune de déclaration peut avoir été mise à jour dans l'intervalle. Pour remédier à cette situation, la version multilatérale définit la Norme commune de déclaration en ces termes : « la norme d'échange automatique de renseignements sur les comptes financiers élaborée par l'OCDE aux côtés des pays du G20, présentée aux dirigeants du G20 en 2014 et publiée sur le site Internet de l'OCDE ». En outre, pour indiquer clairement que toutes les juridictions seraient tenues d'appliquer la version la plus récente de la Norme, le troisième considérant dispose que « la législation des Juridictions sera périodiquement modifiée afin de tenir compte des mises à jour de la Norme commune de déclaration, et qu'une fois ces modifications promulguées par une Juridiction, la définition de la "Norme commune de déclaration" sera réputée faire référence à la version mise à jour pour cette Juridiction ». Dans le cadre d'un accord bilatéral, cette question ne se pose pas car les autorités compétentes le signent généralement le même jour. Toutefois, même dans un accord bilatéral, les autorités compétentes peuvent souhaiter prévoir expressément des mises à jour de la Norme commune de déclaration selon des modalités identiques à celles figurant dans la version

multilatérale (définir l'expression « Norme commune de déclaration » et ajouter un considérant stipulant que les juridictions modifieront leur législation pour tenir compte des mises à jour de la Norme).

Paragraphe 2 – Règle générale d'interprétation

7.   Le paragraphe 2 définit la règle générale d'interprétation. La première phrase du paragraphe 2 précise que tout terme en majuscule utilisé dans le Modèle AAC mais qui n'y est pas défini aura le sens que lui attribue la Norme commune de déclaration. Cette disposition reflète le fait, également exprimé dans le préambule, que les juridictions ont mis en place des procédures de déclaration et de diligence raisonnable (y compris des définitions correspondantes) conformes à la Norme commune de déclaration.

8.   La deuxième phrase du paragraphe 2 dispose que, sauf si le contexte exige une interprétation différente ou si les Autorités compétentes s'entendent sur une signification commune, tout terme qui n'est pas défini dans le présent Accord ou dans la Norme commune de déclaration aura le sens que lui attribue au moment considéré la législation de la juridiction qui applique l'Accord. À cet égard, toute définition figurant dans la législation fiscale applicable de cette juridiction l'emportera sur une définition contenue dans une autre législation de la même juridiction. En outre, lorsqu'elles examinent le contexte, les autorités compétentes doivent tenir compte des Commentaires sur la Norme commune de déclaration et des termes qui y sont définis.

Commentaires sur la section 2
concernant l'échange de renseignements relatifs
aux comptes déclarables

1.   Cette section dispose que les renseignements qui doivent être échangés sont ceux visés par les règles de déclaration et de diligence raisonnable applicables en vertu de la Norme commune de déclaration. Voir la section I (Obligations déclaratives générales) de la NCD et les Commentaires correspondants.

2.   Le premier paragraphe fait référence à la base juridique sur laquelle se fonde l'échange et indique que les renseignements seront échangés sur une base annuelle. Ils peuvent aussi l'être plus fréquemment ; lorsque par exemple une Autorité compétente reçoit des données corrigées d'une Institution financière déclarante, ces informations sont généralement adressées à l'autre Autorité compétente le plus rapidement possible. Les renseignements à échanger sont ceux obtenus en vertu de la NCD et sont précisés plus avant au paragraphe 2.

3.   Le paragraphe 1 précise que l'échange de renseignements est soumis aux règles de déclaration et de diligence raisonnable applicables en vertu de la NCD. Ainsi, lorsque par exemple ces règles n'exigent pas la communication d'un NIF relatif à un Compte déclarable en particulier, l'échange de ce renseignement n'est pas obligatoire. Voir les exceptions prévues aux paragraphes C à F de la section I de la NCD et les paragraphes 25 à 35 des Commentaires sur la section I.

4.   L'alinéa 2(d) de la section 2 précise qu'une juridiction est tenue de communiquer le solde ou la valeur portée sur le compte à la fin de l'année civile considérée ou d'une autre période de référence adéquate. Toutefois, le paragraphe 11 des Commentaires sur la section I de la NCD dispose que les juridictions peuvent, à défaut, demander aux Institutions financières de communiquer le solde moyen ou la valeur moyenne portée sur le compte au cours de l'année civile considérée ou d'une autre période de référence adéquate. Si une juridiction opte pour cette formule plutôt que pour le solde en fin d'année, l'Accord doit le mentionner, en indiquant les règles à suivre pour calculer le solde moyen ou la valeur moyenne portée en compte, pour que l'on sache clairement sur quoi porte l'échange.

Commentaires sur la section 3
concernant le calendrier et les modalités
des échanges de renseignements

Paragraphes 1 et 2 – Montant, qualification et monnaie des paiements

1.   Le paragraphe 1 dispose qu'aux fins de l'échange de renseignements prévu à la section 2, le montant et la qualification des versements effectués au titre d'un Compte déclarable peuvent être déterminés conformément aux principes de la législation fiscale de la juridiction qui communique l'information. Le paragraphe 2 dispose que les renseignements échangés indiquent la monnaie dans laquelle chaque montant concerné est libellé.

Paragraphes 3 et 4 – Délai pour l'échange de renseignements

2.   Le paragraphe 3 dispose que les renseignements doivent être échangés dans les neuf mois qui suivent la fin de l'année civile à laquelle ils se rapportent. La première année concernée par l'échange de renseignements est laissée en blanc et doit être renseignée par les juridictions. Le délai de neuf mois envisagé au paragraphe 3 est une norme minimale et les juridictions sont libres de fixer des délais plus courts. Par exemple, les États membres de l'UE sont soumis à un délai de 6 mois en vertu de la Directive de l'UE sur l'épargne.

3.   Le paragraphe 3 ajoute que nonobstant l'année choisie par les Autorités compétentes pour le premier échange de renseignements, l'obligation d'échanger les renseignements pour une année civile s'applique uniquement si les deux juridictions sont dotées d'une législation qui prévoit la communication d'informations pour cette année civile conforme à la portée de l'échange définie à la section 2 et dans la Norme commune de déclaration. Cette phrase sera sans effet si, au moment de la signature de l'Accord, les deux juridictions disposent d'une législation interne conforme à la Norme commune de déclaration. Si ce n'est pas le cas pour l'une des juridictions ou pour les deux, cette phrase a pour objet de préciser qu'une fois l'Accord en vigueur, si l'une des juridictions applique la Norme commune de déclaration depuis plus longtemps que l'autre, les seuls renseignements qui doivent être échangés sont ceux qui se rapportent

aux années durant lesquelles les obligations déclaratives correspondantes étaient en vigueur dans les deux juridictions. Toutefois, une juridiction peut choisir, dans la mesure où sa législation interne le permet, d'échanger des renseignements se rapportant aux années antérieures, ce qui est également conforme à la NCD et au Modèle AAC.

4.   L'exemple suivant illustre la logique du paragraphe 3 ; dans cet exemple, une juridiction n'est pas dotée de la législation exigeant la communication de renseignements pour l'année civile convenue à la première phrase du paragraphe 3. Les juridictions A et B signent le Modèle AAC le 30 avril 2015 et conviennent d'échanger des renseignements se rapportant à l'année 2016 et aux années suivantes. La juridiction A fait savoir, le 7 juin 2015, que sa législation exige désormais la communication de renseignements se rapportant à l'année 2016. Le 1er novembre 2015, la juridiction B fait savoir qu'elle s'est dotée d'une législation exigeant la communication de renseignements se rapportant à l'année 2017. En pareil cas, la dernière phrase du paragraphe 3 aura pour effet que la juridiction A n'est pas tenue d'échanger des renseignements se rapportant à l'année 2016. Les deux juridictions A et B devront échanger des renseignements portant sur l'année 2017. Toutefois, la juridiction A peut choisir, dans la mesure où son droit interne le permet, de communiquer des renseignements à la juridiction B portant sur l'année 2016, même si la juridiction A ne recevra pas de renseignements pour cette même année.

5.   Le paragraphe 4 contient une exception concernant l'année au titre de laquelle les produits bruts doivent être déclarés. Il peut être plus difficile pour des Institutions financières déclarantes de mettre en œuvre les procédures permettant de calculer le produit brut total de la vente ou du rachat d'un bien. Aussi, lorsqu'elles appliquent la Norme commune de déclaration, les juridictions peuvent décider d'introduire progressivement la déclaration de ces produits bruts. Si aucune période de transition n'est prévue, le paragraphe 4 ne sera pas nécessaire. Si une transition est prévue par l'une des juridictions, le paragraphe 4, qui dispose que nonobstant le paragraphe 3, les renseignements à échanger pour l'année indiquée dans le paragraphe 3 sont ceux décrits au paragraphe 2 de la section 2, à l'exception des produits bruts décrits à l'alinéa 2(e)(2) de la section 2, doit être inséré. En pareil cas, les juridictions doivent préciser l'année au titre de laquelle les produits bruts doivent être déclarés.

6.   Aucune disposition de l'Accord n'empêche l'application des dispositions des sections 2 et 3 au titre des renseignements obtenus avant la date d'entrée en vigueur de l'Accord, dès lors que ces renseignements sont communiqués après l'entrée en vigueur de l'Accord et des dispositions des sections 2 et 3. Néanmoins, les Autorités compétentes peuvent juger utile de préciser dans quelle mesure les dispositions des sections 2 et 3 s'appliquent à ces renseignements.

Paragraphes 5 et 6 – Modalités relatives aux technologies de l'information

Schéma de la NCD et guide de l'utilisateur

7.   Le paragraphe 5 dispose que les Autorités compétentes échangeront automatiquement les informations décrites à la section 2 selon un schéma de norme commune de déclaration et en langage XML. Le Guide de l'utilisateur de la NCD, dont une copie figure à l'Annexe 3, contient des indications sur le schéma en question et sur son utilisation.

Transmission de données et cryptage

8.   Le paragraphe 6 dispose que les Autorités compétentes s'accorderont sur une ou plusieurs méthodes de transmission de données, y compris sur des normes de cryptage.

Normes minimales appropriées

9.   Toute méthode de transmission doit obéir à un certain nombre de normes minimales afin que la confidentialité et l'intégrité des données soient assurées tout au long de la transmission. Par confidentialité, on entend que les données ou les informations ne doivent pas être accessibles à des personnes non autorisées ou leur être communiquées. Par intégrité, on entend que les données ou les informations ne doivent pas être modifiées ou altérées de manière non autorisée. Ces normes doivent être susceptibles d'adaptation aux évolutions des capacités techniques au fil du temps. Elles doivent prévoir l'utilisation de canaux de transmission et de protocoles sécurisés capables d'assurer la confidentialité et l'intégrité des données, au moyen d'un cryptage ou de mesures physiques, ou d'une combinaison des deux.

10.   Le Modèle AAC n'impose pas une solution unique pour la transmission ou pour le cryptage des données, car pour les Autorités compétentes cela risquerait de compliquer l'alignement avec des pratiques ou des systèmes éprouvés ou susceptibles de convenir pour une situation spécifique. Comme la responsabilité des données continue d'incomber à la juridiction expéditrice jusqu'à ce qu'elles parviennent à la juridiction destinataire, il se peut également que, selon les impératifs nationaux, des processus différents soient approuvés pour les deux parties d'un échange bilatéral (expéditrice et destinataire). Par exemple, la juridiction A peut utiliser une transmission via un navigateur alors que la juridiction B utilise un serveur avec acheminement via un réseau sécurisé pour l'échange de données. Toutefois, comme chaque juridiction va, en principe, créer des relations d'échange automatique à la norme NCD avec plusieurs autres juridictions, il faudra penser à concevoir une architecture internationale de transmission viable, qui évite autant que possible que chaque juridiction ait à

adopter et faire évoluer une multitude de méthodes de transmission et/ou de cryptage.

Cryptage

11.   Le cryptage a pour but de protéger la confidentialité et l'intégrité des données. Il consiste à transformer les données afin qu'elles soient inintelligibles à quiconque ne possède pas la clé de décryptage. Tous les fichiers de données à échanger doivent donc être cryptés avec un niveau de sécurité minimum, l'itinéraire de transmission doit être soit crypté, soit sécurisé physiquement, et des contrôles d'audit doivent être en place pour garder trace des accès et les copies de fichiers. Une méthode de chiffrement très utilisée pour échanger des informations est la cryptographie asymétrique, avec une clé publique et une clé privée. La cryptographie à clé publique est pratiquée depuis plusieurs décennies et permet aux parties d'échanger des données cryptées sans qu'il faille communiquer de clé secrète à l'avance. L'expéditeur crypte le fichier de données à l'aide d'une clé publique, et seul le destinataire possède la clé privée sécurisée nécessaire pour le décrypter. Il existe des normes internationales régissant la longueur de la clé de chiffrement utilisée pour assurer le niveau de sécurité approprié pour des données financières personnelles, tant actuellement que pour un avenir prévisible, comme par exemple la norme *advanced encryption standard* (AES 256).

Méthodes de transmission électroniques

12.   Il était naguère d'usage d'envoyer des fichiers de données cryptés sur des disquettes, des cartes mémoire ou des disques compacts, avec remise en main propre ou par courrier recommandé entre Autorités compétentes, mais le transfert de ces supports physiques entraîne un traitement administratif et un risque supplémentaire (même si l'intégrité et la confidentialité sont assurées grâce au cryptage). Aujourd'hui, la technologie permet tout aussi simplement de transférer des données à l'aide d'un navigateur Internet qui peut également, à peu de frais, assurer des fonctions de cryptage, de non-révocation et de non-répudiation. Par conséquent, l'utilisation d'un support physique ne passe plus pour une bonne pratique. La bonne pratique aujourd'hui est d'utiliser une méthode permettant un transfert intégré de bout en bout pour la transmission de fichiers électroniques, soit de serveur à serveur, soit avec accès via un navigateur[1]. Un système sécurisé de courrier

---

1.   Les services web avec ws-security constituent une autre famille de normes abordables et de plus en plus employées dans des environnements sécurisés, composées d'un ensemble de services utilisant le protocole HTTP au moyen de méthodes standard de type GET et POST. Comme exemples de protocoles de transmission reconnus internationalement comme répondant aux exigences de

électronique, avec des normes et spécifications minimales, peut aussi être utilisé, mais les coûts d'installation peuvent être plus lourds, et il peut entraîner une plus grande complexité d'utilisation pour la gestion des accès utilisateurs et la sécurité des données, imposer une taille limite des fichiers et entrer en conflit avec les systèmes pare-feu. Il importe de ne pas négliger l'évaluation et la réévaluation constante du risque.

Dimension opérationnelle de la sécurité

13.   À côté des mesures techniques reposant sur le matériel et les outils logiciels, la confidentialité et la sécurité des données transmises nécessitent également l'application de bonnes pratiques managériales, organisationnelles et opérationnelles. Le respect d'une norme particulière n'est pas impératif, mais idéalement la sécurité doit être gérée en conformité avec des normes de bonnes pratiques reconnues telles que la série des normes ISO 27000 sur la sécurité de l'information, en tenant compte des modifications qui interviennent périodiquement. En l'espèce, les données ne doivent être accessibles qu'à des personnes autorisées tout au long du processus de transmission, et l'accès aux clés de cryptage – en particulier la clé privée – doit être étroitement contrôlé. Un journal d'audit doit garder trace de tout accès autorisé aux données ou aux clés. On trouvera des informations complémentaires sur la sauvegarde des données et la confidentialité dans les Commentaires sur la section 5.

---

canaux de transmission sécurisés et de protocoles garants de la confidentialité et de l'intégrité des données, on peut citer la Transport Layer Security (TLS) v 1.1 pour la sécurisation des échanges sur serveurs, et le Secure File Transfer Protocol (SFTP) pour les transferts en bloc programmés, mais ce ne sont pas les seuls protocoles susceptibles d'offrir des solutions adéquates.

Commentaires sur la section 4
concernant la collaboration en matière d'application
et de mise en œuvre de l'Accord

1.   Cette section concerne la collaboration entre Autorités compétentes en matière d'application et de mise en œuvre de l'Accord. Elle dispose que si une Autorité compétente a des raisons de croire qu'une erreur peut avoir eu pour conséquence la communication de renseignements erronés ou incomplets ou qu'une Institution financière déclarante ne respecte pas les obligations déclaratives en vigueur, elle doit transmettre une notification à l'autre Autorité compétente. L'Autorité compétente ainsi notifiée appliquera toutes les dispositions appropriées de son droit interne pour corriger ces erreurs ou remédier aux manquements décrits dans la notification. Voir les Commentaires sur la Section IX de la Norme commune de déclaration concernant les règles et procédures administratives que les juridictions doivent mettre en place pour garantir une mise en œuvre effective de la NCD.

2.   La notification doit se faire par écrit et doit indiquer clairement l'erreur ou le manquement en cause, ainsi que les raisons pour lesquelles l'Autorité compétente pense qu'ils se sont produits. L'Autorité compétente notifiée doit répondre ou réagir le plus rapidement possible, au plus tard 90 jours civils après avoir été avisée par l'Autre autorité compétente. Si le problème n'est pas résolu, l'Autorité compétente doit tenir l'autre autorité compétente informée tous les 90 jours. Si toutefois, après avoir examiné la notification en toute bonne foi, l'Autorité compétente notifiée ne reconnaît pas l'existence de l'erreur ou du manquement qui y est décrit, elle doit en aviser par écrit l'autre autorité compétente le plus rapidement possible et préciser ses raisons.

3.   La section 4 ne prévoit pas de contact direct entre l'Autorité compétente d'une juridiction et une Institution financière déclarante de l'autre juridiction. Deux Autorités compétentes peuvent aussi souhaiter autoriser les contacts directs entre une Autorité compétente d'une juridiction et une Institution financière déclarante de l'autre juridiction en cas d'erreurs administratives ou d'autres erreurs minimes. La décision en ce sens dépendra du droit interne des juridictions concernées, mais éventuellement aussi du nombre de demandes qu'une Autorité compétente s'attend à recevoir. Si les

Autorités compétentes conviennent d'une telle approche, le contenu actuel de la section 4 doit être remplacé par le texte suivant :

1. Une Autorité compétente peut adresser une demande directement à une Institution financière déclarante de l'autre juridiction si elle a des raisons de croire que des erreurs administratives ou d'autres erreurs minimes peuvent avoir eu pour conséquence la communication de renseignements erronés ou incomplets. L'Autorité compétente avise l'Autorité compétente de l'autre partie lorsque la première Autorité adresse une telle demande à une Institution financière déclarante de l'autre juridiction.

2. Une Autorité compétente avise l'Autorité compétente de l'autre partie lorsque la première Autorité a des raisons de croire qu'une Institution financière déclarante ne respecte pas les obligations déclaratives en vigueur et les procédures de diligence raisonnable au titre de la Norme commune de déclaration. L'Autorité compétente ainsi notifiée applique toutes les dispositions appropriées de son droit interne pour remédier aux manquements décrits dans la notification.

4. C'est le droit interne de la juridiction de l'Institution financière déclarante, y compris les dispositions relatives à la protection des données personnelles, qui s'applique à de tels contacts directs.

Commentaires sur la section 5
concernant la confidentialité et la protection des données

1.   La confidentialité des renseignements sur les contribuables a toujours été la pierre angulaire des systèmes fiscaux. Les contribuables comme les administrations fiscales ont le droit juridiquement reconnu de s'attendre à ce que les données échangées demeurent confidentielles. Pour qu'ils aient confiance en leurs systèmes fiscaux et respectent la loi, les contribuables doivent avoir l'assurance que les informations financières les concernant, souvent de nature sensible, ne seront pas divulguées de façon inopportune, ni intentionnellement ni par accident. Les citoyens et les États n'auront confiance dans l'échange international de renseignements que si les données sont utilisées et divulguées exclusivement selon les termes de l'accord sur lequel se fonde cet échange. Il est nécessaire pour cela de disposer d'un cadre juridique et de systèmes et procédures qui garantissent son respect dans la pratique et empêchent toute divulgation non autorisée. La capacité de protéger la confidentialité des renseignements fiscaux est également le fruit d'une « culture de l'attention » au sein de l'administration fiscale, qui englobe l'ensemble des systèmes, procédures et processus propres à garantir que le cadre juridique est respecté en pratique et que la sécurité et l'intégrité des informations sont assurées lorsque celles-ci sont traitées. À mesure que l'administration fiscale gagne en complexité, les processus et pratiques nécessaires à la confidentialité doivent évoluer pour que les renseignements échangés restent confidentiels[2]. Plusieurs juridictions sont dotées de règles spécifiques en matière de protection des données personnelles qui s'appliquent aussi aux renseignements sur les contribuables.

2.   La section 5, la section 7 et le quatrième paragraphe du préambule reconnaissent expressément l'importance de la confidentialité et de la protection des données en lien avec l'échange automatique de renseignements sur les comptes financiers. La partie restante de ces Commentaires passe succinctement en revue les paragraphes 1 et 2 avant d'étudier en détail les modalités de protection de la confidentialité et des données en lien avec la Norme commune de déclaration.

---

2.   OCDE (2012), *Garantir la confidentialité* OCDE, Paris, disponible sur www.oecd. org/fr/ctp/echange-de-renseignements-fiscaux/rapport-garantir-la-confidentialite.pdf.

Paragraphe 1 – Confidentialité et protection des données personnelles

3.   Tous les renseignements échangés sont soumis aux règles de confidentialité et aux autres protections prévues par l'instrument juridique applicable, y compris en ce qui concerne l'usage qui peut être fait de ces renseignements et les personnes qui peuvent en être destinataires.

4.   De nombreuses juridictions ont mis en place des règles spécifiques sur la protection des données personnelles qui s'appliquent aux renseignements sur les contribuables. Par exemple, des règles spéciales relatives à la protection des données s'appliquent aux informations échangées par les États membres de l'UE (que le destinataire soit un autre État membre de l'UE ou un pays tiers). Ces règles incluent notamment le droit d'information, d'accès, de correction et de recours de la personne concernée par l'échange de données, et l'existence d'un mécanisme de surveillance destiné à protéger les droits de cette personne. Le paragraphe 1 de la section 5 dispose que l'Autorité compétente qui communique les renseignements peut, dans la mesure où cela est nécessaire pour garantir le degré requis de protection des données personnelles, indiquer dans l'Accord entre autorités compétentes les dispositions particulières qui doivent être exigées, en vertu de son droit interne. L'Autorité compétente qui reçoit les renseignements doit veiller à la mise en œuvre et au respect des protections éventuellement spécifiées. Elle doit traiter ces renseignements conformément à son droit interne, mais également dans le respect des dispositions supplémentaires qui peuvent être exigées pour protéger les données en vertu du droit interne de l'Autorité compétente qui transfert l'information. Ces dispositions supplémentaires, telles que définies par l'Autorité compétente qui communique les renseignements, peuvent se référer à l'accès individuel aux données. L'Autorité compétente qui communique les renseignements ne spécifiera pas nécessairement des dispositions de protection particulières si elle a l'assurance que l'Autorité compétente destinataire garantit le niveau requis de protection des données communiquées. En tout état de cause, ces dispositions ne doivent pas aller au-delà de ce qui est nécessaire pour assurer la protection des données personnelles et ne doivent pas empêcher ou retarder indûment l'échange effectif de renseignements.

5.   En règle générale, les instruments relatifs à l'échange de renseignements disposent que la communication de renseignements à une autre juridiction n'est pas obligatoire si elle devait être contraire à l'*ordre public* de la juridiction qui les fournit[3]. Ce cas de figure survient rarement dans le contexte de l'échange de renseignements entre Autorités compétentes, mais certaines juridictions peuvent

---

3.   Voir par exemple le point 3(c) de l'article 26 du Modèle de Convention fiscale de l'OCDE et le point 2(d) de l'article 21 de la Convention multilatérale concernant l'assistance administrative mutuelle en matière fiscale.

demander à leurs Autorités compétentes de préciser que les renseignements communiqués ne doivent pas être utilisés ou divulgués dans des procédures susceptibles d'aboutir à la prononciation ou l'exécution de la peine de mort, d'actes de torture ou d'autres violations graves de droits de l'homme (lorsque par exemple les enquêtes fiscales sont motivées par des persécutions politiques, raciales ou religieuses) car cela serait contraire à l'ordre public de la juridiction qui fournit les renseignements. En pareil cas, une disposition à cet effet pourrait être incluse dans l'Accord entre autorités compétentes.

Paragraphe 2 – Violation de la confidentialité

6.   Il est essentiel d'assurer la confidentialité des renseignements reçus en vertu de l'instrument juridique applicable. Le paragraphe 2 de la section 5 dispose qu'en cas de violation de l'obligation de confidentialité ou des dispositions relatives à la protection des données (y compris des dispositions supplémentaires éventuelles spécifiées par l'Autorité compétente qui fournit les renseignements), l'Autorité compétente doit en informer immédiatement l'Autorité compétente de l'autre partie et lui notifier toute sanction ou action corrective qui en résulte. Le contenu de cette notification doit respecter les règles de confidentialité et être conforme au droit interne de la juridiction dans laquelle la violation ou le manquement se sont produits. En outre, la section 7 indique expressément que le non-respect des obligations de confidentialité et des dispositions relatives à la protection des données (y compris des dispositions supplémentaires éventuelles spécifiées par l'Autorité compétente qui fournit les renseignements) serait considéré comme un manquement grave et un motif de suspension immédiate de l'Accord entre autorités compétentes.

Confidentialité et protection des données en vertu de la Norme commune de déclaration

7.   Trois éléments sont essentiels pour garantir l'existence de dispositions adéquates pour protéger les renseignements échangés automatiquement : *(i)* le cadre juridique, *(ii)* les pratiques et procédures visant à assurer la sécurité des données, et *(iii)* le suivi de l'observation et les sanctions en cas de violation de la confidentialité. Chacun de ces aspects est examiné ci-après. L'Annexe 4 de ce document est un questionnaire[4] qui convertit cette analyse en une série de questions et que les juridictions pourraient utiliser afin d'évaluer le respect des règles en matière de confidentialité et de protection des données. Les juridictions peuvent choisir d'élaborer leur propre questionnaire sur

---

4.   L'exemple de questionnaire à l'Annexe 4 est le questionnaire utilisé par les États-Unis aux fins de la loi FATCA au 20 mars 2014 après suppression des spécificités américaines.

les aspects de la NCD relevant de la confidentialité et de la protection des données. D'autres peuvent décider de ne pas utiliser de questionnaire dans la mesure où elles ont déjà conclu un accord d'échange automatique de renseignements avec une autre juridiction et ont obtenu l'assurance que celle-ci a pris des dispositions adéquates pour protéger les renseignements échangés automatiquement.

1. Cadre juridique

8.   Le cadre juridique doit garantir la confidentialité des renseignements fiscaux échangés et limiter leur utilisation aux fins prévues par les dispositions de l'instrument d'échange. Les deux piliers de ce cadre sont les dispositions de l'instrument applicable et le droit interne des juridictions concernées.

9.   Toutes les conventions fiscales bilatérales et multilatérales ainsi que d'autres instruments juridiques prévoyant l'échange de renseignements fiscaux doivent prévoir l'obligation que les données échangées restent confidentielles et qu'elles soient utilisées à certaines fins uniquement. Le Modèle de Convention fiscale de l'OCDE en est l'illustration. Aux termes du paragraphe 2 de l'article 26, les renseignements sur les contribuables reçus par une Autorité compétente doivent être tenus secrets de la même manière que les renseignements sur les contribuables obtenus en application du droit interne de cet État. Ils ne doivent être communiqués qu'aux « personnes ou autorités (y compris les tribunaux et organes administratifs) » concernées par l'établissement, le recouvrement, l'administration ou l'exécution des impôts couverts, par les procédures ou poursuites concernant ces impôts, par les décisions sur les recours relatifs à ces impôts, ou par le contrôle de ce qui précède. Ils peuvent également être utilisés à d'autres fins si les Autorités compétentes des deux juridictions l'autorisent et si le droit des deux États le permet. De même, l'article 22 de la Convention multilatérale concernant l'assistance administrative mutuelle en matière fiscale prévoit que les renseignements obtenus par une Partie doivent être tenus secrets et protégés dans les mêmes conditions que celles prévues pour les renseignements obtenus en application du droit interne de cette Partie, et impose des restrictions à l'usage et à la divulgation de ces renseignements.

10.   Le droit interne doit comporter des dispositions suffisantes pour protéger la confidentialité des renseignements sur les contribuables et prévoir des circonstances spécifiques et limitées dans lesquelles ces renseignements peuvent être divulgués et utilisés. Le droit interne doit également fixer des pénalités ou des sanctions efficaces en cas de divulgation ou d'utilisation non autorisée de ces renseignements. En outre, le droit interne doit disposer que les instruments internationaux d'échange adoptés par la juridiction sont juridiquement contraignants et que les obligations de confidentialité qui y

figurent le sont aussi. Enfin, le droit interne d'une juridiction prévoyant la protection des données sur les contribuables doit s'appliquer aux renseignements reçus d'une autre juridiction en vertu d'un instrument d'échange.

2. Gestion de la sécurité de l'information : pratiques et procédures

11.   Pour que les protections juridiques accordées par l'instrument d'échange et par le droit interne soient efficaces, les juridictions doivent mettre en place des pratiques et des procédures qui garantissent que les renseignements échangés seront utilisés uniquement en matière fiscale (ou à d'autres fins spécifiées) et qui empêchent leur transmission à des personnes ou à des autorités publiques qui ne sont pas concernées par l'établissement, le recouvrement, l'administration ou l'exécution des impôts couverts, par les procédures ou poursuites concernant ces impôts, par les décisions sur les recours relatifs à ces impôts, ou par le contrôle de ce qui précède.

12.   Un système de gestion de la sécurité de l'information est un ensemble de règles, pratiques et procédures portant sur la gestion de la sécurité de l'information et sur les risques informatiques associés. Cette question n'est pas seulement technique, mais elle touche aussi des aspects économiques, culturels et organisationnels. Comme on le verra plus en détail ci-après, les pratiques et procédures mises en œuvre par les administrations fiscales doivent englober tous les aspects pertinents pour garantir la confidentialité, y compris un processus de sélection du personnel qui traite l'information, des restrictions quant aux personnes autorisées à accéder aux renseignements et des systèmes capables de détecter et d'identifier les divulgations non autorisées. Les pratiques et procédures relatives à la gestion de la sécurité de l'information suivies par l'administration fiscale de chaque juridiction doivent respecter les normes reconnues internationalement ou les pratiques exemplaires qui garantissent la protection des données confidentielles sur les contribuables[5]. En l'occurrence, elles doivent comporter les vérifications fondamentales suivantes :

5..   Les normes acceptées internationalement qui régissent la sécurité de l'information sont connues sous l'appellation « suite ISO/CEI 27000 » et sont publiées conjointement par l'Organisation internationale de normalisation (ISO) et par la Commission électrotechnique internationale (CEI). Cette série définit les pratiques exemplaires en matière de gestion de la sécurité de l'information, de risque et de contrôles dans le contexte d'un système global de gestion de la sécurité de l'information. Une administration fiscale doit être en mesure de prouver qu'elle se conforme aux normes de la suite ISO/CEI 27000 ou qu'elle dispose d'un cadre équivalent pour la sécurité de l'information, et que les renseignements sur les contribuables obtenus en vertu d'un instrument juridique sont protégés par ce cadre.

2.1. Personnel (vérification des antécédents, contrats de travail, formation)

13.   Les administrations fiscales doivent s'assurer que les personnes exerçant des responsabilités et ayant accès aux données sur les contribuables sont dignes de confiance et ne représentent pas un risque pour la sécurité, et que leurs droits d'accès sont dûment gérés et contrôlés. Les membres du personnel, les consultants et autres intervenants ayant accès à des renseignements confidentiels doivent également faire l'objet d'une enquête de sécurité. Les consultants ayant accès aux renseignements sur les contribuables doivent être contractuellement tenus de respecter les mêmes obligations que le personnel en ce qui concerne la confidentialité des renseignements fiscaux.

14.   Les administrations fiscales doivent veiller à ce que les membres du personnel ayant accès aux données soient informés des obligations de confidentialité qui leur incombent, des risques que leurs activités font peser sur la sécurité, ainsi que des lois, politiques et procédures applicables en matière de sécurité et de confidentialité. Les membres du personnel qui ont accès aux données doivent bénéficier d'une formation annuelle ou plus fréquente.

15.   En outre, des procédures doivent permettre de mettre rapidement un terme à l'accès aux renseignements confidentiels pour les membres du personnel qui sont licenciés, transférés ou qui partent en retraite et qui n'ont donc plus besoin de cet accès. En outre, l'obligation de confidentialité doit rester en vigueur après la fin de la relation d'emploi.

2.2. Accès aux locaux et stockage des documents physiques

16.   Les administrations fiscales doivent adopter des mesures de sécurité visant à restreindre l'accès à leurs locaux. Parmi les mesures fréquentes figurent la présence d'agents de sécurité, l'accompagnement obligatoire des visiteurs, les badges de sécurité, les entrées à code pour le personnel et les dispositifs qui limitent son accès aux espaces abritant des informations sensibles.

17.   Les administrations fiscales doivent également disposer de systèmes sécurisés de stockage des documents confidentiels. Les données peuvent être conservées dans des unités ou pièces verrouillées : armoires (à code ou à clé), coffres et chambres fortes. Des règles devraient régir l'accès aux codes et clés. Le degré de sécurité des armoires de stockage doit varier en fonction de la classification de leur contenu, et les données fiscales échangées en bloc automatiquement doivent avoir une classification de sécurité appropriée. Les administrations fiscales doivent également garantir cette sécurité lorsque les données sont transférées sur d'autres sites de travail.

2.3. Planification

18.   Les administrations fiscales doivent établir un plan visant à élaborer, documenter, mettre à jour et déployer des mesures de sécurité pour leurs systèmes d'information.

2.4. Gestion de la configuration

19.   Les administrations fiscales doivent contrôler et gérer la configuration des systèmes d'information. À cette fin, elles doivent mettre en place, documenter, diffuser et mettre à jour des contrôles de sécurité adéquats.

2.5. Contrôle d'accès

20.   Les administrations fiscales doivent limiter l'accès des systèmes aux utilisateurs et aux équipements (autres systèmes d'information compris) autorisés. Ces utilisateurs ne doivent pouvoir accéder qu'aux transactions et aux fonctions qu'ils sont autorisés à accomplir.

2.6. Identification et authentification

21.   Les systèmes d'information doivent être munis de fonctions permettant de stocker et d'authentifier l'identité d'utilisateurs et d'équipements qui en demandent l'accès. Ils doivent être en mesure d'identifier un utilisateur non autorisé et de l'empêcher d'accéder aux renseignements confidentiels.

2.7. Audit et responsabilité

22.   La responsabilité des utilisateurs non autorisés ne peut être engagée que si leurs actions sont identifiables. C'est pourquoi il est essentiel que les administrations fiscales créent et conservent des dossiers d'audit des systèmes d'information afin de contrôler, d'analyser, d'enquêter et de signaler toute activité illégale, non autorisée ou inappropriée.

2.8. Maintenance

23.   Les administrations fiscales doivent procéder à une maintenance des systèmes à intervalles périodiques et en temps voulu, et mener des vérifications efficaces des outils, techniques et mécanismes de maintenance et du personnel qui les utilise.

2.9. Protection des systèmes et des communications

24.   Les administrations fiscales doivent suivre, contrôler et protéger les communications au niveau des frontières internes et externes des systèmes d'information. Ces contrôles doivent comporter des procédures visant à supprimer les données résiduelles, assurer la confidentialité des transmissions et valider la cryptographie.

2.10. Intégrité des systèmes et de l'information

25.   Les administrations fiscales doivent identifier, signaler et corriger (ou prendre des mesures d'amélioration) en temps voulu les incidents impliquant la sécurité des technologies de communication de l'information, se prémunir contre les logiciels malveillants et suivre les alertes et avis de sécurité du système.

2.11. Évaluations de sécurité

26.   Les administrations fiscales doivent élaborer et actualiser périodiquement une politique d'examen des processus utilisés pour tester, valider et autoriser les contrôles de sécurité nécessaires à la protection des données, à la correction des défaillances et à la réduction des risques. La fréquence de ces mises à jour dépendra des risques, mais elles doivent intervenir à intervalles appropriés, conformément aux normes reconnues internationalement ou aux pratiques exemplaires. Les administrations fiscales doivent également se doter d'une politique d'examen des modalités d'autorisation des transactions et connexions du système d'information, ainsi que des procédures de suivi des contrôles de sécurité du système.

2.12. Planification des interventions d'urgence

27.   Les administrations fiscales doivent élaborer et mettre en œuvre des plans d'intervention d'urgence, d'opérations de sauvegarde et de récupération des données des systèmes après une catastrophe.

2.13. Évaluation des risques

28.   Une administration fiscale doit évaluer le risque potentiel d'accès non autorisé aux renseignements sur les contribuables, ainsi que le risque et l'ampleur du préjudice causé par l'utilisation, la divulgation, l'altération, la modification ou la destruction non autorisées de ces renseignements ou des systèmes d'information sur les contribuables. Elle doit actualiser son évaluation des risques à intervalles périodiques ou lorsque le système d'information ou les installations qui l'hébergent subissent d'importantes

modifications, ou encore lorsque surviennent d'autres conditions susceptibles d'avoir un impact négatif sur la sécurité ou le statut d'accréditation du système.

2.14. Acquisition de systèmes et de services

29.   Les administrations fiscales doivent s'assurer que les prestataires extérieurs engagés pour traiter, stocker et transmettre les renseignements échangés en vertu de l'instrument juridique applicable effectuent des contrôles conformes aux exigences de sécurité propres aux systèmes informatiques.

2.15. Protection des supports

30.   Les administrations fiscales doivent protéger les renseignements au format papier ou sur supports numériques, restreindre leur accès aux seuls utilisateurs autorisés, et effacer le contenu des supports numériques ou les détruire avant leur élimination ou leur réutilisation.

2.16. Identification des données

31.   Les données échangées en vertu de l'instrument juridique applicable doivent être systématiquement protégées contre une divulgation fortuite. Si les données sont enregistrées dans un fichier contenant d'autres données et qu'une séparation physique est impossible, des procédures doivent être en place pour faire en sorte que l'ensemble du fichier soit sauvegardé et pour indiquer clairement qu'il contient des données échangées aux termes d'un instrument juridique. Les renseignements proprement dits doivent aussi être clairement signalés.

32.   Il faut instaurer des procédures garantissant que toutes les données contenues dans un tel fichier soient effacées avant que ce fichier soit remis à une personne ou à une autorité qui n'est pas autorisée à accéder aux données échangées en vertu d'un instrument juridique. Si les données sont stockées dans une base de données, il faut prévoir des procédures garantissant que toutes ces données sont bien effacées de la base avant consultation par une personne ou une autorité qui n'est pas autorisée à accéder aux renseignements échangés en vertu d'un instrument juridique (ou que ces données soient dûment séparées/protégées de manière à empêcher la personne ou l'autorité non autorisée d'y accéder).

2.17. Règles de suppression des données

33.   Les administrations fiscales doivent se doter de règles imposant la destruction des données devenues inutiles et garantissant la suppression en toute sécurité des informations confidentielles. Le déchiquetage, l'incinération

ou l'utilisation de conteneurs à déchets verrouillés sont appropriés pour les documents imprimés, et les documents électroniques doivent être effacés lorsqu'ils ne sont plus utiles. Des mesures doivent être prises pour effacer les données confidentielles quand les ordinateurs et appareils de stockage sont mis au rebut.

3. Contrôle de conformité et sanctions en cas de violation de la confidentialité

34. Les administrations fiscales doivent non seulement tenir confidentiels les renseignements échangés en vertu d'un instrument juridique, mais aussi s'assurer qu'ils seront utilisés uniquement aux fins prévu par l'accord d'échange de renseignements applicable. Aussi, le respect d'un cadre de sécurité de l'information acceptable ne suffit pas à protéger les données fiscales échangées. Le droit interne doit en outre prévoir des pénalités ou des sanctions en cas de divulgation ou d'utilisation inappropriée des renseignements sur les contribuables. Pour garantir leur mise en œuvre, cette législation doit être complétée par des ressources et des procédures administratives adéquates.

3.1. Pénalités et sanctions

35. Le droit interne doit comporter des pénalités ou des sanctions en cas de divulgation ou d'utilisation inappropriée des renseignements sur les contribuables, et les administrations fiscales doivent, dans les faits, les appliquer à l'encontre du personnel qui enfreint les règles et procédures de sécurité afin de dissuader les contrevenants potentiels. Pour garantir leur mise en œuvre, cette législation doit être complétée par des ressources et des procédures administratives adéquates. Les administrations fiscales devraient établir un processus formel de sanctions visant le personnel et les prestataires extérieurs qui ne respectent pas les règles et procédures établies en matière de sécurité de l'information, prévoyant des sanctions civiles et pénales ou cas de consultation ou de divulgation non autorisée.

3.2. Répression de l'accès et de la divulgation non autorisés

36. Outre l'adoption de règles en matière d'accès aux renseignements confidentiels, les administrations fiscales doivent également mettre en place des processus pour contrôler le respect de ces règles et détecter tout accès et toute divulgation non autorisés. En cas de divulgation non autorisée, une enquête doit être menée et un rapport établi à l'intention de la direction. Ce rapport doit comporter :

- des recommandations sur les moyens d'atténuer les répercussions de l'incident;

- une analyse de ce qu'il faudrait faire pour éviter qu'il se reproduise;

- des recommandations sur les mesures et sanctions à prendre à l'encontre du/des responsable(s) de l'infraction, en soulignant qu'en cas de présomption de divulgation intentionnelle, autorités répressives pourraient intervenir;

- les raisons qui conduisent à penser, avec un degré d'assurance élevé, qu'une fois mises en œuvre, les modifications du système et les sanctions recommandées empêcheront que des infractions similaires se reproduisent.

37. En outre, les administrations fiscales devraient mettre en place un processus d'examen et d'approbation des recommandations de modification des règles et procédures afin d'éviter de nouvelles infractions à l'avenir. L'autorité chargée de l'enquête ou l'autorité hiérarchique doit veiller à ce que l'administration fiscale applique bien les recommandations approuvées.

Commentaires sur la section 6
concernant les consultations et modifications

1.   Cette section porte sur les consultations entre Autorités compétentes et sur les modifications apportées à l'Accord entre autorités compétentes.

Paragraphe 1 – Consultations

2.   Ce paragraphe dispose qu'en cas de difficulté dans l'application ou l'interprétation du présent Accord, chaque Autorité compétente peut solliciter des consultations en vue d'élaborer des mesures appropriées pour garantir l'exécution de l'Accord. Des consultations peuvent également se tenir en vue d'analyser la qualité des renseignements reçus.

3.   Les Autorités compétentes peuvent communiquer entre elles par courrier, fax, téléphone, rencontre directe ou par tout autre moyen pratique permettant de parvenir à un accord sur les mesures appropriées pour garantir l'exécution du présent Accord.

Paragraphe 2 – Modifications

4.   Ce paragraphe précise que l'Accord peut être modifié par consentement écrit des Autorités compétentes. Sauf disposition contraire entre les Autorités compétentes, une telle modification entre en vigueur le premier jour du mois suivant l'expiration d'une période d'un mois après :

- la date des signatures de cet accord écrit ou

- la date des notifications échangées aux fins de cet accord écrit.

5.   Comme l'indique l'introduction aux Commentaires sur le Modèle AAC, des juridictions peuvent conclure un accord intergouvernemental multilatéral ou plusieurs accords intergouvernementaux qui seraient des traités internationaux à part entière couvrant à la fois les obligations déclaratives et les procédures de diligence raisonnable, conjugués à un accord entre Autorités compétentes de portée plus limitée. Dans ce cas, les modifications peuvent être soumises à des règles différentes.

Commentaires sur la section 7
concernant la durée de l'Accord

Paragraphe 1 – Entrée en vigueur

1.   Le paragraphe 1 prévoit deux dates d'entrée en vigueur possibles. En premier lieu, lorsque les juridictions concluent cet accord après avoir adopté la législation nécessaire pour mettre en œuvre la Norme commune de déclaration, elles fixent une date d'entrée en vigueur de l'Accord. En second lieu, si les Autorités compétentes concluent l'Accord avant la mise en place de la législation nécessaire dans l'une des juridictions ou dans les deux, elles peuvent recourir à la deuxième option, auquel cas l'accord entre en vigueur à la date de la dernière notification effectuée pour indiquer que la juridiction a adopté les règles nécessaires pour appliquer l'accord.

Paragraphe 2 – Suspension

2.   Le paragraphe 2 contient des précisions sur la possibilité pour une Autorité compétente de suspendre l'accord si elle juge que l'autre Autorité compétente commet ou a commis un manquement grave. Dans la mesure du possible, les Autorités compétentes doivent s'efforcer de remédier aux manquements, même à ceux ayant un niveau élevé de gravité, avant de notifier la suspension de la validité de l'Accord.

3.   Pour suspendre l'Accord, une Autorité compétente doit adresser un préavis écrit en ce sens à l'autre Autorité compétente. Ce préavis doit décrire en détail le manquement grave constaté, et mentionner si possible les mesures qui devraient être prises pour y remédier. La suspension est à effet immédiat.

4.   L'Autorité compétente ainsi notifiée doit engager le plus rapidement possible les mesures nécessaires pour remédier au manquement grave. Elle doit informer l'autre Autorité compétente dès que le problème est résolu. L'Autorité compétente qui a envoyé le préavis de suspension doit alors confirmer par écrit à l'autre Autorité compétente que l'Accord n'est plus suspendu et que les échanges de renseignements peuvent reprendre le plus tôt possible.

5.   Le paragraphe 2 indique que le concept de manquement grave désigne notamment :

- le non-respect des obligations de confidentialité ou des dispositions relatives à la protection des données du présent Accord (y compris des protections supplémentaires précisées dans l'Accord entre Autorités compétentes), par exemple l'utilisation des renseignements à des fins non autorisées par l'instrument juridique applicable ou une modification du droit interne qui compromet la confidentialité des renseignements ;

- le fait pour l'Autorité compétente de ne pas communiquer des informations appropriées ou en temps voulu comme le prévoit le présent Accord ;

- une définition de Comptes exclus ou d'Institutions financières non déclarantes allant à l'encontre des objectifs de la Norme commune de déclaration ;

- le fait de ne pas mettre en place des règles et des procédures administratives garantissant la mise en œuvre effective des procédures de déclaration et de diligence raisonnable établies dans la Norme commune de déclaration.

6.   Au cours de la période de suspension, tous les renseignements préalablement reçus en vertu de cet Accord restent confidentiels et soumis aux dispositions de la section 5 de l'Accord, y compris aux dispositions supplémentaires en matière de protection des données spécifiées par l'Autorité compétente qui communique les renseignements et à celles prévues par l'instrument juridique applicable.

Paragraphe 3 – Résiliation

7.   Le paragraphe 3 contient la clause de résiliation. Chacune des Autorités compétentes peut dénoncer le présent Accord moyennant préavis écrit adressé à l'Autorité compétente de l'autre partie. Cette dénonciation prend effet le premier jour du mois suivant l'expiration d'un délai de douze mois à compter de la date du préavis. Par exemple, une Autorité compétente peut décider de résilier cet Accord dans le cas où il a été suspendu et où l'autre Autorité compétente n'a pas remédié au manquement grave dans un délai raisonnable.

8.   La résiliation de l'instrument juridique qui sous-tend l'Accord entre Autorités compétentes entraîne la résiliation automatique de cet Accord. Dans ces circonstances, il n'est pas nécessaire de résilier séparément l'Accord entre Autorités compétentes.

9. Le paragraphe 3 précise qu'en cas de résiliation, toutes les informations déjà reçues au titre du présent Accord restent confidentielles et soumises aux dispositions de la section 5 de l'Accord, y compris aux dispositions supplémentaires en matière de protection des données spécifiées par l'Autorité compétente qui communique les renseignements et à celles prévues par l'instrument juridique applicable.

B. Commentaires sur la Norme commune de déclaration

Introduction

La NCD contient les normes de déclaration et de diligence raisonnable qui sous-tendent l'échange automatique de renseignements relatifs aux comptes financiers. Une juridiction qui met en œuvre la NCD doit s'être dotée de règles qui imposent aux institutions financières de communiquer des informations couvrant les éléments définis à la section I et de suivre les procédures de diligence raisonnable prévues par les sections II à VII.

Les termes commençant par une majuscule utilisés dans la NCD sont définis dans la section VIII. Une juridiction qui met en œuvre la Norme peut décider que le montant et la qualification des versements effectués au titre d'un Compte déclarable doivent être déterminés conformément aux principes de sa législation fiscale.

La section IX de la NCD décrit les règles et procédures administratives qu'une juridiction est censée avoir mises en place pour garantir une application efficace de la NCD et son respect.

Commentaires sur la section I
concernant les obligations déclaratives générales

1.   La section I décrit les obligations déclaratives générales incombant aux Institutions financières déclarantes. Dans les paragraphes A et B, sont énumérés les renseignements à communiquer de manière générale tandis qu'aux paragraphes C à F, sont prévues une série d'exceptions concernant le NIF, la date de naissance, le lieu de naissance et les produits bruts. Il est clairement prévu dans le paragraphe 1 de la section 2 du Modèle d'accord entre autorités compétentes que les renseignements devant être échangés sont les renseignements à communiquer en vertu des règles applicables en matière de déclaration et de diligence raisonnable qui sont énoncées dans la Norme commune de déclaration, sous réserve des exceptions prévues aux paragraphes C à F de la section I.

2.   Les Institutions financières déclarantes devraient souvent aviser les Titulaires de comptes (notamment via une modification des conditions et modalités) que les renseignements relatifs à leurs comptes, s'il s'agit de comptes déclarables, seront communiquées et pourront être échangées avec d'autres juridictions. Dans certaines juridictions, les Institutions financières déclarantes sont parfois tenues de le faire en observant les règles applicables en matière de confidentialité et de protection de la vie privée. Les Institutions financières déclarantes devront se conformer auxdites règles à cet égard (notamment en remettant aux Titulaires de comptes, à leur demande, une copie des renseignements communiqués).

Paragraphe A – Informations à communiquer

3.   Conformément au paragraphe A, chaque Institution financière déclarante doit communiquer les renseignements suivants concernant chaque Compte déclarable de cette Institution :

   a)   dans le cas d'une personne physique Titulaire d'un Compte et devant faire l'objet d'une déclaration : les nom, adresse, juridiction(s) de résidence, NIF(s), date et lieu de naissance ;

   b)   dans le cas d'une Entité Titulaire d'un Compte et devant faire l'objet d'une déclaration : les nom, adresse, juridiction(s) de résidence et NIF(s) ;

c) dans le cas d'une Entité Titulaire d'un Compte et dont il apparaît qu'une ou plusieurs Personnes qui en détiennent le contrôle sont des Personnes devant faire l'objet d'une déclaration :

   (1) les nom, adresse, juridiction(s) de résidence et NIF(s) de l'Entité ; et

   (2) les nom, adresse, juridiction(s) de résidence, NIF(s) et date et lieu de naissance de chacune des Personnes en détenant le contrôle qui est une Personne devant faire l'objet d'une déclaration ;

d) le numéro de compte (ou son équivalent fonctionnel en l'absence de numéro de compte) ;

e) le nom et le numéro d'identification (éventuel) de l'Institution financière déclarante ; et

f) le solde ou la valeur portée sur le compte (y compris, dans le cas d'un Contrat d'assurance avec valeur de rachat ou d'un Contrat de rente, la Valeur de rachat) à la fin de l'année civile considérée ou d'une autre période de référence adéquate ou, si le compte a été clos au cours de l'année ou de la période en question, la clôture du compte ;

4.   En outre, les renseignements suivants doivent également être communiqués :

a) Dans le cas d'un Compte conservateur :

   (1) le montant brut total des intérêts versés ou crédités sur le compte (ou au titre du compte) au cours de l'année civile ou d'une autre période de référence adéquate ;

   (2) le montant brut total des dividendes versés ou crédités sur le compte (ou au titre du compte) au cours de l'année civile ou d'une autre période de référence adéquate ;

   (3) le montant brut total des autres revenus produits par les actifs détenus sur le compte, versés ou crédités sur le compte (ou au titre du compte) au cours de l'année civile ou d'une autre période de référence adéquate ; et

   (4) le produit brut total de la vente ou du rachat d'Actifs financiers versé ou crédité sur le compte au cours de l'année civile ou d'une autre période de référence adéquate au titre de laquelle l'Institution financière déclarante a agi en tant que dépositaire, courtier, prête-nom ou représentant du Titulaire du compte.

b) Dans le cas d'un Compte de dépôt, le montant brut total des intérêts versés ou crédités sur le compte au cours de l'année civile ou d'une autre période de référence adéquate.

c) Dans le cas de tout Compte autre qu'un Compte conservateur ou qu'un Compte de dépôt : le montant brut total versé au Titulaire du compte ou porté à son crédit, au cours de l'année civile ou d'une autre période de référence adéquate, dont l'Institution financière déclarante est la débitrice, y compris le montant total de toutes les sommes remboursées au Titulaire du compte au cours de l'année civile ou d'une autre période de référence adéquate.

Alinéa A(1) – Adresse

5.   L'adresse à communiquer au titre d'un compte est l'adresse enregistrée par l'Institution financière déclarante pour le Titulaire du compte, selon les procédures de diligence raisonnable visées par les sections II à VII. Il en résulte que, dans le cas d'un compte détenu par une personne qui est une Personne devant faire l'objet d'une déclaration, l'adresse à communiquer est l'adresse de la résidence actuelle de la personne (voir paragraphes 8 et 22 des Commentaires relatifs à la section III) sauf si elle ne figure pas dans les dossiers de l'Institution financière déclarante, auquel cas celle-ci communiquera l'adresse postale qu'elle possède. Dans le cas d'un compte détenu par une Entité dont il est apparu qu'une ou plusieurs des Personnes qui en détiennent le contrôle sont des Personnes devant faire l'objet d'une déclaration, les adresses à communiquer sont celle de l'Entité et celle de chacune des Personnes détentrices du contrôle devant faire l'objet d'une déclaration.

Alinéa A(1) – Juridiction(s) de résidence

6.   La juridiction de résidence à communiquer concernant un compte est la juridiction de résidence identifiée par l'Institution financière déclarante pour la Personne devant faire l'objet d'une déclaration au titre de l'année civile considérée ou de toute autre période de référence adéquate, selon les procédures de diligence raisonnable visées par les sections II à VII. Dans le cas d'une Personne devant faire l'objet d'une déclaration dont il apparaît qu'elle a plus d'une juridiction de résidence, les juridictions de résidence à communiquer sont toutes celles identifiées par l'Institution financière déclarante pour la Personne devant faire l'objet d'une déclaration au titre de l'année civile considérée ou de toute autre période de référence adéquate. La(es) juridiction(s) de résidence identifiée(s) à l'issue des procédures de diligence raisonnable visées par les sections II à VII l'est(le sont) sans préjudice de toute détermination de la résidence par l'Institution financière déclarante à toutes autres fins fiscales.

Alinéa A(1) – NIF

7.   Le NIF à communiquer concernant un compte est le NIF attribué au Titulaire d'un compte par sa juridiction de résidence (et non par une juridiction de source). Dans le cas d'une Personne devant faire l'objet d'une déclaration dont il apparaît qu'elle a plus d'une juridiction de résidence, le NIF à communiquer est le NIF du Titulaire du compte pour chaque Juridiction soumise à déclaration (sous réserve de l'application des dispositions des paragraphes C et D).Comme indiqué à l'alinéa E(5) de la section VIII, l'expression « NIF » désigne son équivalent fonctionnel en l'absence d'un numéro d'identification fiscale (voir paragraphe 148 des Commentaires relatifs à la section VIII).

Alinéa A(2) – Numéro de compte

8.   Le numéro de compte à communiquer concernant un compte est le numéro d'identification attribué par l'Institution financière déclarante à des fins autres que celle d'observer les obligations déclaratives définies à l'alinéa A(1) ou, si aucun numéro de cette nature n'est attribué au compte, un équivalent fonctionnel (notamment un numéro de série unique ou tout autre numéro attribué au Compte financier par l'Institution financière déclarante pour le distinguer de tout autre compte détenu auprès de ladite Institution). Un numéro de contrat ou de police sera généralement considéré comme un équivalent fonctionnel du numéro de compte.

Alinéa A(3) – Numéro d'identification

9.   L'Institution financière déclarante doit communiquer son nom et son numéro d'identification (si elle en a un). Le fait de se procurer les éléments d'identification sur l'Institution financière déclarante a pour but de permettre aux juridictions partenaires d'identifier aisément la source des renseignements communiqués et, par la suite, échangés afin, notamment, de pouvoir revenir sur une erreur qui aurait pu entraîner la communication de renseignements inexacts ou incomplets. Le « numéro d'identification » d'une Institution financière déclarante est le numéro attribué à cette dernière à des fins d'identification. Normalement, ce numéro lui est attribué par sa juridiction de résidence ou celle où elle est située, mais il pourrait également être attribué au niveau mondial. Peuvent notamment faire office de numéro d'identification le NIF, le code/numéro d'inscription de l'entreprise/la société, l'identifiant mondial de l'entité juridique (IME),[6] ou le numéro

---

6.   Voir page Web du Regulatory Oversight Committee (ROC) of the Global Legal Entity Identifier System (GLEIS) à l'adresse suivante : www.leiroc.org/.

d'identification mondial des Intermédiaires (GIIN)[7]. Les juridictions partenaires sont censées donner aux Institutions financières déclarantes des orientations relatives au numéro d'identification à communiquer. Si aucun numéro de cette nature n'est attribué à l'Institution financière déclarante, seuls son nom et son adresse doivent être communiqués.

Alinéa A(4) – Solde ou valeur portée sur le compte

10.   L'Institution financière déclarante doit communiquer le solde ou la valeur portée sur le compte à la fin de l'année civile considérée ou d'une autre période de référence adéquate ou, si le compte a été clos au cours de l'année ou de la période en question, la clôture du compte (voir paragraphe 14 ci-après). Lorsque le solde, ou la valeur portée sur le compte, est négatif, le compte doit être déclaré comme ayant un solde ou une valeur égal à zéro. Dans le cas d'un Contrat d'assurance avec valeur de rachat ou d'un Contrat de rente, l'Institution financière déclarante doit communiquer la Valeur de rachat.

11.   Certaines juridictions obligent toutefois déjà les Institutions financières à communiquer le solde moyen ou la valeur moyenne portée sur le compte au titre de l'année civile considérée ou d'une autre période de référence adéquate. Elles sont libres de maintenir cette obligation plutôt que d'exiger la communication du solde ou de la valeur portée sur le compte à la fin de l'année civile considérée ou d'une autre période de référence adéquate, et peuvent le faire en remplaçant l'alinéa A(4) par la dispositions suivante :

4. le solde moyen [mensuel] [le plus élevé] ou la valeur moyenne [mensuelle] portée sur le compte [la plus élevée] (y compris, dans le cas d'un Contrat d'assurance avec valeur de rachat ou d'un Contrat de rente, la Valeur de rachat) constaté au cours de l'année civile considérée ou d'une autre période de référence adéquate ou, si le compte a été clos au cours de l'année ou de la période en question, la clôture du compte ;

Dans ce cas, l'alinéa 2(d) de la section 2 du Modèle d'accord entre autorités compétentes devra être modifié en conséquence (voir paragraphe 4 des Commentaires relatifs à la section 2 du Modèle d'accord entre autorités compétentes).

12.   De manière générale, le solde ou la valeur portée sur un Compte financier est le solde, ou la valeur, calculé par l'Institution financière aux fins d'être communiqué au Titulaire du compte. Dans le cas d'un titre de participation ou de créance dans cette Institution, le solde ou la valeur du titre est la valeur calculée par l'Institution financière aux fins exigeant le

---

7.   Le numéro d'identification mondial provisoire (en anglais Global Intermediary Identification Number (GIIN)) est un numéro d'identification attribué à certaines institutions financières par l'Internal Revenue Service (IRS) des États-Unis.

plus fréquemment la détermination de ce solde ou de cette valeur, et dans le cas d'un titre de créance, le solde ou la valeur du titre est son montant en principal. Le solde ou la valeur d'un Contrat d'assurance ou d'un Contrat de rente est le solde ou la valeur à la fin de l'année civile considérée ou d'une autre période de référence adéquate (voir paragraphe 15 ci-après). Le solde ou la valeur portée sur le Compte ne peut être minoré au titre d'aucun engagement, ou obligation, souscrit par un Titulaire de compte au titre du Compte ou de l'un des actifs détenus sur le Compte.

13.　Chacun des Titulaires d'un compte détenu conjointement se voit attribuer la totalité du solde ou de la valeur de ce compte ainsi que l'intégralité des montants versés ou crédités sur le compte joint (ou au titre du compte joint). Le même principe s'applique à :

- un compte détenu par une ENF passive contrôlée par plus d'une Personne devant faire l'objet d'une déclaration, sachant que chacune des Personnes détenant le contrôle se voit attribuer la totalité du solde ou de la valeur du compte détenu par l'ENF passive ainsi que l'intégralité des montants versés ou crédités sur le compte ;

- un compte détenu par un Titulaire de compte qui est une Personne devant faire l'objet d'une déclaration et ayant plus d'une juridiction de résidence identifiée, sachant que le montant total du solde ou de la valeur du compte ainsi que le montant total versé ou crédité sur le compte doivent être communiqués à chacune des juridictions de résidence du Titulaire du compte ;

- un compte détenu par une ENF passive dont une personne qui en détient le contrôle est une Personne devant faire l'objet d'une déclaration et ayant plus d'une juridiction de résidence identifiée, sachant que le montant total du solde ou de la valeur du compte détenu par l'ENF passive ainsi que le montant total versé ou crédité sur le compte doivent être communiqués à chacune des juridictions de résidence de la Personne qui en détient le contrôle ; ou

- un compte détenu par une ENF passive qui est une Personne devant faire l'objet d'une déclaration avec une personne qui en détient le contrôle qui est elle-même une Personne devant faire l'objet d'une déclaration, sachant que le montant total du solde ou de la valeur du compte détenu par l'ENF passive ainsi que le montant total versé ou crédité sur le compte doivent être communiqués tant en ce qui concerne l'ENF passive que la Personne qui en détient le contrôle.

14.　En cas de clôture d'un compte, l'Institution financière déclarante n'est pas tenue de communiquer le solde ou la valeur du compte avant la clôture ou à la clôture, mais elle doit en revanche indiquer que le compte a été clôturé. Pour déterminer la date de clôture d'un compte, il faut se référer à la loi applicable dans une juridiction donnée. Si la loi applicable ne comporte pas de dispositions relatives à la clôture des comptes, un compte sera réputé clôturé en vertu des procédures normales de fonctionnement de l'Institution financière déclarante appliquées uniformément à l'ensemble des comptes détenus auprès de cette Institution. Un titre de participation ou de créance dans une Institution financière sera par exemple généralement réputé clôturé en cas de résiliation, de transfert, de rachat, de remboursement, d'annulation ou de liquidation. Un compte dont le solde, ou la valeur, est nul ou négatif ne sera pas un compte clôturé pour ce seul motif.

Alinéas A(4) à (7) – Période de référence adéquate

15.   Les renseignements à communiquer doivent être ceux arrêtés à la fin de l'année civile considérée ou d'une autre période de référence adéquate. Pour déterminer ce que l'on entend par « période de référence adéquate », il faut se référer au sens donné à cette expression à la date considérée en vertu des règles en vigueur en la matière dans chaque juridiction, lesquelles doivent être appliquées de manière cohérente pendant un nombre raisonnable d'années. La période comprise entre la dernière date anniversaire du contrat et la précédente date anniversaire du contrat (notamment dans le cas d'un Contrat d'assurance avec valeur de rachat), ou encore un exercice budgétaire autre que l'année civile, seront généralement considérés comme des périodes de référence adéquates.

Alinéa A(5)(a) – Autres revenus

16.   Les renseignements à communiquer, dans le cas d'un Compte conservateur, sont notamment le montant brut total des autres revenus produits par les actifs détenus sur le compte qui sont versés ou crédités sur le compte (ou au titre du compte) au cours de l'année civile considérée ou d'une autre période de référence adéquate. L'expression « autres revenus » désigne tout montant considéré comme un revenu en vertu du droit applicable dans la juridiction où le compte est détenu en dehors des montants considérés comme des intérêts, dividendes, produits bruts ou plus-values de la vente ou du rachat d'un bien.

Alinéa A(5)(b) – Produits bruts

17.   Dans le cas d'un Compte conservateur, les renseignements à communiquer sont notamment le produit brut total de la vente ou du rachat d'un bien versé ou crédité sur le compte au cours de l'année civile ou d'une autre période de référence adéquate au titre de laquelle l'Institution financière déclarante a agi en tant que dépositaire, courtier, prête-nom ou représentant du Titulaire du compte. L'expression « vente ou rachat » désigne toute opération de vente ou de rachat d'un bien, indépendamment du fait que le

détenteur de ce bien soit assujetti à l'impôt au titre de cette vente ou de ce rachat.

18.   Un organisme de compensation ou de règlement qui détient des Comptes déclarables et procède à la liquidation des opérations de vente et d'achat de titres entre ses membres peut ne pas connaître les produits bruts tirés de ces cessions ou opérations. Lorsque l'organisme de compensation ou de règlement ne connaît pas les produits bruts, ceux-ci ne peuvent excéder le montant net versé ou crédité sur le compte d'un membre au titre de ventes ou d'achats de titres détenus par ce membre à la date de la liquidation des transactions conformément aux procédures prévues en la matière par ledit organisme. L'expression « organisme de compensation ou de règlement » désigne une entité exerçant des activités consistant à compenser des transactions sur titres pour ses membres et à transférer des titres, ou à donner des instructions à cet effet, en créditant ou en débitant le compte d'un membre sans que la remise physique des titres soit nécessaire.

19.   S'agissant d'une vente effectuée par un courtier donnant lieu au versement de produits bruts, la date à laquelle ceux-ci sont réputés avoir été réalisés est la date à laquelle ils sont crédités sur le compte ou mis, par tout autre moyen, à la disposition de la personne bénéficiaire du versement.

20.   Le produit brut total tiré de la vente ou du rachat correspond au montant total versé à la suite de la vente ou du rachat d'un bien. Dans le cas d'une opération effectuée par un courtier, le produit brut total de la vente ou du rachat désigne le montant total versé ou crédité sur le compte de la personne bénéficiaire du versement majoré de tout montant non versé en raison du remboursement d'un prêt sur marge ; le courtier peut (mais il n'est pas tenu de le faire) tenir compte des commissions perçues au titre de la vente dans le calcul du produit brut total. En cas de cession d'un titre de créance portant intérêt, le produit brut inclut tous les intérêts courus entre deux dates de versement des intérêts.

Alinéa A(7) – Montants bruts

21.   Les renseignements à communiquer, dans le cas d'un compte autre qu'un Compte conservateur ou qu'un Compte de dépôt, sont notamment le montant brut total versé au Titulaire du compte ou porté à son crédit, au cours de l'année civile ou d'une autre période de référence adéquate au titre de laquelle l'Institution financière déclarante Institution est créancière ou débitrice. Ces « montants bruts » correspondent par exemple au total :

- des paiements de rachat (en partie ou en totalité) au Titulaire du compte au cours de l'année civile ou d'une autre période de référence adéquate ; et

- des versements effectués au bénéfice du Titulaire du compte en vertu d'un Contrat d'assurance avec valeur de rachat ou d'un Contrat de rente au cours de l'année civile ou d'une autre période de référence adéquate, même si ces versements ne sont pas considérés comme Valeur de rachat conformément à l'alinéa C(8) de la section VIII.

Schéma Norme commune de déclaration et guide de l'utilisateur

22.   Comme prévu dans le Modèle d'accord entre autorités compétentes, les Autorités compétentes utiliseront le schéma de la Norme commune de déclaration pour échanger les renseignements devant être communiqués. Le schéma pourra également être utilisé par les Institutions financières déclarantes pour communiquer les renseignements (selon les modalités autorisées par le droit interne). On trouvera à l'Annexe 3 la représentation sous forme de diagramme du schéma accompagnée d'un guide de l'utilisateur. Le guide de l'utilisateur pourra être particulièrement utile aux Institutions financières déclarantes car il contient des informations plus détaillées sur chacune des données et sur les caractéristiques de ces données. Dans le guide de l'utilisateur, sont par exemple cités les trois éléments caractérisant précisément le lieu de naissance (c.-à-d. CountryInfo, City et CitySubentity), et il est par ailleurs précisé que, lorsque le lieu de naissance doit être communiqué, il y a lieu de communiquer les données relatives au pays (identifié par le code-pays ou le nom du pays) et à la ville tandis que la communication des données relatives aux sous-divisions de la localité (CitySubentity) est facultative.

Paragraphe B – Monnaie

23.   Les renseignements doivent être communiqués dans la monnaie dans laquelle le compte est libellé et, dans les renseignements communiqués, la monnaie dans laquelle chaque montant est libellé doit être précisée. Dans le cas d'un compte libellé dans plus d'une monnaie, l'Institution financière déclarante peut choisir de communiquer les renseignements dans l'une des monnaies dans lesquelles le compte est libellé, et elle est tenue de préciser la monnaie dans laquelle les renseignements sur le compte sont communiqués.

24.   Si le solde ou la valeur d'un Compte financier ou tout autre montant est libellé dans une monnaie autre que celle utilisée par la Juridiction partenaire pour l'application de la norme commune de déclaration (aux fins de fixer des seuils ou des plafonds), l'Institution financière déclarante doit calculer le solde ou la valeur du compte en appliquant un taux au comptant pour convertir ce solde ou cette valeur en son équivalent en monnaie locale. Lorsqu'une Institution financière déclarante déclare un compte, le taux au comptant doit être déterminé le dernier jour de l'année civile considérée ou d'une autre période de référence adéquate au titre de laquelle le compte est déclaré.

Paragraphes C à F – Exceptions

NIF et date de naissance

25.   Le paragraphe C prévoit une exception pour les Comptes préexistants : le NIF ou la date de naissance n'a pas à être communiquer *(i)* si le NIF ou la date de naissance ne figure pas dans les dossiers de l'Institution financière déclarante, et *(ii)* si l'Institution financière n'a pas par ailleurs obligation, en vertu du droit interne, de recueillir les données correspondantes. Le NIF ou la date de naissance doivent donc être communiqués :

- s'ils figurent dans les dossiers de l'Institution financière déclarante (qu'elle soit, ou non, tenue de les faire figurer dans ses dossiers) ; ou

- s'ils n'y figurent pas, dès lors que l'Institution financière déclarante est tenue, en vertu du droit interne, de recueillir les données correspondantes (notamment en vertu des procédures visant à identifier les clients et à lutter contre le blanchiment - AML/KYC).

26.   Les « dossiers » de l'Institution financière déclarante comprennent les dossiers principaux des clients et l'information/données susceptibles d'être recherchée(s) par voie électronique (voir paragraphe 34 ci-après). Le « dossier principal d'un client » contient le premier dossier dans lequel une Institution financière déclarante conserve les informations relatives au Titulaire du compte, notamment les informations utilisées pour entrer en contact avec lui et pour se conformer aux Procédures visant à identifier les clients et à lutter contre le blanchiment (AML/KYC). Les Institutions financières déclarantes disposeraient généralement de deux ans pour mener à bien les procédures d'examen visant à identifier les comptes déclarables parmi les comptes de faible valeur (voir paragraphe 51 des Commentaires relatifs à la section III) et pourraient donc examiner d'abord leurs dossiers électroniques (ou obtenir du Titulaire du compte son NIF ou sa date de naissance) avant d'examiner leurs dossiers sur papier.

27.   En outre, même lorsqu'une Institution financière déclarante ne possède pas dans ses dossiers le NIF ou la date de naissance concernant un Compte préexistant et n'est pas par ailleurs tenue, en vertu du droit interne, de recueillir les informations correspondantes, elle est néanmoins tenue de déployer des efforts raisonnables pour se procurer le NIF et la date de naissance concernant des Comptes préexistants avant la fin de la deuxième année civile qui suit l'année durant laquelle ces Comptes ont été identifiés en tant que Comptes déclarables, sauf si l'une des exceptions prévues au paragraphe D s'applique au NIF et que celui-ci n'a donc pas à être communiqué.

28.   L'expression « efforts raisonnables » signifie de véritables tentatives visant à se procurer le NIF et la date de naissance du Titulaire d'un Compte

déclarable. Ces efforts doivent être accomplis au moins une fois par an au cours de la période comprise entre l'identification du Compte préexistant en tant que Compte déclarable et la fin de la deuxième année civile qui suit l'année durant laquelle ce compte a été identifié. Constituent notamment des efforts raisonnables les tentatives effectuées pour entrer en contact avec le Titulaire du compte (en personne, par courriel, par téléphone), y compris toute demande adressée avec d'autres documents ou par voie électronique (sous forme de facsimile ou de courriel), ainsi que l'examen information/ données susceptibles d'être recherchée(s) par voie électronique qui sont en la possession de l'Entité liée à l'Institution financière déclarante, conformément aux principes d'agrégation énoncés au paragraphe C de la section VII. Le fait d'accomplir des efforts raisonnables ne suppose pas nécessairement le recours à la clôture, au gel ou au transfert du compte, ni la prise de mesures imposant des conditions à son utilisation ou en restreignant l'utilisation par d'autres moyens. Indépendamment de ce qui précède, il est possible de continuer à accomplir des efforts raisonnables au-delà de la période susmentionnée.

29.   Le paragraphe D prévoit une exception pour les Comptes préexistants et les Nouveaux comptes. Le NIF n'a pas à être communiqué si :

a)   la Juridiction soumise à déclaration concernée n'a pas émis de NIF ; ou si

b)   le droit interne de la Juridiction soumise à déclaration concernée n'impose pas le recueil des NIF émis par celle-ci.

30.   Un NIF est considéré comme n'ayant pas été émis par une Juridiction soumise à déclaration *(i)* lorsque la juridiction n'émet pas de numéro d'identification, ni d'équivalent fonctionnel en l'absence d'un numéro d'identification du contribuable (voir paragraphe 148 des Commentaires relatifs à la section VIII), ou *(ii)* lorsque la juridiction n'a pas attribué de NIF à une personne physique ou une Entité en particulier. En conséquence, la communication d'un NIF n'est pas obligatoire pour un Compte déclarable détenu par une Personne devant faire l'objet d'une déclaration qui est résidente d'une Juridiction soumise à déclaration ou pour quiconque ne s'est pas vu attribuer un NIF. Néanmoins, si et lorsqu'une Juridiction soumise à déclaration commence à émettre des NIF et attribue un NIF à une Personne devant faire l'objet d'une déclaration en particulier, l'exception prévue au paragraphe D n'est plus applicable et le NIF de la Personne devant faire l'objet d'une déclaration doit être communiqué si l'Institution financière déclarante se procure une auto-certification contenant le NIF, ou se procure le NIF par d'autres moyens.

31.   Dans l'exception prévue à l'alinéa (ii) du paragraphe D, l'accent est placé sur le droit interne de la juridiction du Titulaire du compte. Lorsqu'une Juridiction soumise à déclaration a attribué un NIF à une Personne devant faire l'objet d'une déclaration détenant un Compte déclarable et que la

communication de ce NIF ne peut être exigée en vertu du droit interne de ladite juridiction (notamment parce que celui-ci prévoit que la communication du NIF par le contribuable doit être volontaire), l'Institution financière déclarante qui détient le Compte n'est pas tenue de se procurer et de communiquer le NIF. Rien ne l'empêche toutefois de demander le NIF du Titulaire du compte et de le recueillir aux fins de le communiquer si ce dernier choisit de le fournir, auquel cas, elle est tenue de le communiquer. Dans la pratique, on ne dénombrera sans doute qu'un petit nombre de juridictions dans ce cas (par ex : l'Australie).

32.   Les juridictions partenaires doivent procurer aux Institutions financières déclarantes les renseignements concernant l'émission des numéros d'identification des contribuables, leur recueil, et, dans la mesure du possible et du raisonnable, leur structure ainsi que toute autre spécification. L'OCDE s'emploiera à faciliter la diffusion de ces renseignements.

Lieu de naissance

33.   Le paragraphe E prévoit une exception pour les Comptes préexistants et les Nouveaux comptes : le lieu de naissance n'a pas à être communiqué sauf si l'Institution financière déclarante est par ailleurs tenue de se procurer et de communiquer ce renseignement aux termes de son droit interne et si le lieu de naissance figure dans les données pouvant faire l'objet de recherches par voie électronique conservées par l'Institution. C'est pour cette raison que le lieu de naissance n'a pas à être communiqué si, s'agissant du Titulaire du compte concerné :

- l'Institution financière déclarante est tenue pour d'autres motifs de se procurer le lieu de naissance et de le communiquer en vertu de son droit interne ; et

- le lieu de naissance figure parmi les information/données susceptibles d'être recherchée(s) par voie électronique qui sont conservées par l'Institution financière déclarante.

34.   L'expression « information/données susceptibles d'être recherchée(s) par voie électronique » désigne les informations conservées par l'Institution financière déclarante dans le dossier de déclaration fiscale, le dossier principal du client ou tout autre dossier, et stockées sous la forme d'une base de données électroniques dans laquelle des requêtes standards dans des langages de programmation tels que le langage SQL peuvent être utilisées. Les informations, données ou dossiers ne sont pas susceptibles d'être examinés par voie électronique uniquement parce qu'ils sont stockés dans un système de recherche d'images (notamment s'il s'agit de documents en format PDF ou de documents scannés). L'expression « être communiqué » dans ce contexte ne porte pas sur les renseignements qui sont fournis uniquement sur demande.

Produits bruts

35.   Le paragraphe F prévoit une exception au titre de l'année au cours de laquelle les renseignements doivent être communiqués. Il est parfois plus difficile pour les Institutions financières déclarantes de suivre des procédures destinées à obtenir le montant du produit brut total de la vente ou du rachat d'un bien. Au stade de la mise en application de la Norme commune de déclaration, les juridictions peuvent ainsi envisager, le cas échéant, d'imposer progressivement la communication du montant du produit brut total, auquel cas, les dispositions transitoires seront rédigées conformément au paragraphe F.

Commentaires sur la section II
concernant les obligations générales de diligence raisonnable

1.   Dans cette section, sont décrites les obligations générales de diligence raisonnable. Sont également traités le recours à des prestataires de services et les procédures alternatives de diligence raisonnable pour les Comptes préexistants.

Paragraphes A à C – Obligations générales de diligence raisonnable

2.   Un compte est considéré comme un Compte déclarable, aux termes du paragraphe A, à partir de la date à laquelle il est identifié comme tel en application des procédures de diligence raisonnable énoncées dans les sections II à VII. Lorsqu'un compte est un Compte déclarable, il conserve ce statut jusqu'à la date à laquelle il cesse d'être un Compte déclarable (notamment parce que le Titulaire du compte cesse d'être une Personne devant faire l'objet d'une déclaration ou parce que le compte devient un Compte Exclu, est clôturé ou est transféré dans son intégralité), même si le solde ou la valeur du compte est nul ou négatif ou même si aucun montant n'a été versé ou crédité sur le compte (ou au titre du compte). Lorsqu'un compte est considéré comme un Compte déclarable au regard de son statut à la fin de l'année civile ou d'une période de référence, les renseignements relatifs au compte doivent être communiqués comme si le compte était un Compte déclarable au titre de toute l'année civile ou période de référence pendant laquelle il a été identifié comme tel. Lorsqu'un Compte déclarable est clôturé, les renseignements relatifs au compte doivent être communiqués jusqu'à la date de clôture. Sauf dispositions contraires, les renseignements relatifs à un Compte déclarable sont transmis chaque année au cours de l'année civile qui suit l'année à laquelle se rattachent ces renseignements.

3.   Les exemples suivants illustrent, de manière générale, l'application du paragraphe A :

- Exemple 1 (Compte qui devient un Compte déclarable) : un compte est ouvert le 28 mai 00 et identifié comme un Compte déclarable le

3 décembre 01. Parce que le compte a été identifié comme un Compte déclarable au titre de l'année civile 01, les renseignements relatifs à ce compte doivent être communiqués pendant l'année civile 02 au titre de l'ensemble de l'année civile 01 et, par la suite, à un rythme annuel.

- Exemple 2 (Compte qui cesse d'être un Compte déclarable) : les données factuelles sur le compte sont les mêmes que dans l'exemple 1. En revanche, le Titulaire du compte cesse, le 24 mars 02, d'être une Personne devant faire l'objet d'une déclaration et, en conséquence, le compte cesse d'être un Compte déclarable. Parce que le compte cesse d'être un Compte déclarable le 24 mars 02, les renseignements relatifs au compte n'ont pas à être communiqués pendant l'année civile 03, ni par la suite, sauf si le compte redevient un Compte déclarable durant l'année civile 03 ou durant une année civile ultérieure.

- Exemple 3 (Compte clôturé) : un compte ouvert le 9 septembre 04 devient un Compte déclarable le 8 février 05, mais le Titulaire du compte clôture le compte le 27 septembre 05. Parce que le compte a été un Compte déclarable entre le 8 février et le 27 septembre 05 et a été clôturé durant l'année civile 05, les renseignements relatifs à ce compte (y compris à la clôture du compte) doivent être communiqués pendant l'année civile 06 au titre de la période de l'année civile 05 comprise entre le 1er janvier et le 27 septembre.

- Exemple 4 (Compte qui cesse d'être un Compte déclarable et est clôturé) : les données factuelles sur le compte sont les mêmes que dans l'exemple 2, si ce n'est que le Titulaire du compte clôture le compte le 4 juillet 02. Parce que le compte cesse d'être un Compte déclarable le 24 mars 02, les renseignements relatifs au compte n'ont pas à être communiqués au titre de l'année civile 03.

4. Si le solde ou la valeur du compte fait partie des renseignements à communiquer, il est également utile à d'autres fins, notamment aux fins des procédures de diligence raisonnable pour les Comptes d'entité préexistants (voir paragraphes A et B, et alinéa E(1) et (2) de la section V) et des règles d'agrégation des soldes (voir alinéa C(1) et (2) de la section VII). Conformément au paragraphe B, le solde ou la valeur d'un compte doit être déterminée le dernier jour de l'année civile ou d'une autre période de référence pertinente.

5. Lorsqu'un solde ou un seuil de valeur doit être déterminé le dernier jour d'une année civile (voir notamment alinéa C(6) de la section III et paragraphes A et B de la section V), conformément au paragraphe C, le solde ou le seuil de valeur considéré doit être déterminé le dernier jour de la période de déclaration qui se termine à la fin de cette année civile ou pendant

cette année civile. Si la période de déclaration se termine avec l'année civile, le solde ou la valeur considérée doit donc être déterminé au 31 décembre de l'année civile. Néanmoins, si la période de déclaration se termine pendant l'année civile, alors le solde ou la valeur considéré doit être déterminé le dernier jour de la période de déclaration, mais pendant cette année civile.

Paragraphe D – Recours à des prestataires de services

6.   Conformément au paragraphe D, chaque Juridiction peut autoriser les Institutions financières déclarantes à faire appel à des prestataires de service pour s'acquitter des obligations déclaratives et de diligence raisonnable qui leur sont imposées (une juridiction peut notamment autoriser les Institutions financières déclarantes à faire exécuter leurs obligations de diligence raisonnable par des prestataires de services), auquel cas elles doivent veiller à ce que les obligations qui leur sont imposées en application de leur droit interne soient respectées et elles en conservent la responsabilité (ce qui signifie notamment que les actions du prestataire de services sont imputées à l'Institution financière déclarante), y compris en ce qui concerne les obligations qui leur sont imposées en application du droit interne en matière de confidentialité et de protection des données. Cette disposition autorise une Institution financière déclarante à faire appel à un prestataire de services résident de la même juridiction qu'elle ou d'une juridiction différente. Par ailleurs, elle ne modifie en rien la date à laquelle elle doit s'acquitter de ses obligations déclaratives et de diligence raisonnable, ni la manière dont elle doit s'en acquitter, lesquelles demeurent identiques à ce qu'elles auraient été si l'Institution financière déclarante s'en acquittait pleinement elle-même. Le prestataire de services doit par exemple communiquer les renseignements de la même manière que l'Institution financière déclarante l'aurait fait (notamment les communiquer à la même juridiction) et il doit identifier l'Institution financière déclarante dont il remplit les obligations déclaratives et de diligence raisonnable.

7.   L'exemple suivant illustre l'application du paragraphe D : une Entité d'investissement P est un fonds commun géré par un Gestionnaire de fonds M résident d'une Juridiction partenaire B et n'a pas le statut d'Organisme de placement collectif dispensé. La Juridiction partenaire B autorise les Institutions financières déclarantes à faire appel à des prestataires de services pour s'acquitter de l'ensemble des obligations que leur impose la NCD. Parce que l'Entité d'investissement P est une Institution financière déclarante dans la Juridiction partenaire B, l'Entité d'investissement P peut faire appel au Gestionnaire de fonds M pour s'acquitter de ses obligations de diligence raisonnable ainsi que de ses obligations déclaratives et autres obligations imposées par la NCD.

Paragraphe E – Procédures alternatives de diligence raisonnable pour les comptes préexistants

8.	Conformément au paragraphe E, chaque Juridiction peut autoriser les Institutions financières déclarantes à appliquer *(i)* aux Comptes préexistants les procédures de diligence raisonnable prévues pour les Nouveaux comptes, et *(ii)* à appliquer aux Comptes de faible valeur celles prévues pour les Comptes de valeur élevée. Elle peut également autoriser les Institutions financières déclarantes à faire ce choix soit pour tous les Comptes préexistants concernés, soit pour toute catégorie de Comptes préexistants clairement identifiée (notamment en fonction du secteur d'activité ou du lieu où le compte est détenu).

9.	Lorsqu'une Juridiction autorise l'application aux Comptes préexistants des procédures de diligence raisonnable prévues pour les Nouveaux comptes, les autres règles applicables aux Comptes préexistants restent en vigueur. Une Institution financière déclarante peut donc appliquer les procédures de diligence raisonnable aux Nouveaux comptes sans préjudice toutefois des dispositions applicables aux Comptes préexistants prévues aux paragraphes C de la section I, A de la section III et A de la section V, qui continuent de s'appliquer dans ces circonstances. En outre, conformément à l'alinéa B(1) de la section III, la déclaration d'une seule adresse de résidence pour un Compte de personne physique préexistant suffit pour satisfaire aux exigences déclaratives de la section I.

Commentaires sur la section III
concernant la diligence raisonnable pour les Comptes de personnes physiques préexistants

1.   Dans cette section, sont décrites les procédures de diligence raisonnable applicables aux fins d'identification des Comptes déclarables parmi les Comptes de personnes physiques préexistants. Une distinction est faite entre les Comptes de faible valeur et les Comptes de valeur élevée.

Paragraphe A – Comptes non soumis à examen, identification ou déclaration.

2.   Le paragraphe A prévoit que n'a pas à être examiné tout Compte de personne physique préexistant qui est un Contrat d'assurance avec valeur de rachat ou un Contrat de rente, à condition que la loi empêche effectivement l'Institution financière déclarante de vendre de tels Contrats à des résidents d'une Juridiction soumise à déclaration. Une Institution financière déclarante est « effectivement empêchée par la loi » de vendre des Contrats d'assurance avec valeur de rachat ou des Contrats de rente à des résidents d'une Juridiction soumise à déclaration si :

   a)   la loi de la juridiction de l'Institution financière déclarante interdit ou empêche effectivement la vente de ces contrats à des résidents d'une autre juridiction ; ou

   b)   la loi de la Juridiction soumise à déclaration interdit ou empêche effectivement l'Institution financière déclarante de vendre ces contrats à des résidents de cette Juridiction soumise à déclaration.

3.   Lorsque la loi applicable n'interdit pas formellement aux Institutions financières déclarantes de vendre des contrats d'assurance ou de rente, mais les oblige à satisfaire à certaines conditions pour pouvoir les vendre à des résidents de la Juridiction soumise à déclaration (notamment les oblige à obtenir une autorisation et à faire enregistrer les contrats), une Institution financière déclarante n'ayant pas satisfait aux conditions imposées par la loi applicable sera considérée comme « effectivement empêchée par la loi » de vendre les contrats à des résidents de la Juridiction soumise à déclaration.

Paragraphe B – Diligence raisonnable pour les Comptes de faible valeur

4.   Dans le paragraphe B, sont décrites les procédures applicables aux Comptes de faible valeur. Ces procédures sont le test fondé sur l'adresse de résidence et l'examen des dossiers par voie électronique.

5.   Lorsqu'elles appliquent la Norme commune de déclaration, les juridictions peuvent autoriser les Institutions financières déclarantes à appliquer (i) soit le test fondé sur l'adresse de résidence, soit l'examen des dossiers par voie électronique comme prévu aux alinéas B(2) à (6), ou (ii) uniquement l'examen des dossiers par voie électronique. Dans le premier cas, les juridictions peuvent également autoriser les Institutions financières déclarantes à choisir d'appliquer le test fondé sur l'adresse de résidence soit à l'ensemble des Comptes de faible valeur, soit à toute catégorie de Comptes de faible valeur clairement identifiée (notamment en fonction du secteur d'activité ou du lieu où le compte est géré).

6.   Lorsque le droit interne autorise les Institutions financières déclarantes à appliquer le test fondé sur l'adresse de résidence et lorsqu'une Institution financière déclarante choisit de l'appliquer, cette dernière doit l'appliquer à chaque Compte de faible valeur ou à une catégorie de Comptes de faible valeur clairement identifiée (comme l'y autorise le droit interne). Si l'Institution financière déclarante décide de ne pas appliquer le test ou si l'une ou plusieurs des conditions d'application du test n'est pas satisfaite, elle doit alors procéder à un examen des dossiers par voie électronique pour le Compte de faible valeur.

Alinéa B(1) – Test fondé sur l'adresse de résidence

7.   Dans l'alinéa B(1), est décrit le « test fondé sur l'adresse de résidence ». Une Institution financière déclarante doit mettre en place des règles et procédures pour vérifier l'adresse de résidence à partir des Pièces justificatives. Aux fins de déterminer si le Titulaire d'un Compte de personne physique est une Personne devant faire l'objet d'une déclaration, l'Institution financière déclarante peut considérer cette personne comme étant résidente à des fins fiscales de la juridiction dans laquelle son adresse se situe si :

   a)   l'Institution financière déclarante détient dans ses dossiers une adresse de résidence pour le Titulaire du compte de personne physique ;

   b)   cette adresse de résidence est l'adresse actuelle ; et

   c)   cette adresse de résidence est attestée par des Pièces justificatives.

8.   La première condition suppose que l'Institution financière déclarante possède dans ses dossiers une adresse de résidence pour le Titulaire du

compte personne physique (voir paragraphe 26 des Commentaires relatifs à la section I). En général, une adresse portant la mention « à l'attention de » ou comportant une boîte postale n'est pas une adresse de résidence. Néanmoins, une boîte postale sera généralement considérée comme une adresse de résidence lorsqu'elle fait partie d'une adresse et est accompagnée d'un nom de rue, d'un numéro de bâtiment ou d'appartement ou d'une voie rurale, et permet donc d'identifier précisément la résidence effective du Titulaire du compte. De même, dans des circonstances particulières comme dans le cas d'un militaire, une adresse portant la mention « à l'attention de » peut constituer une adresse de résidence. Les Juridictions appliquant la Norme commune de déclaration peuvent définir d'autres circonstances particulières dans lesquelles une adresse portant la mention « à l'attention de » ou comportant une boîte postale permet d'identifier précisément une adresse de résidence, sous réserve que la définition de ces circonstances n'aille pas à l'encontre des objectifs de la Norme commune de déclaration.

9.   La deuxième condition est que l'adresse de résidence figurant dans les dossiers de l'Institution financière déclarante soit l'adresse actuelle. Une adresse de résidence est considérée comme « actuelle » lorsque c'est l'adresse de résidence la plus récente enregistrée par l'Institution financière déclarante pour le Titulaire du compte de personne physique. Néanmoins, une adresse de résidence n'est pas considérée comme « actuelle » si elle a été utilisée à des fins d'envoi postal et que le courrier a été retourné car le destinataire n'habite pas à l'adresse indiquée (et non parce que l'adresse comporte une erreur). Nonobstant ce qui précède, une adresse de résidence associée à un compte qui est un compte inactif sera considérée comme « actuelle » pendant la période d'inactivité du compte. Un compte (autre qu'un Contrat de rente) est un « compte inactif » si (i) le Titulaire du compte n'a pas effectué de transaction au titre du compte ou de tout autre compte détenu par lui auprès de l'Institution financière déclarante pendant les trois dernières années écoulées ; (ii) le Titulaire du compte n'a pas communiqué avec l'Institution financière déclarante qui détient le compte à propos du compte ou de tout autre compte détenu par lui auprès de l'Institution financière déclarante pendant les six dernières années écoulées ; et (iii) dans le cas d'un Contrat d'assurance avec valeur de rachat, si l'Institution financière déclarante n'a pas communiqué avec le Titulaire du compte à propos du compte ou de tout autre compte détenu par lui auprès de l'Institution financière déclarante pendant les six dernières années écoulées. Un compte (autre qu'un Contrat de rente) peut également être considéré comme un « compte inactif » en vertu des lois et réglementations applicables ou des procédures normales de fonctionnement de l'Institution financière déclarante uniformément appliquées à l'ensemble des comptes gérés par cette Institution dans une juridiction donnée dès lors que ces lois et réglementations, ou ces procédures, prévoient des exigences similaires, sur le fond, à celles énoncées dans la phrase précédente. Un

compte cesse d'être un compte inactif lorsque (i) le Titulaire du compte effectue une transaction au titre du compte ou de tout autre compte détenu par lui auprès de l'Institution financière déclarante ; (ii) le Titulaire du compte communique avec l'Institution financière déclarante qui détient le compte à propos du compte ou de tout autre compte détenu par lui auprès de l'Institution financière déclarante ; ou (iii) le compte cesse d'être un compte inactif en vertu des lois et réglementations applicables ou des procédures normales de fonctionnement de l'Institution financière déclarante.

10.   La troisième condition suppose que l'adresse de résidence actuelle figurant dans les dossiers de l'Institution financière déclarante soit attestée par des Pièces justificatives (voir paragraphes 150-162 des Commentaires relatifs à la section VIII). Cette condition est satisfaite dès lors que les règles et procédures de l'Institution financière déclarante permettent de s'assurer que l'adresse de résidence actuelle figurant dans ses dossiers est la même, ou se situe dans la même juridiction, que celle attestée par les Pièces justificatives (carte d'identité, permis de conduire, carte d'électeur ou certificat de résidence). La troisième condition est également satisfaite si les règles et procédures de l'Institution financière déclarante permettent de s'assurer que, lorsque cette dernière possède des Pièces justificatives officielles, mais que l'adresse de résidence, ni aucune autre adresse, n'y figure (c'est le cas notamment de certains passeports), l'adresse de résidence actuelle figurant dans les dossiers de l'Institution financière déclarante est la même, ou se situe dans la même juridiction, que celle figurant sur les documents récents établis par un organisme public habilité ou une entreprise de service public, ou que celle figurant sur une déclaration du Titulaire du compte de personne physique sous peine de parjure. Les documents établis par un organisme public habilité qui sont jugés acceptables sont notamment les notifications ou avis d'imposition émis par une administration fiscale. Les documents établis par des entreprises de service public qui sont jugés acceptables concernent la fourniture de services liés à un bien en particulier et sont notamment la facture d'eau, d'électricité, de téléphone (ligne fixe uniquement), de gaz ou de fioul. Une déclaration sur l'honneur d'un Titulaire de compte de personne physique est jugé acceptable uniquement si (i) l'Institution financière déclarante a été tenue de la collecter en vertu du droit interne pendant un certain nombre d'années ; (ii) elle contient l'adresse de résidence du Titulaire du compte ; et (iii) elle est datée et signée par le Titulaire du compte de personne physique. Dans ces conditions, les critères de connaissance applicables aux Pièces justificatives sont les mêmes que ceux applicables aux documents auxquels se réfère l'Institution financière déclarante (voir paragraphes 2-3 des Commentaires relatifs à la section VII). En revanche, une Institution financière déclarante peut satisfaire à la troisième condition si ses règles et procédures permettent de s'assurer que

la juridiction de l'adresse de résidence est bien la juridiction où les Pièces justificatives officielles ont été établies.

11.   Il se peut également que des comptes aient été ouverts à une date où il n'existait aucune Procédure visant à identifier les clients et à lutter contre le blanchiment (AML/KYC), et que l'Institution financière déclarante n'ait en conséquence examiné aucune Pièce justificative pendant le processus de création du dossier initial. Les Recommandations du GAFI, définissant les normes internationales pour la lutte contre le blanchiment et prévoyant l'obligation de vérifier l'identité des clients au moyen de documents, données et informations de source fiable et indépendante, ont été publiées en 1990, puis révisées en 1996, 2003 et 2012.[8] Même pour les comptes ouverts avant l'entrée en vigueur des obligations imposées par les Recommandations et bénéficiant de l'application des règles antérieures, les mesures de vigilance doivent s'appliquer aux clients existants selon leur importance relative et les risques qu'ils représentent. En outre, s'agissant des Comptes déclarables qui sont des Comptes préexistants, les Institutions financières déclarantes sont déjà tenues de déployer des efforts raisonnables et de prendre contact avec leurs clients pour se procurer leur NIF et leur date de naissance (en application des paragraphes C et D de la section I). Le contact établi avec le client devrait également être utilisé pour demander des Pièces justificatives. En conséquence, les exemples de comptes pour lesquels on ne dispose pas de Pièces justificatives devraient être exceptionnels, concerner des comptes présentant un faible risque, et des comptes ouverts avant 2004. Dans de tels cas, la troisième condition énoncée à l'alinéa B(1) pourra également être satisfaite si les règles et procédures de l'Institution financière déclarante permettent de s'assurer que l'adresse de résidence actuelle figurant dans ses dossiers se situe dans la même juridiction *(i)* que celle figurant dans les documents les plus récents recueillis par l'Institution financière déclarante (facture de services publics, bail immobilier ou déclaration sur l'honneur du Titulaire du compte de personne physique) ; et *(ii)* que celle communiquée par l'Institution financière déclarante concernant le Titulaire du compte de personne physique en vertu de tout autre obligation déclarative fiscale applicable (le cas échéant). Pour satisfaire à la troisième condition dans les circonstances susmentionnées dans le cas d'un Contrat d'assurance avec valeur de rachat, une Institution financière déclarante peut se référer à l'adresse de résidence actuelle figurant dans ses dossiers *(i)* jusqu'à ce qu'un changement de circonstances survienne amenant l'Institution financière

---

8.   GAFI/OCDE(2013), *Normes internationales sur la lutte contre le blanchiment et le financement du terrorisme et la prolifération,* Recommandations du GAFI de février 2012 GAFI/OCDE Paris OCDE disponibles sur www.fatf-gafi.org/fr/documents/ documents/normesinternationalessurlaluttecontreleblanchimentdecapitauxetlefi-nancementduterrorismeetdelaproliferation.html.

déclarante à savoir ou à avoir tout lieu de savoir que cette adresse est inexacte ou n'est pas fiable, ou *(ii)* jusqu'à la date de versement (partiel ou total) ou jusqu'à l'échéance du Contrat d'assurance avec valeur de rachat. Le versement ou l'arrivée à échéance du Contrat constituera un changement dans les circonstances et déclenchera les procédures applicables (voir paragraphe 13 ci-après).

12.   Les exemples suivants illustrent en quoi consiste l'application des règles et procédures des Institutions financières déclarantes au regard de l'alinéa B(1) :

- Exemple 1 (carte d'identité) : la banque M est une Institution financière déclarante ayant mis en place des règles et procédures en application desquelles elle s'est procuré un exemplaire de la carte d'identité des Titulaires de tous les Comptes de personnes physiques préexistants, moyen par lequel elle s'assure que l'adresse de résidence actuelle figurant dans ses dossiers pour ces comptes se situe dans la même juridiction que l'adresse mentionnée sur la carte d'identité. M peut considérer les Titulaires de ces comptes comme des résidents à des fins fiscales de la juridiction dans laquelle cette adresse est située.

- Exemple 2 (passeport et facture de services publics) : M a mis en place des procédures d'ouverture de comptes conformément auxquelles elle se réfère au passeport du Titulaire d'un compte pour confirmer son identité et à des factures de services publics récentes pour vérifier son adresse de résidence, enregistrée dans son système. M peut considérer les Titulaires de Comptes de personnes physiques préexistants comme des résidents à des fins fiscales de la juridiction enregistrée dans son système.

- Exemple 3 (facture de services publics avec obligations déclaratives) : la banque H est une Institution financière déclarante qui détient un certain nombre de comptes ouverts avant 1990, lesquels n'ont pas été soumis à l'application des Procédures visant à identifier les clients et à lutter contre le blanchiment (AML/KYC), et que les règles concernant l'importance relative des clients et les risques qu'ils représentent n'obligent pas à réunir à nouveau des pièces pour documenter ces comptes. H détient dans ses dossiers une adresse de résidence actuelle pour ces comptes qui est attestée par des factures de services publics collectées à l'ouverture du compte. Cette adresse est également la même que celle régulièrement communiquée par H concernant ces comptes conformément à ces obligations déclaratives fiscales hors NCD. Parce que les dossiers de H ne contiennent aucune Pièce justificative concernant ces comptes, parce que H n'est pas tenue d'en collecter en vertu des Procédures visant à identifier les clients et à lutter contre le blanchiment (AML/KYC) et parce que l'adresse de résidence actuelle figurant dans les dossiers de H est la même que celle mentionnée dans les documents les plus récents collectés par H et que celle communiquée par H conformément à ces obligations déclaratives fiscales hors NCD, H peut considérer les Titulaires de comptes comme des résidents à des fins fiscales de la juridiction dans laquelle cette adresse est située.

13.   Si une Institution financière déclarante a appliqué le test fondé sur l'adresse de résidence décrit à l'alinéa B(1) et su un changement de circonstances se produit (voir paragraphe 17 ci-après), amenant l'Institution financière déclarante à savoir ou à avoir tout lieu de savoir que l'original des Pièces justificatives (ou de tout autre document décrit au paragraphe 10 précédent) est inexact ou n'est pas fiable, l'Institution financière déclarante doit, au plus tard le dernier jour de l'année civile considérée ou d'une autre période de référence adéquate ou 90 jours après avoir été informée du changement de circonstances ou l'avoir découvert, se procurer une auto-certification et de nouvelles Pièces justificatives pour établir la(es) résidence(s) du Titulaire du compte à des fins fiscales. Si l'Institution financière déclarante ne peut obtenir d'auto-certification, ni de nouvelles Pièces justificatives avant cette date, elle doit appliquer la procédure de recherche par voie électronique décrite aux alinéas B(2) à (6). Les exemples suivants illustrent les procédures à suivre lorsqu'un changement de circonstances se produit :

- Exemple 1 : la banque I est une Institution financière déclarante que l'application du test fondé sur l'adresse de résidence a conduit à considérer le Titulaire de compte de personne physique P comme un résident de la Juridiction X soumise à déclaration. Cinq ans plus tard, P indique à I qu'il a déménagé pour s'installer dans la juridiction Y, qui est également une Juridiction soumise à déclaration, et lui communique sa nouvelle adresse. I se procure auprès de P une auto-certification et de nouvelles Pièces justificatives confirmant qu'il est résident, à des fins fiscales, de la juridiction Y. I doit considérer P comme un résident de la Juridiction Y soumise à déclaration.

- Exemple 2 : les données factuelles sont les mêmes que dans l'exemple 1, si ce n'est que I n'obtient pas d'auto-certification de P. I doit appliquer la procédure de recherche par voie électronique décrite aux alinéas B(2) à (6) et, en conséquence, considérer P comme un résident d'au moins la juridiction Y (compte tenu de la nouvelle adresse communiquée par le Titulaire du compte).

Alinéas B(2) à (6) – Recherche par voie électronique

14.   Les alinéas B(2) à (6) décrivent la procédure « de recherche par voie électronique ». En application de cette procédure, l'Institution financière déclarante est tenue d'examiner les données qu'elle détient et qui peuvent faire l'objet de recherches par voie électronique en vue de déceler l'un des indices visés à l'alinéa B(2).

15.   L'alinéa B(3) prévoit clairement que si l'examen des données par voie électronique ne révèle aucun des indices énumérés à l'alinéa B(2), aucune nouvelle démarche n'est requise jusqu'à ce qu'un changement de circonstances se produise et ait pour conséquence qu'un ou plusieurs indices soient associés à ce compte, ou que ce compte devienne un Compte de valeur élevée.

16.   Si l'examen des données par voie électronique révèle un des indices énumérés aux alinéas (2)(a) à (e) du paragraphe B, ou si un changement de circonstances intervient qui se traduit par un ou plusieurs indices associés à ce compte, aux termes de l'alinéa B(4), l'Institution financière déclarante est tenue de traiter le Titulaire du compte comme un résident à des fins fiscales de chacune des Juridictions soumises à déclaration pour laquelle un indice est identifié, à moins qu'elle choisisse d'appliquer la procédure de conciliation décrite à l'alinéa B(6) et qu'une des exceptions qui y figurent s'applique à ce compte. Néanmoins, si un changement de circonstances se produit, une Institution financière déclarante peut décider de considérer qu'une personne conserve le statut qu'elle avait avant la survenue du changement de circonstances jusqu'au plus tardif des jours suivants : le dernier jour de l'année civile considérée ou d'une autre période de référence adéquate ou le 90 e jour civil à compter de la date à laquelle les indices ont été identifiés à la suite du changement de circonstances.

17.   L'expression « changement de circonstances » désigne tout changement ayant pour conséquence l'ajout de renseignements relatifs au statut d'une personne ou créant une contradiction avec le statut de cette personne. Un changement de circonstances renvoie en outre à toute modification ou ajout de renseignements sur le compte du Titulaire du compte (notamment l'ajout d'un titulaire de compte, le remplacement d'un Titulaire de compte ou tout autre changement concernant un Titulaire de compte) ou toute modification ou ajout de renseignements sur tout compte associé à ce compte (en application des règles d'agrégation des comptes énoncées aux alinéas C(1) à (3) de la section VII) si cette modification ou cet ajout a pour effet de modifier le statut du Titulaire du compte.

18.   Même si les indices décrits à l'alinéa B(2) devraient permettre de limiter le nombre de cas dans lesquels l'examen des données par voie électronique aboutit à des indices renvoyant à différentes Juridictions soumises

à déclaration, il se peut néanmoins que de telles situations se produisent dans la pratique. Dans certains cas, il arrive que les indices comportent de « fausses » indications concernant la résidence dans une Juridiction soumise à déclaration. Dans d'autres, il se peut que l'on ait simplement affaire à des Titulaires de comptes résidents de plusieurs juridictions. Les Institutions financières déclarantes devront souvent prendre contact avec leurs clients afin de résoudre le problème (en suivant la procédure de conciliation décrite à l'alinéa B(6)) et en informant leurs clients que, si les indices contradictoires ne peuvent être élucidés, les renseignements pourront être communiqués à deux ou plusieurs juridictions. Cette façon de procéder est déjà souvent l'aboutissement du souci de la relation avec le client et de la nécessité de traiter avec prudence les renseignements sur le client. Elle s'applique également dans le contexte des procédures de diligence raisonnable aux Comptes de personnes physiques préexistants qui sont des Comptes de valeur élevée. Dans la mesure où un Titulaire de compte devrait néanmoins être déclaré résident de plus d'une juridiction, les Autorités compétentes devraient transmettre toutes les juridictions de résidence à chacune des juridictions, de façon à permettre aux Autorités compétentes de résoudre tous les problèmes concernant la résidence.

19.   Dans l'alinéa B(5), est décrite une procédure spéciale applicable dans le cas où une adresse portant la mention « poste restante » ou « à l'attention de » est découverte au cours de la recherche par voie électronique et où aucun des autres indices énumérés aux alinéas B(2)(a) à (e), ni aucune autre adresse (parmi ces indices) ne sont identifiés pour le Titulaire du compte au cours de la recherche par voie électronique.

Alinéa B(2) – Indices

20.   Dans l'alinéa B(2), est décrit en quoi consiste véritablement « l'examen des données par voie électronique ». En application de cette procédure, l'Institution financière déclarante doit examiner les données pouvant faire l'objet de recherches par voie électronique qu'elle conserve en vue de déceler un ou plusieurs des indices suivants (voir paragraphe 34 des Commentaires relatifs à la section I) et appliquer les indications énoncées aux alinéas B(3) à (6) :

  a)   identification du Titulaire du compte comme résident d'une Juridiction soumise à déclaration ;

  b)   adresse postale ou de domicile actuelle (y compris une boîte postale) dans une Juridiction soumise à déclaration ;

  c)   un ou plusieurs numéros de téléphone dans une Juridiction soumise à déclaration et aucun numéro de téléphone dans la juridiction de l'Institution financière déclarante ;

d) ordre de virement permanent (sauf sur un Compte de dépôt) sur un compte géré dans une Juridiction soumise à déclaration ;

e) procuration ou délégation de signature en cours de validité accordée à une personne dont l'adresse est située dans une Juridiction soumise à déclaration ; ou

f) adresse portant la mention « poste restante » ou « à l'attention de » dans une Juridiction soumise à déclaration si l'Institution financière déclarante n'a pas d'autre adresse enregistrée pour le Titulaire du compte.

21.   L'indice mentionné à l'alinéa B(2)(a) est l'identification du Titulaire du compte comme résident d'une Juridiction soumise à déclaration. Cet indice est décelé si les données pouvant faire l'objet de recherches électroniques conservées par l'Institution financière déclarante comportent la désignation du Titulaire du compte comme résident d'une Juridiction soumise à déclaration à des fins fiscales.

22.   L'indice mentionné à l'alinéa B(2)(b) est l'adresse postale ou de domicile actuelle (y compris une boîte postale) située dans une Juridiction soumise à déclaration. Une adresse postale ou de domicile est considérée comme « actuelle » lorsqu'il s'agit de l'adresse postale ou de domicile la plus récente enregistrée par l'Institution financière déclarante concernant le Titulaire d'un compte de personne physique. Une adresse postale ou de domicile associée à un compte qui est un compte inactif (voir paragraphe 9 précédent) est considérée comme « actuelle » pendant la période d'inactivité. Lorsque l'Institution financière déclarante a enregistré deux ou plusieurs adresses postales ou de domicile pour le Titulaire d'un compte et que l'une de ces adresses est celle d'un prestataire de services auquel fait appel le Titulaire du compte (notamment un gestionnaire d'actifs extérieur, un conseiller en placement ou un mandataire), l'Institution financière déclarante n'est pas tenue de considérer l'adresse du prestataire de services comme un indice de la résidence du Titulaire du compte.

23.   L'indice mentionné à l'alinéa B(2)(c) est un ou plusieurs numéros de téléphone dans une Juridiction soumise à déclaration et aucun numéro de téléphone dans la juridiction de l'Institution financière déclarante. Le(s) numéro(s) de téléphone dans une Juridiction soumise à déclaration ne doit être considéré(s) comme un indice de la résidence du Titulaire du compte que s'il s'agit d'un(de) numéro(s) de téléphone « actuel(s) » dans une Juridiction soumise à déclaration. À ces fins, un numéro de téléphone est considéré comme « actuel » s'il s'agit du numéro de téléphone le plus récent enregistré par l'Institution financière déclarante concernant le Titulaire d'un compte de personne physique. Lorsque l'Institution financière déclarante a enregistré deux ou plusieurs numéros de téléphone pour le Titulaire d'un compte et lorsque l'un

de ces numéros de téléphone est celui d'un prestataire de services auquel fait appel le Titulaire de compte (notamment un gestionnaire d'actifs extérieur, un conseiller en placement ou un mandataire), l'Institution financière déclarante n'est pas tenue de considérer le numéro de téléphone du prestataire de services comme un indice de la résidence du Titulaire du compte.

24.		L'indice mentionné à l'alinéa B(2)(d) est un ordre de virement permanent (sauf pour un Compte de dépôt) sur un compte détenu auprès d'une Juridiction soumise à déclaration. L'expression « ordre de virement permanent » désigne un ordre de paiement en cours de validité établi par le Titulaire du compte ou par un agent du Titulaire du compte qui sera exécuté de manière répétée sans que le Titulaire du compte ait à transmettre donner d'autres ordres. C'est pourquoi par exemple, un ordre de virement destiné à permettre d'effectuer ponctuellement un paiement ne constitue pas un ordre de virement permanent même si l'ordre est donné un an à l'avance. En revanche, un ordre destiné à permettre d'effectuer des paiements pendant une durée indéterminée constitue un ordre de virement permanent au titre de la période pendant laquelle cet ordre prend effet même si l'ordre est modifié après l'exécution d'un paiement.

25.		L'exemple suivant illustre l'application de l'alinéa B(2)(d) : une personne physique K détient un Compte conservateur auprès de E, qui est un Établissement gérant des dépôts de titres dans une Juridiction soumise à déclaration R. K détient également un Compte de dépôt auprès de F, qui est une banque de dépôts résidente d'une Juridiction soumise à déclaration S. K a transmis à E un ordre de virement permanent en vue de transférer, sur le Compte de dépôt, la totalité des revenus générés par les titres détenus sur le Compte conservateur. Parce que l'ordre de virement permanent concerne un Compte conservateur et parce que les fonds doivent être virés sur un compte détenu auprès d'une Juridiction soumise à déclaration, il est un indice de résidence dans la Juridiction soumise à déclaration S.

26.		Les indices mentionnés à l'alinéa B(2)(f) sont les adresses portant la mention « poste restante » et « à l'attention de » dans une Juridiction soumise à déclaration si l'Institution financière déclarante n'a pas d'autre adresse enregistrée pour le Titulaire du compte. Une adresse portant la mention « poste restante » est une adresse en cours de validité donnée par le Titulaire du compte ou par un agent du Titulaire du compte afin que cette adresse soit conservée jusqu'à ce qu'elle soit modifiée. Lorsqu'une telle adresse a été donnée et que l'Institution financière déclarante ne possède aucune adresse dans le dossier pour le Titulaire du compte, l'indice est présent. Le fait d'avoir été invité à transmettre l'ensemble de la correspondance par voie électronique ne revient pas à détenir une adresse « poste restante ». Lorsque l'Institution financière déclarante détient une adresse portant la mention « à l'attention de » dans une Juridiction soumise à déclaration et ne possède pas d'autre adresse dans ses dossiers pour le Titulaire du compte, l'indice est également présent.

Alinéa B(5) – Procédure spéciale

27.   L'alinéa B(5) prévoit une procédure spéciale pour les cas où une adresse portant « poste restante » ou « à l'attention de » est découverte au cours de la recherche par voie électronique et où aucun des autres indices mentionnés aux alinéas B(2)(a) à (e), ni aucune autre adresse (parmi ces indices) n'est identifiée pour le Titulaire du compte au cours de cette recherche par voie électronique.

28.   Lorsque la procédure spéciale s'applique, l'Institution financière déclarante doit, dans l'ordre le plus approprié aux circonstances, effectuer la recherche dans les dossiers papier décrite à l'alinéa C(2) ou s'efforcer d'obtenir du Titulaire du compte une auto-certification ou des Pièces justificatives établissant l'adresse ou les adresses de résidence à des fins fiscales de ce Titulaire. Si la recherche dans les dossiers papier ne révèle aucun indice et si la tentative pour se procurer l'auto-certification ou les Pièces justificatives échoue, l'Institution financière déclarante doit déclarer le compte en tant que compte non documenté.

29.   Lorsqu'une Institution financière détermine qu'un Compte de faible valeur n'est pas documenté, l'Institution financière déclarante n'est pas tenue de renouveler la procédure décrite à l'alinéa B(5) les années suivantes tant qu'un changement de circonstances ne se produit pas et n'a pas pour conséquence qu'un ou plusieurs indices soient associés à ce compte, ou que ce compte devienne un Compte de valeur élevée. Néanmoins, l'Institution financière déclarante doit déclarer le Compte de faible valeur en tant que compte non documenté jusqu'à ce qu'il cesse de l'être.

Alinéa B(6) – Procédure de conciliation

30.   L'alinéa B(6) prévoit une procédure de conciliation en cas de découverte d'indices mentionnés à l'alinéa B(2). Une Institution financière déclarante n'est pas tenue de considérer un Titulaire de compte comme résident d'une Juridiction soumise à déclaration si :

   a)   Les renseignements sur le Titulaire du compte comprennent une adresse postale ou de résidence actuelle dans la Juridiction soumise à déclaration, un ou plusieurs numéros de téléphone dans la Juridiction soumise à déclaration (et aucun numéro de téléphone dans la juridiction de l'Institution financière déclarante) ou des ordres de virement permanents (concernant des Comptes financiers autres que des Comptes de dépôt) sur un compte géré dans une Juridiction soumise à déclaration, l'Institution financière déclarante obtient, ou a auparavant examiné, et conserve une copie des documents suivants :

i)   une auto-certification émanant du Titulaire du compte de la juridiction ou des juridictions où il réside qui ne mentionne pas cette Juridiction soumise à déclaration ; et

ii)   une Pièce justificative qui établit que le Titulaire du compte n'est pas soumis à déclaration.

b)   Les renseignements sur le Titulaire du compte comprennent une procuration ou une délégation de signature en cours de validité accordée à une personne dont l'adresse est située dans la Juridiction soumise à déclaration, l'Institution financière déclarante obtient, ou a auparavant examiné, et conserve une copie des documents suivants :

i)   une auto-certification émanant du Titulaire du compte de la juridiction ou des juridictions où il réside qui ne mentionne pas cette Juridiction soumise à déclaration ; ou

ii)   une Pièce justificative qui établit que le Titulaire du compte n'est pas soumis à déclaration.

31.   Il est possible de se référer, aux fins de la procédure de conciliation, à une auto-certification ou à des Pièces justificatives ayant été examinées antérieurement, sauf si l'Institution financière déclarante sait ou a tout lieu de savoir que l'auto-certification ou les Pièces justificatives sont inexactes ou ne sont pas fiables (voir paragraphes 2-3 des Commentaires relatifs à la section VII).

32.   L'auto-certification, élément de la procédure de conciliation, n'a pas besoin de contenir une confirmation expresse que le Titulaire du compte n'est pas résident d'une Juridiction soumise à déclaration dès lors qu'il confirme que l'auto-certification contient toutes les juridictions dont il est résident (c'est-à-dire que les renseignements concernant sa(es) juridiction(s) de résidence sont corrects et complets). Les Pièces justificatives suffisent pour établir que le Titulaire du compte n'est pas soumis à déclaration dès lors (i) qu'elles confirment que le Titulaire du compte est résident d'une juridiction autre que la Juridiction soumise à déclaration en question ; (ii) qu'elles contiennent une adresse de résidence actuelle située en dehors de la Juridiction soumise à déclaration en question ; ou (iii) qu'elles sont établies par un organisme public habilité d'une juridiction autre que la Juridiction soumise à déclaration en question (voir paragraphe 150-162 des Commentaires relatifs à la section VIII).

Paragraphe C – Diligence raisonnable pour les Comptes de valeur élevée

33.   Le paragraphe C prévoit des procédures d'examen approfondi applicables aux Comptes de valeur élevée. Ces procédures sont la recherche par voie électronique, la recherche dans les dossiers papier et la prise de renseignements auprès du chargé de clientèle.

Alinéa C(1) – Recherche par voie électronique

34.   La « recherche par voie électronique » est requise pour tous les Comptes de valeur élevée. Comme prévu à l'alinéa C(1), l'Institution financière déclarante est tenue d'examiner les données qu'elle détient et qui peuvent faire l'objet de recherches par voie électronique en vue de déceler l'un des indices visés à l'alinéa B(2) (voir paragraphe 34 des Commentaires relatifs à la section I).

Alinéa C(2) et (3) – Recherche dans les dossiers papier

35.   Si les données de l'Institution financière déclarante susceptibles d'être examinées par voie électronique contiennent des champs comprenant tous les renseignements décrits à l'alinéa C(3) et permettent d'en appréhender le contenu, aucune recherche dans les dossiers papier n'est requise. Cela signifie que les bases de données de l'Institution financière déclarante pouvant faire l'objet de recherches par voie électronique comportent des champs pouvant contenir les renseignements décrits à l'alinéa C(3) et lui permettant de déterminer, au moyen d'une recherche par voie électronique, si les renseignements figurent dans lesdits champs. L'exception prévue pour la recherche dans les dossiers papier ne s'applique donc pas lorsqu'un champ a simplement été laissé vierge sauf si, conformément aux règles et procédures de l'Institution financière déclarante, le fait que ce champ soit resté vierge indique que les renseignements décrits à l'alinéa C(3) ne figurent pas dans les dossiers de l'Institution financière déclarante (notamment parce qu'aucun numéro de téléphone n'a été fourni ou qu'aucune procuration n'a été accordée).

36.   Une Institution financière déclarante n'est pas tenue d'effectuer les recherches dans les dossiers papier décrites à l'alinéa C(2) de la présente section si les informations susceptibles d'être examinées par voie électronique comprennent les renseignements décrits à l'alinéa C(3). Si les données de l'Institution financière déclarante pouvant faire l'objet de recherches par voie électronique ne contiennent pas tous les renseignements décrits à l'alinéa C(3), l'Institution financière déclarante est donc seulement tenue de rechercher dans les dossiers papier les renseignements décrits à l'alinéa C(3) qui ne figurent pas dans les données pouvant faire l'objet de recherches

par voie électronique. Par exemple, si la base de données d'une Institution financière déclarante pouvant faire l'objet de recherches par voie électronique contient tous les renseignements décrits à l'alinéa C(3), à l'exception de ceux mentionnés à l'alinéa C(3)(d) (à savoir un éventuel ordre de virement permanent), l'Institution financière déclarante n'est tenue de rechercher dans les dossiers papier que les renseignements décrits à l'alinéa C(3)(d). De même, si les données de l'Institution financière déclarante pouvant faire l'objet de recherches par voie électronique ne contiennent pas tous les renseignements décrits à l'alinéa C(3) concernant une catégorie clairement identifiée de Comptes de valeur élevée, l'Institution financière déclarante est tenue de rechercher dans les dossiers papier uniquement pour cette catégorie de comptes et uniquement les renseignements décrits à l'alinéa C(3) ne figurant pas dans les données susceptibles d'être examinées par voie électronique.

37. Lorsque l'Institution financière déclarante est tenue d'effectuer une « Recherche dans les dossiers papier » concernant un Compte de valeur élevée, elle doit également examiner le dossier principal actuel du client et, dans la mesure où ces renseignements n'y figurent pas, les documents énumérés à l'alinéa C(2) associés au compte et obtenus par l'Institution financière déclarante au cours des cinq années précédentes en vue de rechercher un des indices décrits à l'alinéa B(2).

Alinéa C(4) – Prise de renseignements auprès du chargé de clientèle

38. La « prise de renseignements auprès du chargé de clientèle » est requise en plus des recherches dans les dossiers informatiques et papier. Comme prévu à l'alinéa C(4), l'Institution financière déclarante est tenue de traiter comme Compte déclarable tout Compte de valeur élevée confié à un chargé de clientèle (y compris les éventuels comptes financiers qui sont groupés avec ce Compte de valeur élevée) si ce chargé de clientèle sait que le Titulaire du compte est une Personne devant faire l'objet d'une déclaration.

39. Un « chargé de clientèle » est un cadre ou tout autre salarié d'une Institution financière déclarante qui est responsable à titre permanent d'un portefeuille de Titulaires de comptes (notamment un cadre ou salarié travaillant pour le département d'une Institution financière déclarante chargé de la gestion de patrimoine), conseille les Titulaires de comptes pour leurs opérations bancaires et leurs placements, notamment dans des fonds communs et fiduciaires, ainsi que pour la gestion de leur fortune ou leurs dons à des organisations philanthropiques, et préconise, demande ou organise le recours à des produits financiers, des services ou toute autre forme d'assistance fournie par des prestataires internes ou externes.

40. L'activité de chargé de clientèle doit être plus que complémentaire ou accessoire dans la définition du poste occupé par la personne considérée

comme chargé de clientèle. De fait, une personne dont les fonctions ne supposent pas de contact direct avec les clients ou correspondent à des fonctions d'exécution se concrétisant par des activités assimilables par nature à des activités de gestion et d'administration n'est pas considérée comme un chargé de clientèle. Il est admis qu'il peut y avoir des contacts réguliers entre un Titulaire de compte et un salarié d'une Institution financière déclarante sans que cela amène à considérer le salarié comme un chargé de clientèle. Une personne travaillant dans une Institution financière déclarante qui exerce de larges responsabilités dans le traitement de transactions/ordres ou de demandes ponctuelles peut par exemple finir par connaître très bien un Titulaire de compte. Elle n'est toutefois pas considérée comme un chargé de clientèle dès lors qu'elle n'assume pas la responsabilité ultime de la gestion des affaires du Titulaire du compte au sein de l'Institution financière déclarante.

41.   Nonobstant les dispositions des paragraphes 39-40, une personne n'est considérée comme un chargée de clientèle aux fins de l'alinéa C(4) que pour un compte dont le solde total ou la valeur totale excède 1 000 000 USD, en prenant en considération les règles d'agrégation des soldes de comptes et de conversion monétaire décrites au paragraphe C de la section VII. Pour qu'un cadre ou tout autre salarié d'une Institution financière déclarante soit considéré comme un chargé de clientèle, *(i)* celui-ci doit satisfaire aux critères énoncés dans la définition d'un chargé de clientèle, et *(ii)* le solde total ou la valeur totale des comptes du Titulaire de comptes doit excéder 1 000 000 USD.

42.   Les exemples suivants illustrent comment déterminer si un salarié d'une Institution financière déclarante est un chargé de clientèle :

•   Exemple 1 : une personne physique P détient un Compte conservateur auprès de la banque R qui est une Institution financière déclarante. La valeur du compte de P à la fin de l'année s'élève à 1 200 000 USD. O, salarié du département chargé de la gestion de patrimoine de R, supervise en permanence le compte de P. Parce que O satisfait aux critères énoncés dans la définition d'un « chargé de clientèle » et parce que la valeur du compte de P excède 1 000 000 USD, O est un chargé de clientèle au titre du compte de P.

•   Exemple 2 : les données factuelles sont les mêmes que dans l'exemple 1, si ce n'est que la valeur du Compte conservateur de P à la fin de l'année s'élève à 800 000 USD. En outre, P détient également auprès de R un Compte de dépôt dont le solde à la fin de l'année s'élève à 400 000 USD. Les deux comptes sont associés à P et il existe un lien entre eux établi grâce à une donnée telle que le numéro d'identification interne de R. Parce que O satisfait aux critères énoncés dans la définition d'un « chargé de clientèle » et que, une fois que l'on a appliqué les règles d'agrégation des comptes, le solde total ou la valeur totale des comptes de P excède 1 000 000 USD, O est un chargé de clientèle au titre des comptes de P.

- Exemple 3 : les données factuelles sont les mêmes que dans l'exemple 2, si ce n'est que les fonctions d'O ne supposent pas de contact direct avec P. Parce que O ne satisfait pas aux critères énoncés dans la définition d'un « chargé de clientèle », O n'est pas un chargé de clientèle au titre des comptes de P.

Alinéa C(5) – Conséquences de la découverte d'indices

43.   Si aucun des indices énumérés à l'alinéa B(2) n'est découvert au cours l'examen approfondi des Comptes de valeur élevée et si le compte n'est pas identifié comme étant détenu par une Personne devant faire l'objet d'une déclaration conformément à l'alinéa C(4), alors, en application de l'alinéa C(5)(a), aucune nouvelle démarche n'est requise jusqu'à ce que se produise un changement de circonstances se traduisant par un ou plusieurs indices associés à ce compte.

44.   Si l'un des indices énumérés à l'alinéa B(2)(a) à (e) est découvert au cours l'examen approfondi des Comptes de valeur élevée ou s'il se produit un changement de circonstances se traduisant par un ou plusieurs indices associés au compte, alors, en application de l'alinéa C(5)(b), l'Institution financière déclarante doit considérer le compte comme un Compte déclarable dans chacune des Juridictions soumises à déclaration pour laquelle un indice a été découvert sauf si elle choisit d'appliquer la procédure de conciliation prévue à l'alinéa B(6) et si l'une des exceptions prévues dans cet alinéa s'applique à ce compte. Un indice découvert au cours d'une procédure d'examen, notamment à l'occasion d'une recherche dans les dossiers papier ou de la prise de renseignements auprès du chargé de clientèle, ne peut être utilisé pour rectifier un indice découvert au cours d'une autre procédure d'examen, notamment au cours d'une recherche par voie électronique. Une adresse de résidence actuelle située dans une Juridiction soumise à déclaration qui a été portée à la connaissance du chargé de clientèle ne peut, par exemple, être utilisée en remplacement d'une adresse de résidence figurant dans le dossier de l'Institution financière déclarante découverte au cours de l'examen de dossiers papier.

45.   Si la mention « poste restante » ou « à l'attention de » apparaît au cours de l'examen approfondi des Comptes de valeur élevée, et si aucune autre adresse et aucun des autres indices énumérés aux alinéas B(2)(a) à (e) ne sont identifiés pour le Titulaire du compte, alors, en vertu de l'alinéa C(5)(c), l'Institution financière déclarante doit obtenir du Titulaire du compte une auto-certification ou une Pièce justificative établissant l'adresse

ou les adresses de résidence à des fins fiscales de ce Titulaire. Si l'Institution financière déclarante ne parvient pas à obtenir cette auto-certification ou cette Pièce justificative, elle doit déclarer le compte en tant que compte non documenté jusqu'à ce qu'il cesse d'être non documenté.

Alinéas C(6) à (9) – Procédures supplémentaires

46. Conformément à l'alinéa C(6), si un Compte préexistant n'est pas un Compte de valeur élevée au 31 décembre [xxxx] (c'est-à-dire s'il s'agit d'un Compte de faible valeur), mais qu'il devient un Compte de valeur élevée le dernier jour de toute année civile ultérieure, l'Institution financière déclarante doit procéder à l'examen approfondi prévu pour les Comptes de valeur élevée durant l'année civile suivant l'année au titre de laquelle le compte considéré est devenu un Compte de valeur élevée. Si, à la suite de cet examen, il apparaît que ce compte est un Compte déclarable, l'Institution financière déclarante doit fournir les renseignements requis sur ce compte pour l'année durant laquelle il est identifié comme Compte déclarable ainsi que pour les années suivantes sur une base annuelle, à moins que le Titulaire du compte cesse d'être une Personne devant faire l'objet d'une déclaration.

47. Si le choix de l'année mentionnée à l'aliéna C(6) est une décision incombant à la juridiction qui applique la Norme commune de déclaration, l'année retenue à cette fin devrait être la même que celle retenue pour la définition d'un « Compte préexistant ».

48. Conformément à l'alinéa C(7), après qu'une Institution financière déclarante a appliqué les procédures d'examen approfondi à des Comptes de valeur élevée, elle n'est plus tenue de renouveler ces procédures, à l'exception de la prise de renseignements auprès du chargé de clientèle, pour un même Compte de valeur élevée les années suivantes sauf si le compte n'est pas documenté. Dans ce cas elle doit les renouveler chaque année jusqu'à ce que ce compte cesse d'être non documenté. De même, concernant la prise de renseignements auprès du chargé de clientèle, des vérifications annuelles devraient suffire sans qu'un chargé de clientèle ait obligation de confirmer pour chaque compte ne pas avoir la connaissance effective du fait que chaque Titulaire de compte dont il a la charge est une Personne devant faire l'objet d'une déclaration.

49. Conformément à l'alinéa C(8), si un changement de circonstances concernant un Compte de valeur élevée se produit et a pour conséquence qu'un ou plusieurs des indices visés à l'alinéa B(2) sont associés à ce compte, l'Institution financière déclarante doit considérer le compte comme un Compte déclarable pour chaque Juridiction soumise à déclaration pour laquelle un indice est identifié, à moins qu'elle choisisse d'appliquer l'alinéa B(6) et qu'une des exceptions qui y figurent s'applique à ce compte.

Cependant, une Institution financière déclarante peut choisir de considérer qu'une personne conserve le même statut qu'avant la survenue du changement de circonstances pendant les 90 jours civils suivant la date à laquelle l'indice a été découvert en conséquence de ce changement de circonstances (voir également paragraphe 17 précédent).

50.   Une Institution financière déclarante doit avoir mis en place des circuits et procédures de communication adéquats pour faire en sorte que le chargé de clientèle décèle tout changement de circonstances intéressant un compte, comme prévu à l'alinéa C(9). Si, par exemple, un chargé de clientèle est informé que le Titulaire du compte dispose d'une nouvelle adresse postale dans une Juridiction soumise à déclaration, l'Institution financière déclarante doit considérer cette nouvelle adresse comme un changement de circonstances et, si elle choisit d'appliquer l'alinéa B(6), obtenir les documents requis auprès du Titulaire du compte.

Paragraphes D et E – Calendrier de mise en œuvre de l'examen et procédures supplémentaires

51.   Dans le paragraphe D, est décrite la règle à laquelle doit obéir le calendrier de mise en œuvre des procédures d'examen permettant d'identifier les Comptes déclarables parmi les Comptes de personnes physiques préexistants. Cette règle prévoit que l'examen doit être achevé avant le [xx/xx/xxxx]. Si le choix de cette date est une décision incombant à la juridiction qui applique la Norme commune de déclaration, la date retenue à cette fin devrait être l'année suivant celle retenue pour la définition d'un « Compte préexistant » s'agissant des Comptes de valeur élevée et la deuxième année suivant celle retenue pour la définition d'un « Compte préexistant » s'agissant des Comptes de faible valeur.

52.   Le paragraphe E prévoit une procédure supplémentaire applicable aux Comptes de personnes physiques préexistants : tout Compte de personne physique préexistant qui a été identifié comme Compte déclarable conformément à la section III est considéré comme un Compte déclarable les années suivantes, sauf si le Titulaire du compte cesse d'être une Personne devant faire l'objet d'une déclaration.

Commentaires sur la section IV
concernant la diligence raisonnable
pour les Nouveaux comptes de personnes physiques

1.   Cette section définit les procédures de diligence raisonnable applicables aux Nouveaux comptes de personnes physiques et prévoit l'obtention d'une auto-certification (et la confirmation de sa vraisemblance).

2.   Conformément au paragraphe A, à l'ouverture du compte, l'Institution financière déclarante doit :

- obtenir du compte une auto-certification (qui peut faire partie des documents remis lors de l'ouverture de compte) qui lui permette de déterminer l'adresse ou les adresses de résidence du Titulaire du compte à des fins fiscales ; et

- de confirmer la vraisemblance de l'auto-certification en s'appuyant sur les renseignements obtenus dans le cadre de l'ouverture du compte, y compris les documents recueillis en application des Procédures visant à identifier les clients et à lutter contre le blanchiment.

3.   Si l'auto-certification établit que le Titulaire du compte réside à des fins fiscales dans une Juridiction soumise à déclaration, comme prévu au paragraphe B, l'Institution financière déclarante est tenue de traiter le compte comme un Compte déclarable.

4.   L'auto-certification doit permettre de déterminer la(es) résidence(s), à des fins fiscales, du Titulaire du compte. Généralement, une personne physique n'aura qu'une seule juridiction de résidence. Une personne physique peut toutefois être résidente, à des fins fiscales, de deux ou plusieurs juridictions. Le droit interne des diverses juridictions définit les conditions dans lesquelles une personne physique doit être considérée comme « résidente » fiscalement. Ces conditions recouvrent diverses formes de rattachement à une juridiction lesquelles, en droit fiscal interne, constituent le socle d'une imposition systématique (assujettissement systématique à l'impôt). Elles recouvrent également des situations où une personne physique est réputée, en vertu de la législation fiscale d'une juridiction, être résidente de cette juridiction (tel est notamment le cas des diplomates et autres agents de la fonction publique). Pour résoudre les problèmes de double résidence, les conventions fiscales prévoient

des règles spéciales donnant au rattachement à une juridiction la préférence par rapport au rattachement à l'autre juridiction aux fins de l'application desdites conventions. Généralement, une personne physique sera résidente, à des fins fiscales, d'une juridiction si, en vertu du droit interne de cette juridiction (y compris des conventions fiscales applicables), elle est redevable de l'impôt ou devrait être redevable de l'impôt dans cette juridiction en raison de son domicile, de sa résidence ou de tout autre critère de nature similaire, et non seulement au titre des revenus tirés de sources situées dans cette juridiction. Pour déterminer leur résidence à des fins fiscales, les personnes physiques ayant une double résidence peuvent s'en remettre aux règles subsidiaires prévues par les conventions fiscales aux fins de résoudre les problèmes de double résidence (voir le paragraphe 23 ci-dessous).

5.   Les exemples suivants illustrent comment la résidence, à des fins fiscales, d'une personne physique peut être déterminée :

- Exemple 1 : une personne physique a son adresse permanente dans la Juridiction A et y est imposée en tant que résidente de la Juridiction A. Elle a séjourné pendant plus de six mois dans la Juridiction B et, conformément à la législation en vigueur dans cette Juridiction, elle y est, du fait de la durée de son séjour, imposée en tant que résidente. Elle est donc résidente des deux Juridictions.

- Exemple 2 : les données factuelles sont les mêmes que dans l'exemple 1, si ce n'est que la personne physique n'a séjourné que huit semaines dans la Juridiction B et que, conformément à la législation de cette dernière, elle n'y est pas, en raison de la durée de ce séjour, imposée en tant que résidente. Elle est donc uniquement résidente de la Juridiction A.

6.   Les Juridictions partenaires devraient aider les contribuables à déterminer leur résidence et leur communiquer les renseignements concernant leur(s) résidence(s) à des fins fiscales. Elles pourraient, pour ce faire, utiliser par exemple les divers moyens permettant de donner des informations ou des orientations aux contribuables sur l'application de la législation fiscale (services téléphoniques, services d'accueil du public, internet). L'OCDE s'emploiera à faciliter la diffusion de ces informations.

Conditions de validité des auto-certifications

7.   Une « auto-certification » est une certification établie par le Titulaire du compte indiquant son statut ainsi que toute autre information pouvant raisonnablement être exigée par l'Institution financière déclarante pour qu'elle puisse s'acquitter de ses obligations déclaratives et de diligence raisonnable, portant notamment sur le fait que le Titulaire du compte est résident à des fins fiscales d'une Juridiction soumise à déclaration. S'agissant

des Nouveaux comptes de personnes physiques, une auto-certification est valable uniquement si elle est signée (ou authentifiée par tout autre moyen) par le Titulaire du compte, si elle est datée au plus tard à la date de réception et si elle mentionne :

a) le nom du Titulaire du compte ;

b) son adresse de résidence.

c) sa(es) juridiction(s) de résidence à des fins fiscales ;

d) son NIF pour chaque Juridiction soumise à déclaration (voir paragraphe 8 ci-après) ; et

e) sa date de naissance (voir paragraphe 8 ci-après).

L'auto-certification peut-être pré-remplie par l'Institution financière déclarante en ce qui concerne les renseignements relatifs au Titulaire du compte, à l'exception de ceux relatifs à la (aux) juridiction(s) de résidence, à des fins fiscales, dans la mesure où ils sont déjà disponibles dans ses dossiers.

8.   Si le Titulaire du compte est résident, à des fins fiscales, d'une Juridiction soumise à déclaration, l'auto-certification doit mentionner *(i)* le NIF du Titulaire du compte pour chacune des Juridictions soumises à déclaration en application du paragraphe D de la section I (voir paragraphes 29-32 des Commentaires relatifs à la section I) ; et *(ii)* la date de naissance du Titulaire du compte. Il n'est pas nécessaire que l'auto-certification mentionne le lieu de naissance du Titulaire du compte étant donné que, conformément au paragraphe E de la section I, le lieu de naissance n'a pas à être communiqué sauf si l'Institution financière déclarante est par ailleurs tenue de se procurer et de communiquer ce renseignement aux termes de son droit interne et si le lieu de naissance figure dans les données pouvant faire l'objet de recherches par voie électronique conservées par l'Institution.

9.   L'auto-certification peut être fournie par tout moyen et sous toute forme (électronique, notamment en format PDF ou sous forme de document numérisé). Si l'auto-certification est fournie par voie électronique, le système doit garantir que les renseignements reçus sont bien ceux qui ont été envoyés et garder trace de tous les accès d'utilisateurs se traduisant par la soumission, le renouvellement ou la modification d'une auto-certification. De plus, il doit garantir, tant par sa conception que par son fonctionnement, y compris par les procédures d'accès, que la personne qui accède au système et fournit l'auto-certification est bien celle nommée dans l'auto-certification, et il doit permettre de fournir, sur demande, une version imprimée de toutes les auto-certifications transmises par voie électronique. Lorsque les renseignements figurent dans les documents fournis à l'appui d'une ouverture de compte, il n'est pas nécessaire qu'ils figurent sur une page spécifique ou sous une forme particulière dès lors qu'ils sont complets.

10.   Les exemples suivants illustrent comment l'auto-certification peut être fournie :

* Exemple 1 : une personne physique A remplit une demande en ligne d'ouverture d'un compte auprès de l'Institution financière déclarante K. Tous les renseignements requis pour l'auto-certification (y compris une confirmation, par la juridiction dont A est résident, de sa résidence à des fins fiscales) sont saisis par A dans une application électronique. Il est confirmé, par le prestataire de services de K, que les renseignements fournis par A, tels qu'ils figurent dans l'auto-certification électronique, sont raisonnablement fondés sur les renseignements qu'il a recueillis en application des Procédures visant à identifier les clients et à lutter contre le blanchiment(AML/KYC). L'auto-certification de A est valable.

* Exemple 2 : une personne physique B dépose en personne une demande d'ouverture de compte auprès de la banque L. B produit sa carte d'identité en tant que document d'identification et fournit tous les renseignements requis pour l'auto-certification à un employé de L qui les intègre dans ses systèmes. La demande est ensuite signée par B. L'auto-certification de B est valable.

11.   Une auto-certification peut être signée (ou authentifiée par tout autre moyen) par toute personne habilitée à signer au nom du Titulaire du compte en vertu du droit interne. Une personne autorisée à signer une auto-certification est généralement un exécuteur testamentaire ou toute personne ayant un titre équivalent ainsi que toute autre personne ayant produit une autorisation écrite du Titulaire du compte l'autorisant à signer les documents en son nom.

12.   Une auto-certification demeure valable jusqu'à ce qu'un changement de circonstances amène l'Institution financière déclarante à savoir ou à avoir tout lieu de savoir que l'auto-certification originale est inexacte ou n'est pas fiable (voir paragraphe 17 des Commentaires relatifs à la section III et paragraphes 2-3 des Commentaires relatifs à la section VII). Lorsque tel est le cas, conformément au paragraphe C, l'Institution financière déclarante ne peut se fier à l'auto-certification originale et doit se procurer soit (i) une auto-certification valable établissant la(es) résidence(s), à des fins fiscales, du Titulaire de compte, soit (ii) une explication raisonnable et des documents (le cas échéant) attestant la validité de l'auto-certification originale (et conserver une copie ou une trace de cette explication et de ces documents). Une Institution financière déclarante devrait donc instituer des procédures pour s'assurer de déceler tout changement constituant un changement de circonstances. Une Institution financière déclarante devrait en outre aviser toute personne fournissant une auto-certification qu'elle a obligation de lui notifier tout changement de circonstances éventuel.

13.   Un changement de circonstances ayant des répercussions sur l'auto-certification transmise à l'Institution financière déclarante mettra fin à la validité de celle-ci s'agissant des renseignements qui ne sont plus fiables jusqu'à ce que ceux-ci soient actualisés (voir paragraphe 17 des Commentaires relatifs à la section III).

14.   Une auto-certification cesse d'être valable à la date à partir de laquelle l'Institution financière déclarante la détenant sait ou a tout lieu de savoir que les circonstances conditionnant l'exactitude de l'auto-certification ont changé. Néanmoins, une Institution financière déclarante peut choisir de considérer qu'une personne conserve le même statut qu'avant la survenue du changement de circonstances jusqu'au premier des jours suivants : le 90ᵉ jour civil à compter de la date à laquelle l'auto-certification a cessé d'être valable en raison du changement de circonstances, la date à laquelle la validité de l'auto-certification est confirmée ou la date à laquelle une nouvelle auto-certification est fournie. Une Institution financière déclarante peut se fier à une auto-certification sans avoir à s'enquérir de possibles changements de circonstances pouvant avoir des répercussions sur la validité de la déclaration sauf si elle sait ou a tout lieu de savoir que les circonstances ont changé.

15.   Si l'Institution financière déclarante ne peut obtenir confirmation de la validité de l'auto-certification originale ou obtenir une auto-certification valable dans un délai de 90 jours, elle doit considérer le Titulaire du compte comme résident de la juridiction dont ce dernier a déclaré être résident dans l'auto-certification originale et de la juridiction dont le Titulaire du compte peut être résident en raison du changement de circonstances.

16.   Une Institution financière déclarante peut conserver l'exemplaire original, une copie certifiée ou une photocopie (sous forme de microfiche, de fichier électronique ou par tout autre moyen de stockage électronique) de l'auto-certification. Tout document stocké électroniquement doit être disponible en version imprimée sur demande.

Traitement des erreurs d'auto-certification

17.   Une Institution financière déclarante peut considérer une auto-certification comme valable, nonobstant le fait qu'elle contienne une erreur négligeable si elle possède suffisamment de documents dans ses dossiers pour compléter les renseignements manquants à cause de l'erreur, auquel cas, les documents sur lesquels s'appuyer pour rectifier l'erreur doivent être probants. Une auto-certification dans laquelle la personne physique qui a transmis le formulaire a mentionné en abrégé la juridiction de résidence peut par exemple être considérée comme valable nonobstant l'utilisation de l'abréviation dès lors que l'Institution financière déclarante possède, pour la

personne, une pièce d'identification officielle corroborant raisonnablement l'abréviation. En revanche, l'emploi, pour désigner la juridiction de résidence, d'une abréviation ne correspondant raisonnablement pas à la juridiction de résidence qui figure sur le passeport de la personne ne peut être considéré comme une erreur négligeable. Le fait de ne pas indiquer de juridiction de résidence ne peut être considéré comme une erreur négligeable. Les renseignements figurant sur une auto-certification qui contredisent d'autres renseignements figurant dans le même document ou dans le dossier principal du client ne peuvent pas non plus être considérés comme une erreur négligeable.

Auto-certifications fournies compte par compte

18.   En général, une Institution financière déclarante auprès de laquelle un client peut ouvrir un compte doit obtenir une auto-certification compte par compte. Elle peut cependant se référer à l'auto-certification fournie par un client pour un autre compte si les deux comptes sont considérés comme un seul compte aux fins des critères de connaissance décrits au paragraphe A de la section VII.

Documents recueillis par d'autres personnes

19.   Aux termes du paragraphe D de la section II, une Juridiction partenaire peut autoriser les Institutions financières déclarantes à faire appel à des prestataires de services pour s'acquitter de leurs obligations déclaratives et de diligence raisonnable, auquel cas, une Institution financière déclarante peut utiliser les documents (y compris les auto-certifications) recueillis par les prestataires de services (fournisseurs de données, conseillers financiers, agents d'assurance) dans les conditions prévues par le droit interne. L'Institution financière déclarante conserve toutefois la responsabilité des obligations déclaratives et de diligence raisonnable.

20.   Une Institution financière déclarante peut se référer aux documents (y compris les auto-certifications) recueillis par un agent (conseiller en fonds de placement, fonds de couverture ou fonds de capital-investissement) de l'Institution financière déclarante. L'agent peut conserver les documents dans un système d'information alimenté par une seule Institution financière déclarante ou plusieurs Institutions financières déclarantes à condition que dans ce système, toute Institution financière déclarante pour le compte de laquelle l'agent conserve les documents puisse aisément accéder aux données relatives à la nature des documents, aux renseignements contenus dans les documents (y compris à une copie des documents) et aux éléments attestant leur validité, et il doit autoriser l'Institution financière déclarante à transmettre aisément les données relatives à tout fait pouvant avoir des répercussions

sur la fiabilité des documents qui seraient portés à sa connaissance, soit en les communiquant directement via le système électronique, soit en les lui fournissant. L'Institution financière déclarante doit être en mesure d'établir, dans la mesure où cette disposition s'applique, comment et quand elle a transmis les données relatives à tout fait porté à sa connaissance qui pourrait avoir des répercussions sur la fiabilité des documents, et doit être en mesure d'établir que toute donnée transmise par elle a été traitée et qu'une diligence raisonnable a été exercée pour vérifier la validité des documents. L'agent doit mettre en place un système pour s'assurer que toutes les informations qu'il reçoit concernant des faits ayant des répercussions sur la fiabilité des documents ou le statut du client sont communiquées à l'ensemble des Institutions financières déclarantes pour lesquelles il conserve des documents.

21.   Une Institution financière déclarante qui acquiert un compte auprès d'un prédécesseur ou d'un cédant à l'occasion d'une fusion ou d'une acquisition de comptes en bloc est généralement autorisée à se référer aux documents valables (y compris à une auto-certification valable) ou à des copies de documents valables recueillis par le prédécesseur ou cédant. Par ailleurs, une Institution financière déclarante qui acquiert un compte à l'occasion d'une fusion ou d'une acquisition de comptes en bloc auprès d'une autre Institution financière déclarante qui s'est acquittée de toutes ses obligations de diligence raisonnable conformément aux sections II à VII concernant les comptes transférés, est généralement autorisée à se référer également au statut d'un Titulaire de compte tel que déterminé par le prédécesseur ou cédant jusqu'à ce qu'elle sache ou ait tout lieu de savoir que ce statut est inexact ou qu'un changement de circonstances s'est produit (voir paragraphe 17 des Commentaires relatifs à la section III).

Caractère raisonnable des auto-certifications

22.   Comme indiqué au paragraphe 2 précédent, à l'ouverture d'un compte, après que l'Institution financière déclarante s'est procurée une auto-certification qui l'autorise à déterminer la(es) résidence(s), à des fins fiscales, du Titulaire du compte, celle-ci doit confirmer le caractère raisonnable de l'auto-certification à partir des renseignements fournis à l'occasion de l'ouverture du compte, y compris de tout document recueilli en application des Procédures visant à identifier les clients et à lutter contre le blanchiment (AML/KYC) (critère du « caractère raisonnable »).

23.   On considère qu'une Institution financière déclarante a confirmé le « caractère raisonnable » d'une auto-certification si, au cours de la procédure d'ouverture du compte et après examen des informations recueillies à l'occasion de l'ouverture du compte (notamment de tout document recueilli en application des Procédures visant à identifier les clients et à lutter contre le blanchiment (AML/KYC)), elle ne sait pas ou n'a pas de raisons de savoir

que l'auto-certification est inexacte ou n'est pas fiable (voir paragraphes 2-3 des Commentaires relatifs à la section VII). Les Institutions financières déclarantes n'ont pas à mener d'analyse juridique indépendante des dispositions fiscales applicables pour confirmer le caractère raisonnable d'une auto-certification.

24.   Les exemples suivants illustrent l'application du critère du « caractère raisonnable » :

- Exemple 1 : une Institution financière déclarante obtient une auto-certification du Titulaire du compte à l'ouverture du compte. La juridiction dans laquelle se situe l'adresse de résidence figurant dans l'auto-certification n'est pas la même que celle figurant dans les documents collectés en application des Procédures visant à identifier les clients et à lutter contre le blanchiment (AML/KYC). Parce que les données sont contradictoires, l'auto-certification est inexacte et n'est pas fiable et le critère du caractère raisonnable n'est donc pas respecté.

- Exemple 2 : une Institution financière déclarante obtient une auto-certification du Titulaire du compte à l'ouverture du compte. L'adresse de résidence figurant dans l'auto-certification n'est pas située dans la juridiction dont le Titulaire du compte déclare être résident à des fins fiscales. Parce que les données sont contradictoires, l'auto-certification ne remplit pas le critère du caractère raisonnable.

25.   Dans le cas d'une auto-certification qui ne satisferait pas, pour d'autres motifs, au critère du caractère raisonnable, l'Institution financière déclarante devrait, au cours de la procédure d'ouverture du compte, obtenir *(i)* une auto-certification valable, ou *(ii)* une explication raisonnable et des documents (le cas échéant) attestant le caractère raisonnable de l'auto-certification (et conserver une copie ou une trace de cette explication et de ces documents). À titre d'exemples d'« explication raisonnable », on peut notamment citer une déclaration d'une personne physique indiquant qu'il(elle) *(1)* étudie dans un établissement d'enseignement situé dans la juridiction considéré et possède le visa approprié (le cas échéant) ; *(2)* est enseignant, stagiaire ou interne dans un établissement d'enseignement situé dans juridiction considéré ou prend part à un programme d'enseignement ou d'échanges culturels et possède le visa approprié (le cas échéant) ; *(3)* est un ressortissant étranger occupant un poste diplomatique ou exerçant des fonctions dans un consulat ou une ambassade située dans la juridiction considérée ; *(4)* est un travailleur ou salarié frontalier travaillant à bord d'un camion ou d'un train effectuant des trajets entre différentes juridictions. L'exemple suivant illustre l'application de ce paragraphe : une Institution financière déclarante A obtient une auto-certification d'un Titulaire de compte à l'ouverture du compte. La juridiction de résidence à des fins fiscales

figurant dans l'auto-certification n'est pas la même que celle figurant dans les documents collectés en application des Procédures visant à identifier les clients et à lutter contre le blanchiment. Le Titulaire du compte explique qu'elle est diplomate d'une juridiction donnée et qu'en conséquence, elle est résidente de cette juridiction; elle présente également son passeport diplomatique. L'Institution financière déclarante ayant obtenu une explication raisonnable et des documents attestant le caractère raisonnable de l'auto-certification, celle-ci remplit elle-même le critère du caractère raisonnable.

Commentaires sur la section V concernant la diligence raisonnable pour les Comptes d'entité préexistants

1.   Cette section décrit les obligations en matière de diligence raisonnable applicables aux Comptes d'entité préexistants.

Paragraphe A – Comptes non soumis à examen, identification ou déclaration

2.   Le paragraphe A exempte d'examen tous les Comptes d'entité préexistants dont le solde ou la valeur n'excède pas 250 000 USD au 31 décembre [xxxx], tant que ce solde ou cette valeur n'excède pas 250 000 USD au dernier jour de toute année civile ultérieure. Ce seuil vise à réduire la charge que représente le respect de la Norme pour les Institutions financières, tout en sachant que les procédures de diligence raisonnable sont plus complexes pour les comptes détenus par des Entités que pour ceux détenus par des personnes physiques.

3.   Toutefois, l'application du paragraphe A est sous réserve que *(i)* la juridiction qui met en œuvre la Norme autorise les Institutions financières déclarantes à appliquer cette exception, et que *(ii)* l'Institution financière déclarante décide de l'appliquer, soit à l'égard de tous les Comptes d'entités préexistants soit, séparément, à l'égard d'un groupe clairement identifié de tels comptes. Aussi, si les règles de mise en œuvre dans une juridiction ne prévoient pas cette possibilité ou si l'Institution financière déclarante ne fait pas ce choix, tous les Comptes d'entités préexistants devront être examinés conformément aux procédures définies au paragraphe D.

4.   Bien que le choix des années mentionnées aux paragraphes A et B soit une décision qui relève de la juridiction qui applique la Norme commune de déclaration, on s'attend à ce que l'année sélectionnée à cette fin soit la même que celle sélectionnée pour le terme « Compte préexistant ».

Paragraphes B et C – Comptes soumis à examen et à déclaration

5.   Selon le paragraphe B, tout Compte d'entité préexistant qui n'est pas décrit au paragraphe A (ayant un solde ou une valeur qui dépasse 250 000 USD au 31 décembre de toute année civile) doit être examiné conformément aux procédures prévues au paragraphe D. Aussi, un Compte d'entité préexistant doit être examiné si :

a)   son solde ou sa valeur excède 250 000 USD au 31 décembre [xxxx] ; ou

b)   son solde ou sa valeur n'excède pas 250 000 USD au 31 décembre [xxxx] mais dépasse le seuil de 250 000 USD au dernier jour de toute année civile ultérieure.

6.   Toutefois, un Compte d'entité préexistant qui n'est pas décrit au paragraphe A doit être considéré comme un Compte déclarable, selon le paragraphe C, uniquement s'il est détenu par une ou plusieurs Entités qui sont :

a)   des Personnes devant faire l'objet d'une déclaration, ou

b)   des ENF passives dont une ou plusieurs Personnes qui en détiennent le contrôle sont des Personnes devant faire l'objet d'une déclaration.

7.   Un Compte d'entité préexistant détenu par une ENF passive dont une ou plusieurs Personnes qui en détiennent le contrôle sont des Personnes devant faire l'objet d'une déclaration n'échappe pas au statut de Compte déclarable visé au paragraphe C du simple fait que l'Entité proprement dite n'est pas une Personne devant faire l'objet d'une déclaration ou que l'une des Personnes qui détiennent le contrôle de l'ENF passive est résidente de la même juridiction que l'ENF passive.

Paragraphe D – Procédures d'examen

8.   Le paragraphe D contient les procédures d'examen permettant d'identifier les Comptes déclarables parmi les Comptes d'entité préexistants. Ces procédures supposent que les Institutions financières déclarantes déterminent :

a)   si un Compte d'entité préexistant est détenu par une ou plusieurs Entités qui sont des Personnes devant faire l'objet d'une déclaration ; et

b)   si le Compte d'entité préexistant est détenu par une ou plusieurs Entités qui sont des ENF passives dont une ou plusieurs Personnes qui en détiennent le contrôle sont des Personnes devant faire l'objet d'une déclaration.

Alinéa D(1) – Procédure d'examen pour les Titulaires de compte

9.   L'alinéa D(1) décrit la procédure d'examen qui permet de déterminer si un Compte d'entité préexistant est détenu par une ou plusieurs Entités qui sont des Personnes devant faire l'objet d'une déclaration. Si l'une ou l'autre des Entités est une Personne devant faire l'objet d'une déclaration, le compte doit être considéré comme un Compte déclarable.

10.   Une Institution financière déclarante doit examiner les renseignements obtenus à des fins réglementaires ou de relations avec le client (y compris les informations collectées dans le cadre des procédures visant à identifier les clients et à lutter contre le blanchiment - AML/KYC) afin de déterminer si ces renseignements indiquent que le Titulaire du compte est résident d'une Juridiction soumise à déclaration. À cette fin, les informations indiquant que le Titulaire du compte est résident d'une Juridiction soumise à déclaration incluent :

- un lieu de constitution ou d'organisation situé dans une Juridiction soumise à déclaration ;

- une adresse dans une Juridiction soumise à déclaration (par exemple, cela pourrait s'appliquer aux Entités considérées comme fiscalement transparentes et refléter le siège social, le bureau principal ou le siège de direction effective) ; ou

- une adresse d'un ou de plusieurs trustees d'un trust située dans une Juridiction soumise à déclaration.

Toutefois, l'existence d'un établissement stable (y compris une succursale) dans une Juridiction soumise à déclaration (y compris une adresse d'un établissement stable) n'est pas en soi une indication de résidence à cette fin.

11.   Si les informations indiquent que le Titulaire du compte est résident d'une Juridiction soumise à déclaration, l'alinéa D(1)(b) prévoit que l'Institution financière déclarante est tenue de traiter le compte comme un Compte déclarable sauf si elle obtient une auto-certification du Titulaire du compte ou si elle détermine avec une certitude suffisante sur la base de renseignements en sa possession ou qui sont accessibles au public que le Titulaire du compte n'est pas une Personne devant faire l'objet d'une déclaration au regard de cette Juridiction soumise à déclaration.

12.   Les renseignements « accessibles au public » comprennent les renseignements publiés par un organisme public autorisé (par exemple, un gouvernement ou une agence d'un gouvernement, ou une commune) d'une juridiction, comme les informations figurant sur une liste publiée par une administration fiscale qui contient les noms et numéros d'identification

d'institutions financières (comme la liste des institutions financières étrangères de l'IRS) ; les informations contenues dans un registre accessible au public géré ou autorisé par un organisme public autorisé d'une juridiction ; les informations diffusées sur un marché de valeurs mobilières établi (voir le paragraphe 112 des Commentaires sur la section VIII) ; et toute classification accessible au public concernant le Titulaire du compte, établie à partir d'un système de codage sectoriel normalisé et attribuée par une organisation professionnelle ou une chambre de commerce par exemple, conformément aux pratiques commerciales habituelles (voir le paragraphe 154 des Commentaires sur la section VIII). À cet égard, l'Institution financière déclarante est tenue de consigner une notation du type de renseignements examiné, ainsi que la date de cet examen.

13.   Pour déterminer si un Compte d'entité préexistant est détenu par une ou plusieurs Entités qui sont des Personnes devant faire l'objet d'une déclaration, l'Institution financière déclarante peut suivre les orientations mentionnées aux alinéas D(1)(a) et (b) dans l'ordre le plus approprié aux circonstances. Cela lui permettrait, par exemple, de déterminer au titre de l'alinéa D(1)(b) qu'un Compte d'entité préexistant est détenu par une Entité qui n'est pas une Personne devant faire l'objet d'une déclaration (une société cotée en bourse, par exemple) et qu'il n'est donc pas un Compte déclarable.

14.   Comme l'indique le paragraphe 7 des Commentaires sur la section IV, une « auto-certification » est une certification du Titulaire du compte qui indique son statut et fournit des renseignements supplémentaires que l'Institution financière déclarante est fondée à demander pour satisfaire à ses obligations de diligence raisonnable et de déclaration, comme le fait de savoir si le Titulaire du compte est résident à des fins fiscales dans une Juridiction soumise à déclaration ou s'il est une ENF passive. S'agissant de Comptes d'entité préexistants, une auto-certification est valide uniquement si elle est signée (ou validée de toute autre manière) par la personne ayant autorité pour signer au nom du Titulaire du compte, si la date qui y figure n'est pas postérieure à la date de réception et si elle contient les données suivantes sur le Titulaire du compte :

    a)   nom ;

    b)   adresse ;

    c)   juridiction(s) de résidence à des fins fiscales ; et

    d)   NIF concernant chacune des Juridictions soumises à déclaration.

L'auto-certification peut être pré-remplie par l'Institution financière déclarante pour y inclure les renseignements sur le Titulaire du compte, à l'exception de la ou des juridiction(s) de résidence à des fins fiscales, dans la mesure où ces données figurent déjà dans ses dossiers.

15. Une personne autorisée à signer une auto-certification désigne généralement un dirigeant ou un administrateur d'une société de capitaux, un associé d'une société de personnes, un trustee d'un trust ou leurs équivalents, et toute autre personne qui a reçu du Titulaire du compte l'autorisation écrite de signer des documents en son nom.

16. Une auto-certification se rapportant à des Comptes d'entité préexistants peut également contenir le statut du Titulaire du compte. Si tel est le cas, le statut du Titulaire du compte peut être l'un des suivants :

a) Institution financière :

(1) Entité d'investissement décrite à l'alinéa A(6)(b) de la section VIII.

(2) Institution financière (autre).

b) ENF :

(1) Société cotée en bourse ou filiale d'une société cotée en bourse.

(2) Entité publique.

(3) Organisation internationale.

(4) ENF active (autre que 1 à 3).

(5) ENF passive (hors Entité d'investissement décrite à l'alinéa A(6)(b) de la section VIII).

Lorsqu'elles demandent une auto-certification, les Institutions financières déclarantes sont tenues de communiquer aux Titulaires de compte les renseignements nécessaires pour qu'ils puissent déterminer leur statut (par exemple, la définition du terme « ENF active » figurant à l'alinéa D(9) de la section VIII).

17. Les exigences en matière de validité des auto-certifications concernant les Nouveaux comptes de personne physique s'appliquent s'agissant de la validité des auto-certifications pour des Comptes d'entité préexistants (voir les paragraphes 7 à 16 des Commentaires sur la section IV). Il en va de même pour la rectification des erreurs dans les auto-certifications, la nécessité de se procurer des auto-certifications en procédant compte par compte, et la documentation réunie par d'autres personnes (voir les paragraphes 17 à 21 des Commentaires sur la section IV).

Alinéa D(2) – Procédure d'examen pour les Personnes détenant le contrôle

18. L'alinéa D(2) contient une procédure d'examen permettant de déterminer si un Compte d'entité préexistant est détenu par une ou plusieurs Entités qui sont des ENF passives dont une ou plusieurs Personnes qui en

détiennent le contrôle sont des Personnes devant faire l'objet d'une déclaration. Si l'une ou l'autre des Personnes qui détiennent le contrôle d'un ENF passive est une Personne devant faire l'objet d'une déclaration, le compte doit être considéré comme un Compte déclarable (même si la Personne qui en détient le contrôle réside dans la même juridiction que l'ENF passive).

19.   Pour ce faire, l'Institution financière déclarante doit suivre les orientations mentionnées aux alinéas D(2)(a) à (c) dans l'ordre le plus approprié aux circonstances. Ces alinéas visent à déterminer :

a)   si le Titulaire du compte est une ENF passive ;

b)   les Personnes qui détiennent le contrôle de cette ENF passive ; et

c)   si l'une ou l'autre de ces Personnes détenant le contrôle est une Personne devant faire l'objet d'une déclaration.

20.   Pour déterminer si le Titulaire du compte est une ENF passive, conformément à l'alinéa D(2)(a), l'Institution financière déclarante doit obtenir une auto-certification du Titulaire du compte établissant son statut, sauf si elle détermine avec une certitude suffisante sur la base de renseignements en sa possession ou qui sont accessibles au public (voir le paragraphe 12 ci-dessus) que le Titulaire du compte est une ENF active ou une Institution financière autre qu'une Entité d'investissement gérée par des professionnels non partenaire (une Entité d'investissement décrite à l'alinéa A(6)(b) de la section VIII qui n'est pas une Institution financière d'une Juridiction partenaire). Par exemple, une Institution financière déclarante pourrait déterminer avec une certitude suffisante que le Titulaire du compte est une ENF active lorsque le Titulaire du compte n'a juridiquement pas le droit de mener des activités ou des opérations ou de détenir des actifs destinés à produire un revenu passif (voir le paragraphe 126 des Commentaires sur la section VIII). L'auto-certification qui établit le statut du Titulaire du compte doit satisfaire aux exigences de validité concernant les Comptes d'entité préexistants (voir les paragraphes 13 à 17 ci-dessus). Une Institution financière déclarante qui ne parvient pas à déterminer que le Titulaire du compte est une ENF active ou une Institution financière autre qu'une Entité d'investissement gérée par des professionnels non partenaire doit en déduire qu'il est une ENF passive.

21.   Pour déterminer les Personnes détenant le contrôle d'un Titulaire de compte, conformément à l'alinéa D(2)(b), une Institution financière déclarante peut se fonder sur les informations collectées et conservées dans le cadre des procédures visant à identifier les clients et à lutter contre le blanchiment (AML/KYC).

22.   Pour déterminer si une Personne qui détient le contrôle d'une ENF passive est une Personne devant faire l'objet d'une déclaration, une Institution

financière déclarante peut aussi se fonder sur les informations collectées et conservées dans le cadre des procédures visant à identifier les clients et à lutter contre le blanchiment (AML/KYC). Néanmoins, dans le cas d'un Compte d'entité préexistant dont le solde ou la valeur excède 1 000 000 USD, l'alinéa D(2)(c)(ii) prescrit l'obtention d'une auto-certification du Titulaire du compte ou de la Personne qui en détient le contrôle, qui peut être fournie au moyen de la même auto-certification que celle remise par le Titulaire du compte pour attester de son propre statut. L'auto-certification concernant la Personne détenant le contrôle est valide uniquement si elle est signée (ou validée de toute autre manière) par cette dernière ou par une personne ayant autorité pour signer au nom du Titulaire du compte ou de la Personne détenant le contrôle, si la date qui y figure n'est pas postérieure à la date de réception et si elle contient les données suivantes sur chacune des Personnes détenant le contrôle :

a) nom ;

b) adresse ;

c) juridiction(s) de résidence à des fins fiscales ;

d) NIF pour chacune des Juridictions soumises à déclaration (voir le paragraphe 8 des Commentaires sur la section IV) ; et

e) date de naissance (voir le paragraphe 8 des Commentaires sur la section IV).

L'auto-certification peut être pré-remplie par l'Institution financière déclarante pour inclure les renseignements sur la Personne détenant le contrôle, à l'exception de la ou des juridiction(s) de résidence à des fins fiscales, dans la mesure où ces données figurent déjà dans ses dossiers.

23.   Les exigences en matière de validité des auto-certifications concernant les Nouveaux comptes de personne physique s'appliquent s'agissant de la validité des auto-certifications permettant de déterminer si une Personne détenant le contrôle d'une ENF passive est une Personne devant faire l'objet d'une déclaration (voir les paragraphes 7 à 16 des Commentaires sur la section IV). Il en va de même pour la rectification des erreurs dans les auto-certifications, la nécessité de se procurer des auto-certifications en procédant compte par compte, et la documentation réunie par d'autres personnes (voir les paragraphes 17 à 21 des Commentaires sur la section IV).

24.   Si une auto-certification requise concernant une Personne détenant le contrôle d'une ENF passive n'est pas obtenue, l'Institution financière déclarante doit se fonder sur les indices décrits à l'alinéa B(2) de la section III et qui se trouvent dans ses dossiers se rapportant à cette Personne, afin de déterminer si elle est une Personne devant faire l'objet d'une déclaration. Si les dossiers de l'Institution financière déclarante ne contiennent aucun

de ces indices, aucune autre action n'est requise jusqu'à ce que se produise un changement de circonstances ayant pour effet de révéler un ou plusieurs indices sur la Personne détenant le contrôle.

Paragraphe E – Calendrier d'examen et procédures supplémentaires

25.   Les alinéas E(1) et (2) énoncent les règles qui régissent le calendrier des procédures d'examen permettant d'identifier des Comptes déclarables parmi les Comptes d'entité préexistants. Ces règles disposent que l'examen doit être achevé :

   a)   pour les comptes dont le solde ou la valeur est supérieur à 250 000 USD au 31 décembre [xxxx], au plus tard le 31 décembre [xxxx] ; et

   b)   pour les comptes dont le solde ou la valeur n'excède pas 250 000 USD au 31 décembre [xxxx], mais est supérieur à 250 000 USD au 31 décembre de toute année ultérieure, dans l'année civile qui suit l'année au cours de laquelle le solde ou la valeur du compte a été supérieur à 250 000 USD.

26.   Si le choix des années mentionnées aux alinéas E(1) et (2) est une décision qui relève de la juridiction qui applique la Norme commune de déclaration, on s'attend à ce que l'année sélectionnée à cette fin soit la même que celle sélectionnée pour le terme « Compte préexistant ». Toutefois, s'agissant de la deuxième année mentionnée à l'alinéa E(1), on s'attend à ce que l'année sélectionnée à cette fin soit, au plus tôt, la deuxième année civile qui suit l'année sélectionnée pour le terme « Compte préexistant ».

27.   L'alinéa E(3) décrit une procédure supplémentaire applicable aux Comptes d'entité préexistants : si un changement de circonstances concernant un Compte d'entité préexistant se produit et a pour conséquence que l'Institution financière déclarante sait ou a tout lieu de savoir que l'auto-certification ou un autre document associé au compte est inexact ou n'est pas fiable, elle doit déterminer à nouveau le statut du compte en appliquant les procédures décrites au paragraphe D. Les critères de connaissance requis pour les pièces justificatives s'appliquent aussi à d'autres documents utilisés conformément aux procédures définies au paragraphe D (voir le paragraphe 14 des Commentaires sur la section IV et les paragraphes 2 et 3 des Commentaires sur la section VII). En pareil cas, une Institution financière déclarante doit appliquer les procédures suivantes au plus tard le dernier jour de l'année civile concernée ou d'une autre période de référence appropriée, ou 90 jours civils après la notification ou la découverte d'un changement de circonstances :

- Pour déterminer si le Titulaire du compte est une Personne devant faire l'objet d'une déclaration : une Institution financière déclarante doit se procurer soit (i) une auto-certification, soit (ii) une explication raisonnable et une documentation (s'il y a lieu) qui confirme la vraisemblance de l'auto-certification ou de la documentation d'origine (et conserver une copie ou une notation de cette explication ou documentation). Si l'Institution financière déclarante ne parvient pas à se procurer une auto-certification ou à confirmer la vraisemblance de l'auto-certification ou de la documentation d'origine, elle doit traiter le Titulaire du compte comme une Personne devant faire l'objet d'une déclaration au regard des deux juridictions.

- Pour déterminer si le Titulaire du compte est une Institution financière, une ENF active ou une ENF passive : une Institution financière déclarante doit se procurer une documentation supplémentaire ou une auto-certification (s'il y a lieu) qui confirme que le Titulaire du compte est une ENF active ou une Institution financière. Si elle n'y parvient pas, elle doit traiter le Titulaire du compte comme une ENF passive.

- Pour déterminer si la Personne détenant le contrôle de l'ENF passive est une Personne devant faire l'objet d'une déclaration : une Institution financière déclarante doit se procurer soit (i) une auto-certification, soit (ii) une explication raisonnable et une documentation (s'il y a lieu) qui confirme la vraisemblance de l'auto-certification ou de la documentation obtenue précédemment (et conserver une copie ou une notation de cette explication ou documentation). Si l'Institution financière déclarante ne parvient pas à se procurer une auto-certification ou à confirmer la vraisemblance de l'auto-certification ou de la documentation obtenue précédemment, elle doit rechercher dans ses dossiers les indices décrits à l'alinéa B(2) de la section III se rapportant à cette Personne détenant le contrôle, afin de déterminer si elle est une Personne devant faire l'objet d'une déclaration.

Commentaires sur la section VI concernant la diligence raisonnable pour les Nouveaux comptes d'entité

1.   Cette section décrit les obligations en matière de diligence raisonnable applicables aux Nouveaux comptes d'entité. Les procédures sont globalement les mêmes que celles définies pour les Comptes d'entité préexistants, mais le seuil de 250 000 USD ne s'applique pas, car il est généralement plus simple de se procurer des auto-certifications pour de nouveaux comptes.

2.   Le paragraphe A contient les procédures d'examen permettant d'identifier les Comptes déclarables parmi les Nouveaux comptes d'entité. Ces procédures supposent que les Institutions financières déclarantes déterminent :

   a)   si un Nouveau compte d'entité est détenu par une ou plusieurs Entités qui sont des Personnes devant faire l'objet d'une déclaration ; et

   b)   si un Nouveau compte d'entité est détenu par une ou plusieurs Entités qui sont des ENF passives dont une ou plusieurs Personnes qui en détiennent le contrôle sont des Personnes devant faire l'objet d'une déclaration.

Alinéa A(1) – Procédure d'examen pour les Titulaires de compte

3.   L'alinéa A(1) décrit la procédure d'examen visant à déterminer si un Nouveau compte d'entité est détenu par une ou plusieurs Entités qui sont des Personnes devant faire l'objet d'une déclaration. Si l'une des Entités est une Personne devant faire l'objet d'une déclaration, le compte doit alors être traité comme un Compte déclarable.

4.   Pour déterminer si une Entité est une Personne devant faire l'objet d'une déclaration, l'alinéa A(1)(a) demande à l'Institution financière déclarante, lors de l'ouverture de compte :

   •   d'obtenir une auto-certification permettant à l'Institution financière déclarante de déterminer l'adresse ou les adresses de résidence du Titulaire du compte à des fins fiscales ; et

- de confirmer la vraisemblance de cette auto-certification en s'appuyant sur les renseignements obtenus dans le cadre de l'ouverture du compte, y compris les documents recueillis en application des procédures visant à identifier les clients et à lutter contre le blanchiment.

5.   Si l'auto-certification établit que le Titulaire du compte réside dans une Juridiction soumise à déclaration, comme le prévoit l'alinéa A(1)(b), l'Institution financière déclarante est tenue de traiter le compte comme un Compte déclarable sauf si elle détermine avec une certitude suffisante sur la base de renseignements en sa possession ou qui sont accessibles au public (voir le paragraphe 12 des Commentaires sur la section V) que le Titulaire du compte n'est pas une Personne devant faire l'objet d'une déclaration au titre de cette Juridiction soumise à déclaration (par exemple, une société cotée en bourse ou une Entité publique).

6.   Pour déterminer si un Nouveau compte d'entité est détenu par une ou plusieurs Entités qui sont des Personnes devant faire l'objet d'une déclaration, l'Institution financière déclarante doit suivre les orientations mentionnées aux alinéas A(1)(a) et (b) dans l'ordre le plus approprié aux circonstances. Cela lui permettrait par exemple de déterminer au titre de l'alinéa A(1)(b) qu'un Nouveau compte d'entité est détenu par une Entité qui n'est pas une Personne devant faire l'objet d'une déclaration (par exemple, une société cotée en bourse) et donc que le compte n'est pas un Compte déclarable.

7.   L'auto-certification doit permettre de déterminer l'adresse ou les adresses de résidence du Titulaire du compte à des fins fiscales. En pratique, il est rare qu'une Entité soit imposable en tant que résident dans plusieurs juridictions, même si cela reste possible. Le droit interne des différentes juridictions définit à quelles conditions une Entité doit être traitée comme un résident du point de vue fiscal. Elle recouvre différentes formes de lien avec une juridiction qui, dans le droit fiscal interne, sont à la base d'une imposition globale (assujettissement intégral à l'impôt). Pour résoudre les cas de double résidence, les conventions fiscales contiennent des règles spéciales qui donnent la préférence au lien avec une juridiction par rapport au lien avec l'autre juridiction aux fins de ces conventions. Généralement, une Entité sera fiscalement résidente d'une juridiction si, selon les lois de cette juridiction (y compris les conventions fiscales), elle paie ou devrait y payer des impôts en vertu de son domicile, de sa résidence, de son siège de direction ou de constitution, ou de tout autre critère de nature similaire, et pas seulement en raison de sources de revenu dans cette juridiction. Les Entités à double résidence peuvent recourir aux règles de départage figurant dans les conventions fiscales (le cas échéant) pour résoudre les cas de double résidence et ainsi déterminer leur résidence à des fins fiscales (voir le paragraphe 13 ci-dessous).

8.   Les exemples suivants illustrent comment la résidence fiscale d'une Entité peut être déterminée :

- Exemple 1 : Une société est constituée dans la Juridiction A et a son siège de direction effective dans la Juridiction B. Selon les lois de la Juridiction A, la résidence à des fins fiscales est déterminée par référence au lieu de constitution. Il en va de même selon les lois de la Juridiction B. Aussi, la société est résidente uniquement de la Juridiction A.

- Exemple 2 : Mêmes faits que dans l'exemple 1, à ceci près que, selon les lois de la Juridiction B, la résidence à des fins fiscales est déterminée par référence au siège de direction effective. Aussi, la société est résidente à la fois des Juridictions A et B.

- Exemple 3 : Mêmes faits que dans l'exemple 1, à ceci près que, selon les lois des Juridictions A et B, la résidence à des fins fiscales est déterminée par référence au siège de direction effective. Aussi, la société est résidente uniquement de la Juridiction B.

- Exemple 4 : Mêmes faits que dans l'exemple 1, à ceci près que, selon les lois de la Juridiction A, la résidence à des fins fiscales est déterminée par référence au siège de direction effective et, selon les lois de la Juridiction B, par référence au lieu de constitution. Aussi, la société n'est résidente ni de la Juridiction A, ni de la Juridiction B.

9.   Les juridictions partenaires sont tenues d'aider les contribuables à déterminer leur(s) résidence(s) à des fins fiscales et de leur communiquer des informations à ce sujet. Pour ce faire, elles peuvent par exemple utiliser les différents canaux de transmission d'informations ou d'orientations aux contribuables sur l'application de la législation fiscale (téléphone, bureau d'accueil, Internet par exemple). L'OCDE s'efforcera de faciliter la diffusion de ces informations.

10.   Comme le précise la définition de l'expression « Personne d'une Juridiction soumise à déclaration », une Entité telle qu'une société de personnes, une société à responsabilité limitée ou une structure juridique similaire qui n'a pas de résidence à des fins fiscales doit être considérée comme établie dans la juridiction où se situe son siège de direction effective (voir le paragraphe 109 des Commentaires sur la section VIII). Si tel est le cas et si une telle Entité certifie ne pas avoir de résidence à des fins fiscales, l'alinéa A(1)(b) autorise les Institutions financières déclarantes à se fonder sur l'adresse de son établissement principal afin de déterminer sa résidence (voir le paragraphe 153 des Commentaires sur la section VIII). Parmi les Entités qui n'ont pas de résidence à des fins fiscales, citons par exemple celles considérées comme fiscalement transparentes, et celles qui présentent les mêmes caractéristiques que celles décrites dans l'exemple 4 au paragraphe 8 ci-dessus.

Validité des auto-certifications

11.   Comme l'indique le paragraphe 7 des Commentaires sur la section IV, une « auto-certification » est une certification du Titulaire du compte qui indique son statut et fournit des renseignements supplémentaires que l'Institution financière déclarante est fondée à demander pour se conformer à ses obligations de diligence raisonnable et de déclaration, comme le fait de savoir si le Titulaire du compte est résident à des fins fiscales dans une Juridiction soumise à déclaration ou s'il est une ENF passive. S'agissant de Nouveaux comptes d'entité, une auto-certification est valide uniquement si elle satisfait aux exigences applicables à la validité des auto-certifications pour les Comptes d'entité préexistants (voir les paragraphes 14 à 18 des Commentaires sur la section V). Il en va de même pour la rectification des erreurs dans les auto-certifications, la nécessité de se procurer des auto-certifications en procédant compte par compte, et la documentation réunie par d'autres personnes.

Vraisemblance des auto-certifications

12.   Comme l'indique le paragraphe 4 ci-dessus, au moment de l'ouverture de compte, lorsqu'elle a obtenu une auto-certification qui lui permet de déterminer la ou les résidences du Titulaire du compte à des fins fiscales, l'Institution financière déclarante doit confirmer la vraisemblance de cette auto-certification en s'appuyant sur les renseignements obtenus dans le cadre de l'ouverture du compte, y compris les documents recueillis en application des procédures visant à identifier les clients et à lutter contre le blanchiment (test de vraisemblance).

13.   On considère qu'une Institution financière déclarante a vérifié la vraisemblance d'une auto-certification si, au cours des procédures d'ouverture de compte et lors de l'examen des renseignements obtenus dans le cadre de l'ouverture du compte (y compris les documents recueillis en application des procédures visant à identifier les clients et à lutter contre le blanchiment), elle ne pense pas ou n'a pas de raisons de savoir que l'auto-certification est inexacte ou n'est pas fiable (voir les paragraphes 2 et 3 des Commentaires sur la section VII). Les Institutions financières déclarantes ne sont pas tenues de mener une analyse juridique indépendante de la législation fiscale applicable pour confirmer la vraisemblance d'une auto-certification.

14.   Les exemples suivants illustrent l'application du test de vraisemblance :

• Exemple 1 : Une Institution financière déclarante obtient une auto-certification du Titulaire du compte au moment de l'ouverture du compte. L'adresse qui y figure est différente de celle indiquée dans les documents recueillis en application des procédures AML/KYC. En raison de cette divergence, l'auto-certification est inexacte ou n'est pas fiable et, par conséquent, échoue au test de vraisemblance.

- Exemple 2 : Une Institution financière déclarante obtient une auto-certification du Titulaire du compte au moment de l'ouverture du compte. Les documents recueillis en application des procédures AML/KYC se contentent d'indiquer le lieu de constitution du Titulaire du compte. Dans l'auto-certification, le Titulaire du compte prétend être résident à des fins fiscales d'une juridiction différente de celle où il s'est constitué. Le Titulaire du compte explique à l'Institution financière déclarante qu'en vertu des lois fiscales applicables, sa résidence à des fins fiscales est déterminée par référence au siège de direction effective, et que la juridiction où se situe sa direction effective diffère de celle dans laquelle il s'est constitué. Compte tenu de l'explication plausible de ces informations contradictoires, l'auto-certification n'est pas considérée comme inexacte ou non fiable et, par conséquent, passe avec succès le test de vraisemblance.

15. Si une auto-certification échoue au test de vraisemblance, l'Institution financière déclarante est tenue de se procurer une nouvelle auto-certification valide au cours des procédures d'ouverture de compte.

Alinéa A(2) – Procédure d'examen pour les Personnes détenant le contrôle

16. L'alinéa A(2) contient une procédure d'examen permettant de déterminer si un Nouveau compte d'entité est détenu par une ou plusieurs Entités qui sont des ENF passives dont une ou plusieurs Personnes qui en détiennent le contrôle sont des Personne devant faire l'objet d'une déclaration. Si l'une ou l'autre des Personnes qui détiennent le contrôle d'une ENF passive est une Personne devant faire l'objet d'une déclaration, le compte doit être considéré comme un Compte déclarable (même si la Personne qui en détient le contrôle réside dans la même juridiction que l'ENF passive).

17. Pour ce faire, l'Institution financière déclarante doit suivre les orientations mentionnées aux alinéas A(2)(a) à (c) dans l'ordre le plus approprié aux circonstances. Ces alinéas visent à déterminer :

   a) si le Titulaire du compte est une ENF passive ;

   b) les Personnes qui détiennent le contrôle de cette ENF passive ; et

   c) si l'une ou l'autre de ces Personnes détenant le contrôle est une Personne devant faire l'objet d'une déclaration.

18. Pour déterminer si le Titulaire du compte est une ENF passive, conformément à l'alinéa A(2)(a), l'Institution financière déclarante doit se fonder sur une auto-certification du Titulaire du compte établissant son statut, sauf si elle détermine avec une certitude suffisante sur la base de renseignements en sa possession ou qui sont accessibles au public (voir

le paragraphe 12 des Commentaires sur la section V) que le Titulaire du compte est une ENF active ou une Institution financière autre qu'une Entité d'investissement gérée par des professionnels non partenaire (une Entité d'investissement décrite à l'alinéa A(6)(b) de la section VIII qui n'est pas une Institution financière d'une Juridiction partenaire). Cette auto-certification doit satisfaire aux exigences de validité applicables aux Comptes d'entité préexistants (voir le paragraphe 11 ci-dessus). Comme l'indique le paragraphe 18 des Commentaires sur la section IV, une Institution financière déclarante peut se fonder sur l'auto-certification fournie par un client pour un autre compte si les deux comptes sont considérés comme un seul et même compte aux fins de l'application des critères de connaissance visés au paragraphe A de la section VII. Une Institution financière déclarante qui ne parvient pas à déterminer que le Titulaire du compte est une ENF active ou une Institution financière autre qu'une Entité d'investissement gérée par des professionnels non partenaire doit en déduire qu'il est une ENF passive.

19.　　Pour déterminer les Personnes détenant le contrôle d'un Titulaire de compte, conformément à l'alinéa A(2)(b), une Institution financière déclarante peut se fonder sur les informations collectées et conservées dans le cadre des procédures visant à identifier les clients et à lutter contre le blanchiment (AML/KYC).

20.　　Pour déterminer si une Personne qui détient le contrôle d'une ENF passive est une Personne devant faire l'objet d'une déclaration, une Institution financière déclarante peut uniquement se fonder sur une auto-certification provenant du Titulaire du compte ou de la Personne qui détient le contrôle (voir les paragraphes 22 et 23 des Commentaires sur la section V).

21.　　Si un changement de circonstances (voir le paragraphe 17 des Commentaires sur la section III) concernant un Nouveau compte d'entité se produit et a pour conséquence que l'Institution financière déclarante sait ou a tout lieu de savoir que l'auto-certification ou un autre document associé à un compte est inexact ou n'est pas fiable, elle doit déterminer à nouveau le statut du compte en suivant les procédures décrites au paragraphe 27 des Commentaires sur la section V.

Commentaires sur la section VII
concernant les règles de diligence raisonnable particulières

1.   Cette section définit des règles de diligence raisonnable particulières que les Institutions financières déclarantes doivent appliquer en plus des règles de diligence raisonnable générales visées à la section II et des éventuelles procédures de diligence raisonnable particulières applicables aux comptes détenus auprès d'elles. Ces règles recouvrent les critères de connaissance applicables à l'auto-certification et aux pièces justificatives, la procédure de diligence raisonnable alternative pour les Contrats d'assurance avec valeur de rachat et les Contrats de rente détenus par des personnes physiques bénéficiaires, et les règles d'agrégation des soldes de comptes et de conversion monétaire.

Paragraphe A – Recours aux auto-certifications et aux pièces justificatives

2.   Le paragraphe A décrit les critères de connaissance applicables aux auto-certifications et aux pièces justificatives. Il dispose qu'une Institution financière déclarante ne peut pas se fier à une auto-certification ou à une pièce justificative si elle sait (elle en a la connaissance effective) ou a tout lieu de savoir que cette auto-certification ou cette pièce justificative est inexacte ou n'est pas fiable.

3.   Une Institution financière déclarante a tout lieu de savoir qu'une auto-certification ou une pièce justificative est inexacte ou n'est pas fiable si sa connaissance de faits pertinents ou d'éléments figurant dans l'auto-certification ou dans un autre document, y compris la connaissance des chargés de clientèle éventuellement concernés (voir les paragraphes 38-42 et 50 des Commentaires sur la section III), est telle qu'une personne raisonnablement prudente se trouvant dans la situation de l'Institution financière déclarante remettrait en question l'allégation formulée. Une Institution financière déclarante a également tout lieu de savoir qu'une auto-certification ou une pièce justificative est inexacte ou n'est pas fiable si la documentation ou les dossiers de comptes de l'Institution financière déclarante contiennent des informations qui ne cadrent pas avec le statut allégué par la personne.

Critères de connaissance applicables aux auto-certifications

4.   Une Institution financière déclarante a tout lieu de savoir qu'une auto-certification fournie par une personne est inexacte ou n'est pas fiable s'il manque un élément pertinent pour vérifier les allégations formulées par cette personne, si elle contient des informations qui ne concordent pas avec les allégations, ou si l'Institution financière déclarante détient d'autres informations sur le compte qui ne correspondent pas aux allégations. On considère qu'une Institution financière déclarante qui a recours à un prestataire de service pour examiner et gérer une auto-certification sait ou a tout lieu de savoir quels sont les faits dont le prestataire de service a connaissance.

Critères de connaissance applicables aux pièces justificatives

5.   Une Institution financière déclarante ne peut pas se fier à une pièce justificative fournie par une personne si cette pièce justificative n'établit pas avec un degré de certitude suffisant l'identité de la personne qui la produit. Par exemple, une pièce justificative n'est pas fiable si elle est produite en personne par un individu et si la photographie ou la signature qui y figure ne correspond pas à l'apparence ou à la signature de la personne qui présente le document. Une Institution financière déclarante ne peut pas se fier à une pièce justificative si celle-ci contient des informations qui ne concordent pas avec le statut allégué de cette personne, si l'Institution détient d'autres informations sur le compte qui ne cadrent pas avec le statut de la personne, ou si la pièce justificative ne contient pas les informations nécessaires pour établir le statut de la personne.

6.   Une Institution financière déclarante n'est pas tenue de se fier à des états financiers vérifiés pour établir qu'un Titulaire de compte respecte un certain seuil d'actifs. Si toutefois elle décide de le faire, elle a tout lieu de savoir que le statut allégué est inexact ou n'est pas fiable uniquement si le total des actifs qui ressort des états financiers vérifiés du Titulaire de compte ne respecte pas les seuils autorisés, ou si les notes ou notes de bas de page aux états financiers indiquent que le Titulaire de compte ne réunit pas les conditions requises pour bénéficier du statut qu'il revendique. Si une Institution financière déclarante décide de se fier à des états financiers vérifiés pour établir que le Titulaire de compte est une ENF active, elle devra examiner le bilan et le compte de résultats en vue de déterminer si le Titulaire de compte respecte les seuils de revenu et d'actifs définis à l'alinéa D(9)(a) de la section VIII, et parcourir les notes ou notes de bas de page aux états financiers pour savoir si le Titulaire de compte est une Institution financière. Si une Institution financière déclarante décide de se fier à des états financiers vérifiés pour établir un statut d'un Titulaire de compte qui ne nécessite pas le respect d'un seuil d'actifs ou de revenu, elle devra examiner uniquement

les notes ou notes de bas de page aux états financiers pour déterminer si ces états financiers confirment le statut revendiqué. Si une Institution financière déclarante décide de ne pas se fier à des états financiers vérifiés pour établir le statut du Titulaire de compte (parce qu'elle dispose d'autres documents qui établissent ce statut, par exemple), elle n'est pas tenue de soumettre ces états financiers à une évaluation indépendante pour la seule raison qu'elle a réuni ces états financiers vérifiés au cours de ses procédures d'ouverture de compte ou d'autres procédures.

7.   Une Institution financière déclarante n'est pas tenue de se fier à des documents d'organisation pour établir qu'une Entité a un statut particulier. Toutefois, si elle décide de le faire, elle devra examiner ces documents uniquement dans la mesure nécessaire pour prouver que les exigences applicables à un statut particulier sont satisfaites et que le document a été signé, mais ne sera pas tenue d'examiner le reste des documents.

Limites aux raisons de savoir

8.   Pour déterminer si une Institution financière déclarante qui gère un Compte d'entité préexistant a tout lieu de savoir que le statut appliqué à l'Entité est inexact ou n'est pas fiable, elle est uniquement tenue d'examiner les informations qui ne concordent pas avec le statut allégué si ces informations figurent dans le dossier principal du client dans sa version actuelle, l'auto-certification et les pièces justificatives les plus récentes concernant cette personne, la convention d'ouverture de compte la plus récente, et la documentation la plus récente obtenue par l'Institution financière déclarante en application des procédures visant à identifier les clients et à lutter contre le blanchiment (AML/KYC) ou pour d'autres raisons légales.

9.   Une Institution financière déclarante qui gère plusieurs comptes pour une même personne aura tout lieu de savoir qu'un statut de cette personne est inexact en se basant sur des informations relatives à un autre compte détenu par cette même personne uniquement dans la mesure où les comptes doivent être agrégés en vertu des règles définies au paragraphe C de la section VII concernant l'agrégation des comptes ou sont considérés comme un seul et même compte en application des critères de connaissance définis au paragraphe A de la section VII.

10.   Une Institution financière déclarante ne doit pas conclure ou n'a pas de bonnes raisons de savoir qu'une auto-certification ou une pièce justificative est inexacte ou n'est pas fiable uniquement du fait d'un changement d'adresse dans la même juridiction que celle où se trouvait l'adresse précédente. En outre, une Institution financière déclarante ne doit pas conclure ou n'a pas de bonnes raisons de savoir qu'une auto-certification

ou une pièce justificative est inexacte ou n'est pas fiable uniquement parce qu'elle découvre des indices énumérés aux alinéas B(2)(c) à (e) de la section III et que ces indices ne cadrent pas avec l'auto-certification ou avec la pièce justificative. Les exemples suivants illustrent l'application des limites aux critères de connaissance :

- Exemple 1 : A, une banque qui est une Institution financière déclarante, gère un Compte de dépôt pour P, un Titulaire de compte qui est une personne physique. Le Compte de dépôt est un Compte préexistant et A s'est fiée à l'adresse de P figurant dans ses dossiers, étayée par son passeport et par une facture obtenue lors de l'ouverture du compte, pour établir que P est résident à des fins fiscales de la juridiction X (application du test de l'adresse de résidence). Cinq ans plus tard, P remet une procuration à sa sœur, qui vit dans la juridiction Y, pour gérer son compte. Le fait que P ait donné cette procuration ne suffit pas pour conduire A à penser que la pièce justificative sur laquelle elle s'est fondée pour considérer P comme résident de la juridiction X est inexacte ou n'est pas fiable.

- Exemple 2 : B, une société d'assurance qui est une Institution financière déclarante, a conclu un Contrat d'assurance avec valeur de rachat avec Q. Sachant que ce contrat est un Nouveau compte de personne physique, B s'est procuré une auto-certification auprès de Q dont elle a vérifié la vraisemblance en s'appuyant sur la documentation obtenue de Q en application des procédures visant à identifier les clients et à lutter contre le blanchiment (AML/KYC). L'auto-certification confirme que Q est résident à des fins fiscales de la juridiction V. Deux ans après que B a conclu le contrat avec Q, Q fournit à B un numéro de téléphone dans la juridiction W. Bien que les dossiers sur Q dont B disposait ne contenaient pas de numéro de téléphone, le simple fait d'obtenir un numéro de téléphone dans la juridiction W ne constitue pas une raison de savoir que l'auto-certification d'origine est inexacte ou n'est pas fiable.

Paragraphe B – Procédures alternatives pour les Contrats avec valeur de rachat et les Contrats de rente

11. Le paragraphe B contient une procédure alternative applicable aux Contrats avec valeur de rachat et aux Contrats de rente détenus par des personnes physiques bénéficiaires qui simplifie les procédures de diligence raisonnable généralement applicables. Une Institution financière déclarante peut présumer que le bénéficiaire d'un Contrat d'assurance avec valeur de rachat ou d'un Contrat de rente (autre que le souscripteur) qui perçoit un capital à la suite d'un décès n'est pas une Personne devant faire l'objet d'une déclaration et peut considérer que ce Compte financier n'est pas un Compte

déclarable à moins que l'Institution financière déclarante ait effectivement connaissance du fait que le bénéficiaire du capital est une Personne devant faire l'objet d'une déclaration ou ait tout lieu de le savoir.

12. Une Institution financière déclarante a tout lieu de savoir que le bénéficiaire du capital d'un Contrat d'assurance avec valeur de rachat ou d'un Contrat de rente est une Personne devant faire l'objet d'une déclaration si les informations recueillies par l'Institution financière déclarante et associées au bénéficiaire comprennent des indices visés au paragraphe B de la section III. Si une Institution financière déclarante sait, ou a tout lieu de savoir, que le bénéficiaire est une Personne devant faire l'objet d'une déclaration, elle doit suivre les procédures énoncées au paragraphe B de la section III.

13. Une procédure alternative analogue à celle décrite peut être nécessaire pour certains Contrats d'assurance avec valeur de rachat ou certains Contrats de rente de groupe financés par les employeurs. Lorsqu'un contrat d'assurance ou un contrat de rente de groupe est passé avec un employeur et que les salariés sont les assurés/bénéficiaires, la société d'assurance n'a pas de relation directe avec les salariés/les détenteurs de certificat à la naissance du contrat. Les juridictions qui souhaitent prévoir une telle procédure peuvent inclure la disposition suivante :

Une Institution financière déclarante peut considérer qu'un Compte financier qui correspond à la participation d'un membre à un Contrat d'assurance de groupe avec valeur de rachat ou un Contrat de rente de groupe est un Compte financier non déclarable jusqu'à la date à laquelle une somme est due au salarié/détenteur de certificat ou bénéficiaire si ce Compte financier satisfait aux conditions suivantes :

a) le Contrat d'assurance de groupe avec valeur de rachat ou le Contrat de rente de groupe est conclu avec un employeur et couvre au moins vingt-cinq salariés/détenteurs de certificat ;

b) les salariés/détenteurs de certificat sont fondés à percevoir des prestations contractuelles correspondant à leurs participations et à désigner des bénéficiaires des prestations payables à leur décès ; et

c) la somme totale payable à un salarié/détenteur de certificat ou bénéficiaire ne dépasse pas 1 000 000 USD.

L'expression « Contrat d'assurance de groupe avec valeur de rachat » désigne un Contrat d'assurance avec valeur de rachat qui (i) couvre des personnes affiliées par le biais d'un employeur, d'une association professionnelle, d'un syndicat, d'une autre association ou d'un autre groupe ; et (ii) facture une prime pour chaque membre du groupe (ou chaque membre d'une catégorie au sein de ce groupe) calculée sans tenir compte de caractéristiques de santé autres que l'âge, le sexe et la consommation de tabac du membre (ou de la catégorie de membres) du groupe. L'expression « Contrat de rente de groupe » désigne un Contrat de rente aux termes duquel les créanciers sont des personnes physiques affiliées par le biais d'un employeur, d'une association professionnelle, d'un syndicat, d'une autre association ou d'un autre groupe.

Paragraphe C – Agrégation des soldes de compte et règles de conversion monétaire

Alinéas C(1) à (3) – Règles d'agrégation des soldes de compte

14.   Les alinéas C(1) à (3) contiennent les règles d'agrégation des soldes de compte que les Institutions financières déclarantes doivent suivre afin de déterminer le solde ou la valeur totale des Comptes financiers.

15.   Les première et deuxième règles sont identiques, sauf que la première s'applique aux Comptes financiers détenus par une personne physique et la deuxième à ceux détenus par une Entité. Elles disposent ce qui suit :

- une Institution financière déclarante doit additionner (ou prendre en compte) les soldes de tous les Comptes financiers détenus auprès d'elle ou auprès d'une Entité liée, mais uniquement dans la mesure où ses systèmes informatiques établissent un lien entre ces comptes grâce à une donnée telle que le numéro de client ou le NIF, et permettent ainsi d'effectuer l'agrégation des soldes ou des valeurs des comptes.

- chaque Titulaire d'un compte joint se voit attribuer le total du solde ou de la valeur de ce compte aux fins de l'application de ces règles.

16.   La troisième règle d'agrégation des soldes de compte est une règle particulière applicable pour déterminer si un Compte financier est de valeur élevée. En vertu de cette règle, une Institution financière déclarante doit, outre les autres règles d'agrégation, additionner les soldes de tous les Comptes financiers, lorsqu'un chargé de clientèle sait ou a tout lieu de savoir que ces comptes appartiennent directement ou indirectement à la même personne ou qu'ils sont contrôlés ou ont été ouverts par la même personne (sauf en cas d'ouverture à titre fiduciaire) (voir le paragraphe 3 ci-dessus et les paragraphes 38 à 42 des Commentaires sur la section III). Cela implique d'agréger tous les comptes que le chargé de clientèle a associés les uns aux autres par le biais d'un nom, d'un code client, d'un numéro d'identification de client, d'un NIF ou d'un indicateur similaire, ou que le chargé de clientèle associerait habituellement en application des procédures prévues par l'Institution financière (ou par le département, la division ou la section à laquelle le chargé de clientèle est rattaché).

17.   Le droit interne de certains pays n'autorise pas l'application des règles d'agrégation des soldes de compte visées aux alinéas C(1) à (3). Par exemple, les systèmes informatiques d'une Institution financière déclarante peuvent être en mesure d'établir un lien entre tous les Comptes financiers détenus auprès d'elle et de ses Entités liées, mais le droit interne peut empêcher une ou plusieurs de ces Entités liées de communiquer les données personnelles du Titulaire de compte avec l'Institution financière déclarante. En pareil cas, l'Institution financière déclarante est tenue d'appliquer les règles d'agrégation définies aux alinéas C(1) à (3), mais uniquement dans la mesure où le droit interne l'autorise.

18.   Les exemples suivants illustrent l'application des règles d'agrégation des soldes de compte :

- Exemple 1 (l'Institution financière déclarante n'est pas tenue d'agréger les comptes) : Une Entité U détient un Compte de dépôt auprès de AP, une banque d'affaires qui est une Institution financière déclarante. Le solde du compte de U à la fin de l'année 1 est de 160 000 USD. U détient également un autre Compte de dépôt auprès de AP, présentant un solde de 165 000 USD à la fin de l'année 1. Les banques de AP qui mènent des activités de banque de détail partagent des systèmes informatisés de gestion de l'information, mais les comptes de U ne sont pas associés les uns aux autres dans le système informatisé commun. Étant donné que les comptes ne sont pas associés dans son système, AP n'est pas tenue d'agréger les soldes de compte aux termes des alinéas C(2) et (3), et les deux comptes peuvent prétendre à l'exception visée au paragraphe A de la section V car aucun ne dépasse le seuil de 250 000 USD.

- Exemple 2 (l'Institution financière déclarante est tenue d'agréger les comptes) : Mêmes faits que dans l'exemple 1, sauf que les deux comptes de dépôt de U sont associés à U et liés entre eux par référence au numéro d'identification interne de AP. Le système indique les soldes des deux comptes, qui peuvent être agrégés par électronique, bien que le solde combiné des comptes n'apparaisse pas. Pour déterminer si ces comptes relèvent de l'exception visée au paragraphe A de la section V pour les comptes dont le solde ou la valeur n'excède pas 250 000 USD, AP doit additionner les soldes de tous les comptes de dépôt en appliquant les règles d'agrégation. Selon ces règles, U est considérée comme détentrice de comptes de dépôt auprès d'AP présentant un solde total de 325 000 USD. Par conséquent, aucun des comptes ne peut prétendre à l'exception, puisqu'une fois agrégés, ils dépassent le seuil de 250 000 USD.

- Exemple 3 (règles d'agrégation de comptes joints détenus auprès d'une Institution financière déclarante) : L'année 1, une personne physique U détient un Compte conservateur qui est un compte préexistant auprès de l'Établissement gérant des dépôts de titres SH, une Institution financière déclarante. Le compte de U auprès de SH présente un solde de 700 000 USD en fin d'année 1. U détient également un Compte conservateur qui est un compte préexistant en commun avec sa sœur A auprès d'un autre Établissement gérant des dépôts de titres SH2. Ce compte commun présente également un solde de 700 000 USD en fin d'année 1. SH et SH2 sont des Entités liées qui partagent des systèmes informatisés de gestion de l'information. Le compte de U auprès de SH et le compte de U et de A auprès de SH2 sont associés à U et liés entre eux par référence au numéro d'identification interne de SH, et le système autorise l'agrégation des soldes. Pour déterminer si ces comptes répondent à la définition d'un « Compte de valeur élevée », SH doit additionner les soldes des comptes détenus en tout ou partie par le même Titulaire en appliquant les règles d'agrégation. Selon ces règles, U est considérée comme détentrice de comptes financiers auprès de SH et de SH2, qui présentent chacun un solde cumulé de 1 400 000 USD. Par conséquent, les deux comptes de U sont des comptes de valeur élevée. A est uniquement considérée comme détentrice d'un Compte financier auprès de SH2 présentant un solde de 700 000 USD puisqu'elle n'est pas détentrice du Compte conservateur de U auprès de SH. Par conséquent, le compte de A est un compte de faible valeur.

19.   Les exemples supplémentaires suivants illustrent l'application de la règle d'agrégation particulière visant les chargés de clientèle :

- Exemple 1 (comptes détenus par une ENF passive et par l'une des Personnes qui en détiennent le contrôle) : T, une ENF passive, détient un Compte de dépôt auprès de A, une banque d'affaires qui est une Institution financière déclarante. N, une des Personnes détenant le contrôle de T, détient également un Compte de dépôt auprès de A. Ces deux comptes sont associés à N et l'un à l'autre par référence au numéro d'identification interne de A. En outre, A a attribué un chargé de clientèle à N. Étant donné que les comptes sont associés dans le système de A et par un chargé de clientèle, A est tenue d'agréger leurs soldes en vertu des alinéas C(1) à (3).

- Exemple 2 (comptes détenus par des ENF passives différentes dont une des Personnes qui en détiennent le contrôle est identique) : Mêmes faits que dans l'exemple 1. En outre, une autre ENF passive, I, détient un Compte de dépôt auprès de A. N est également une des Personnes détenant le contrôle de I. Le compte de I n'est pas associé à N ni aux comptes de T et de N par référence au numéro d'identification interne de A. Étant donné que les comptes sont associés par un chargé de clientèle, A est tenue d'agréger leurs soldes en vertu des alinéas C(1) à (3).

Alinéa C(4) – Règle de conversion monétaire

20.   L'alinéa C(4) contient la règle de conversion monétaire, selon laquelle tous les montants sont exprimés en dollars des États-Unis et renvoient à leur contre-valeur en d'autres monnaies, conformément au droit interne. Lorsqu'elles appliquent la Norme commune de déclaration, les juridictions sont tenues d'utiliser les montants équivalents dans leur monnaie aux seuils en dollars américains décrits dans la Norme. Néanmoins, elles ne sont pas tenues d'utiliser exactement les montants équivalents aux montants seuils en dollars employés dans la Norme ; des montants approximatifs suffisent.

21.   Lorsqu'elles appliquent la Norme commune de déclaration, les juridictions peuvent autoriser des Institutions financières déclarantes à appliquer les montants seuils en dollar américain indiqués dans la Norme parallèlement aux montants équivalents dans d'autres monnaies. Cela permettrait aux Institutions financières présentes dans plusieurs juridictions d'appliquer les seuils dans la même monnaie dans l'ensemble des juridictions où elles exercent des activités.

Commentaires sur la section VIII
concernant les définitions des termes

1.   La Section VIII contient les définitions, regroupées autour de cinq thèmes : A) Institution financière déclarante, B) Institution financière non déclarante, C) Compte financier, D) Compte déclarable et E) Divers.

Paragraphe A – Institution financière déclarante

Alinéas A(1) et (2) – Institution financière déclarante

Institution financière déclarante

2.   Aux termes de l'alinéa A(1), l'expression « Institution financière déclarante » désigne toute Institution financière d'une Juridiction partenaire qui n'est pas une Institution financière non déclarante. Par conséquent, pour qu'une Institution financière soit une Institution financière déclarante, il faut, premièrement, qu'elle soit une Institution financière d'une Juridiction partenaire et, deuxièmement, qu'elle ne soit pas une Institution financière non déclarante. Le paragraphe B précise la signification de l'expression « Institution financière non déclarante » à l'aide de plusieurs définitions.

Institution financière d'une Juridiction partenaire

3.   L'expression « Institution financière d'une Juridiction partenaire » est définie à l'alinéa A(2) comme suit :

*   toute Institution financière résidente d'une Juridiction partenaire, à l'exclusion de toute succursale de cette Institution financière située en dehors du territoire de cette Juridiction partenaire, et

*   toute succursale établie dans une Juridiction partenaire d'une Institution financière elle-même non résidente de cette Juridiction partenaire.

4.   À cette fin, une Institution financière est résidente d'une Juridiction partenaire si elle relève de la compétence de cette Juridiction partenaire (autrement dit, si la Juridiction partenaire est en mesure d'imposer à

l'Institution financière le respect de ses obligations déclaratives). De manière générale, lorsqu'une Institution financière est résidente à des fins fiscales d'une Juridiction partenaire, elle relève de la compétence de cette Juridiction partenaire et constitue donc une Institution financière d'une Juridiction partenaire. Néanmoins, lorsqu'une Institution financière n'a pas de résidence à des fins fiscales (par exemple parce qu'elle est considérée comme étant fiscalement transparente, ou parce qu'elle est établie dans une juridiction où il n'existe pas d'impôt sur le revenu), elle est considérée comme relevant de la compétence d'une Juridiction partenaire et elle constitue donc une Institution financière d'une Juridiction partenaire si :

a) elle est constituée en société conformément à la législation de la Juridiction partenaire ;

b) son siège de direction (y compris son siège de direction effective) se trouve dans la Juridiction partenaire ; ou

c) elle est soumise à la surveillance financière de la Juridiction partenaire.

Dans ce contexte, le terme « Juridiction partenaire » fait référence à une juridiction qui a mis en œuvre la Norme commune de déclaration.

5.   Lorsqu'une Institution financière réside dans deux Juridictions partenaires ou plus, cette Institution financière est tenue de s'acquitter des obligations déclaratives et de diligence raisonnable imposées par la Juridiction partenaire dans laquelle elle tient le(s) Compte(s) financier(s) considéré(s).

6.   On entend par « succursale » une unité, une activité ou un bureau d'une Institution financière traité comme une succursale en vertu de la réglementation d'une juridiction, ou qui est régi par la législation d'une juridiction en tant qu'entité distincte des autres bureaux, unités ou succursales de l'Institution financière considérée. Une succursale peut être une unité, une activité ou un bureau d'une Institution financière établi dans une juridiction où cette Institution financière est résidente, ou une unité, une activité ou un bureau d'une Institution financière établi dans la juridiction où cette Institution financière a été créée ou dont le droit la régit. L'ensemble des unités, activités ou bureaux d'une Institution financière déclarante se trouvant dans une seule et même juridiction seront traités comme une seule et même succursale.

Alinéas A(3) à (8) – Institution financière

7.   L'expression « Institution financière » désigne un Établissement gérant des dépôts de titres, un Établissement de dépôt, une Entité d'investissement ou un Organisme d'assurance particulier, suivant la définition qui figure à l'alinéa A(3).

8.   Le fait qu'une Entité relève ou non des lois et règlements financiers d'une Juridiction partenaire, ou qu'elle soit soumise ou non à la surveillance et à l'examen d'organismes chargés du contrôle réglementaire des Institutions financières, est un élément pertinent, mais pas nécessairement déterminant, pour établir si cette Entité constitue une Institution financière au sens de l'alinéa A(3).

Établissement gérant des dépôts de titres

9.   Selon l'alinéa A(4), l'expression « Établissement gérant des dépôts de titres » désigne toute Entité dont une part substantielle de l'activité consiste à détenir des Actifs financiers pour le compte de tiers.

10.   Ce critère de « part substantielle » est précisé au même alinéa. On considère qu'une part substantielle de l'activité d'une Entité consiste à détenir des Actifs financiers pour le compte de tiers si les revenus bruts de cette Entité attribuables à la détention d'Actifs financiers et aux services financiers connexes sont supérieurs ou égaux à 20 % des revenus bruts de l'Entité durant la plus courte des deux périodes suivantes :

- la période de trois ans qui s'achève le 31 décembre (ou le dernier jour d'un exercice comptable décalé) précédant l'année au cours de laquelle le calcul est effectué, ou

- la période d'existence de l'Entité si celle-ci est inférieure à trois ans.

Les revenus « attribuables à la détention d'Actifs financiers et aux services financiers connexes » recouvrent les frais de garde, de tenue de compte et de virement ; les commissions et frais perçus au titre de l'exécution et de la tarification des transactions sur titres relatives aux Actifs financiers conservés ; les revenus tirés de l'octroi à des clients de crédits liés aux Actifs financiers conservés (ou acquis *via* l'octroi de ces crédits) ; les revenus retirés des écarts entre les cours acheteur et vendeur des Actifs financiers conservés ; ainsi que les frais perçus au titre des conseils financiers fournis concernant les Actifs financiers conservés (ou susceptibles de l'être) par l'Entité considérée et des services de dénouement et de règlement de transactions.

11.   Les Entités qui gardent des Actifs financiers pour le compte de tiers, telles que des banques dépositaires, des courtiers et des dépositaires centraux de titres, seront généralement considérées comme des Établissements gérant des dépôts de titres. Les Entités qui ne détiennent pas d'Actifs financiers pour le compte de tiers, comme les courtiers d'assurance, ne constitueront pas des Établissements gérant des dépôts de titres.

Établissement de dépôt

12.   Selon l'alinéa A(5), l'expression « Établissement de dépôt » désigne toute Entité qui accepte des dépôts dans le cadre habituel d'une activité bancaire ou d'activités semblables.

13.   On considère qu'une Entité exerce « une activité bancaire ou [des] activités semblables » si, dans le cadre habituel de ses relations commerciales avec ses clients, l'Entité accepte des dépôts ou d'autres placements de fonds similaires et exerce régulièrement une ou plusieurs des activités suivantes :

a) elle accorde des prêts personnels, des prêts hypothécaires, des prêts aux entreprises ou d'autres prêts, ou octroie d'autres crédits ;

b) elle achète, vend, escompte ou négocie des comptes débiteurs, des obligations à versements échelonnés, des billets, des traites, des chèques, des lettres de change, des acceptations ou d'autres titres de créance ;

c) elle émet des lettres de crédit et négocie les traites tirées en conséquence ;

d) elle fournit des services fiduciaires ;

e) elle finance des opérations de change ; ou

f) elle conclut, achète ou cède des contrats de location-financement ou des actifs donnés à bail.

Une Entité n'est pas considérée comme exerçant une activité bancaire ou des activités semblables si ladite Entité accepte uniquement des dépôts de personnes à titre de garantie ou de sûreté dans le cadre de la vente ou de la location d'un bien, ou dans le cadre d'un montage financier similaire entre une telle Entité et la personne détenant le dépôt effectué auprès de cette Entité.

14.   Les caisses d'épargne, les banques commerciales, les associations d'épargne et de prêt et les coopératives de crédit seront généralement considérées comme des Établissements de dépôt. Néanmoins, on détermine si une Entité exerce une activité bancaire ou des activités semblables en fonction de la nature des activités effectives de cette Entité.

Entité d'investissement

15.   L'expression « Entité d'investissement » désigne deux types d'Entités : les Entités qui exercent comme activité principale des activités ou opérations d'investissement pour le compte de tiers, et les Entités qui sont gérées par ces Entités ou d'autres Institutions financières.

16.   Selon l'alinéa A(6)(a), l'expression « Entité d'investissement » désigne toute Entité qui exerce comme activité principale une ou plusieurs des activités ou opérations suivantes au nom ou pour le compte d'un client :

a)   transactions sur les instruments du marché monétaire (chèques, billets, certificats de dépôt, instruments dérivés, etc.), le marché des changes, les instruments sur devises, taux d'intérêt et indices, les valeurs mobilières ou les marchés à terme de marchandises ;

b)   gestion individuelle ou collective de portefeuille ; ou

c)   autres opérations d'investissement, d'administration ou de gestion de fonds ou d'argent pour le compte de tiers.

Ces activités ou opérations n'incluent pas la fourniture à un client de prestations exclusivement limitées au conseil en placement.

17.   L'alinéa A(6)(b) définit le second type d'« Entité d'investissement » comme toute Entité dont les revenus bruts proviennent principalement d'une activité d'investissement, de réinvestissement ou de négociation d'Actifs financiers, si l'Entité est gérée par une autre Entité qui est un Établissement de dépôt, un Établissement gérant des dépôts de titres, un Organisme d'assurance particulier ou une Entité d'investissement décrite à l'alinéa A(6)(a). Une Entité est « gérée par » une autre Entité si l'Entité gestionnaire exerce, soit directement, soit par l'intermédiaire d'un autre prestataire de services, l'une ou l'autre des activités ou opérations décrites à l'alinéa A(6)(a) pour le compte de l'Entité gérée. Néanmoins, une Entité ne gère pas une autre Entité si elle ne détient pas le pouvoir discrétionnaire de gérer les actifs de celle-ci (en tout ou partie). Lorsqu'une Entité est gérée par un ensemble d'Institutions financières, d'Entités non financières (ENF) ou de personnes physiques, cette Entité est considérée comme gérée par une autre Entité qui est un Établissement de dépôt, un Établissement gérant des dépôts de titres, un Organisme d'assurance particulier ou une Entité d'investissement décrite à l'alinéa A(6)(a), si l'une des Entités gestionnaires constitue une telle autre Entité.

18.   Une Entité est considérée comme exerçant comme activité principale une ou plusieurs des activités décrites à l'alinéa A(6)(a), ou les revenus bruts d'une Entité proviennent principalement d'une activité d'investissement, de réinvestissement ou de négociation d'Actifs financiers aux fins de l'alinéa A(6)(b) si les revenus bruts de l'Entité générés par les activités correspondantes sont supérieurs ou égaux à 50 % de ses revenus bruts durant la plus courte des deux périodes suivantes :

•   la période de trois ans se terminant le 31 décembre de l'année précédant l'année au cours de laquelle le calcul est effectué ; ou

•   la période d'existence de l'Entité si celle-ci est inférieure à trois ans.

19. L'expression « Entité d'investissement », telle que définie à l'alinéa A(6), exclut les Entités qui sont des ENF actives parce qu'elles satisfont aux critères énoncés aux alinéas D(9)(d) à (g) (à savoir les ENF qui sont des structures de détention et les centres de gestion de la trésorerie appartenant à un groupe non financier ; les nouveaux ENF ; et les ENF qui sont en liquidation ou émergent d'une procédure de faillite).

20. Une Entité sera généralement considérée comme une Entité d'investissement si elle fonctionne ou se comporte comme un organisme de placement collectif, un fonds mutuel, un fonds négocié en bourse, un fonds de capital-investissement, un fonds spéculatif, un fonds de capital-risque, un fonds de rachat d'entreprise par endettement ou tout organisme de placement analogue dont la stratégie consiste à investir ou à réinvestir dans des Actifs financiers et à effectuer des transactions sur ces actifs. Une Entité dont l'activité principale consiste à réaliser des opérations d'investissement, d'administration ou de gestion concernant des intérêts directs dans des biens immobiliers sans recours à l'emprunt pour le compte de tiers, telle qu'une société d'investissement immobilier, ne constituera pas une Entité d'investissement.

21. Il est également indiqué à l'alinéa A(6) que la définition de l'expression « Entité d'investissement » devra être interprétée conformément à la définition de l'expression « Institution financière » qui figure dans les Recommandations du Groupe d'action financière (GAFI)[9].

22. Les exemples suivants illustrent l'application de l'alinéa A(6) :

- Exemple 1 (Conseiller en placement) : Le Gestionnaire de fonds est une Entité d'investissement au sens de l'alinéa A(6)(a). Les activités du Gestionnaire de fonds consistent, entre autres, à organiser et gérer divers fonds, notamment un Fonds A, qui investit essentiellement dans des actions. Le Gestionnaire de fonds embauche un Conseiller en placement, une Entité, pour fournir des prestations de conseil et de gestion discrétionnaire d'une partie des Actifs financiers détenus par le Fonds A. Le Conseiller en investissement a tiré plus de 50 % de ses revenus bruts au cours des trois dernières années de la fourniture de services similaires. Dans la mesure où l'activité principale du Conseiller en placement consiste à gérer des Actifs financiers pour le compte de clients, ce Conseiller en placement est une Entité d'investissement au sens de l'alinéa A(6)(a). Il est cependant admis

---

9. GAFI/OCDE(2013), *Normes internationales sur la lutte contre le blanchiment et le financement du terrorisme et la prolifération*, Recommandations du GAFI de février 2012 GAFI/OCDE Paris OCDE disponibles sur www.fatf-gafi.org/fr/documents/documents/normesinternationales surlaluttecontreleblanchimentdecapitauxet lefinancementduterrorismeetdelaproliferation.html.

que seule l'Entité d'investissement qui tient les Comptes financiers concernés devra s'acquitter des obligations déclaratives et de diligence raisonnable concernant ces Compte financiers (voir les paragraphes 57 à 65 du Commentaire sur la Section VIII).

- Exemple 2 (Entité gérée par une Institution financière) : Les faits sont les mêmes que dans l'Exemple 1. En outre, chaque année depuis sa création, le Fonds A a tiré plus de 50 % de ses revenus bruts de ses placements en Actifs financiers. En conséquence, le Fonds A est une Entité d'investissement au sens de l'alinéa A(6)(b), étant donné qu'il est géré par le Gestionnaire de fonds et le Conseiller en placement, et que ses revenus bruts proviennent principalement d'une activité d'investissement, de réinvestissement ou de négociation d'Actifs financiers.

- Exemple 3 (Gestionnaire de portefeuille) : Le Gestionnaire de portefeuille, une Entité de la Juridiction B, est une Entité d'investissement au sens de l'alinéa A(6)(a). Le Gestionnaire de portefeuille crée et enregistre le Fonds A dans la Juridiction A. Le Gestionnaire de portefeuille est autorisé à faciliter les achats et les ventes des Actifs financiers détenus par le Fonds A conformément à la stratégie de placement dudit fonds. Chaque année depuis sa création, Le Fonds A a tiré plus de 50 % de ses revenus bruts d'une activité d'investissement, de réinvestissement ou de négociation d'Actifs financiers. En conséquence, le Fonds A est une Entité d'investissement au sens de l'alinéa A(6)(b).

- Exemple 4 (Fonds d'investissement immobilier gérée par une Institution financière) : Les faits sont les mêmes que dans l'exemple 3, si ce n'est que les actifs du Fonds A consistent exclusivement en des intérêts directs dans des biens immobiliers sans recours à l'emprunt, situés dans la Juridiction B et en dehors. Le Fonds A n'est pas une Entité d'investissement au sens de l'alinéa A(6)(b), même s'il est géré par le Gestionnaire de portefeuille, car moins de 50 % de ses revenus bruts proviennent d'une activité d'investissement, de réinvestissement ou de négociation d'Actifs financiers.

- Exemple 5 (Trust géré par une personne physique) : X, une personne physique, crée le Trust A, un trust irrévocable en faveur de ses enfants, Y et Z. X nomme administrateur du Trust A le Trustee A, une personne physique. Les actifs du Trust A sont exclusivement des Actifs financiers, et ses revenus proviennent uniquement de ces Actifs financiers. Conformément aux dispositions de l'instrument fiduciaire, le Trustee A gère et administre les actifs du trust. Le Trustee A ne recrute aucune Entité en tant que prestataire de services pour lui confier une des activités décrites à l'alinéa A(6)(a). Le Trust A n'est pas une Entité d'investissement au sens de l'alinéa A(6)(b), dans la mesure où il est géré uniquement par le Trustee A, qui est une personne physique.

- Exemple 6 (Courtier personne physique) : B, un courtier personne physique, a pour activité principale la fourniture de services de conseil à des clients, dispose d'un pouvoir discrétionnaire de gestion des actifs de ses clients, et fait appel aux services d'une Entité pour réaliser et exécuter des transactions pour le compte de ses clients. B fournit des services en tant que conseiller en placement et gestionnaire de portefeuille à E, une société. E a tiré au moins 50 % de ses revenus bruts au cours des trois dernières années d'une activité d'investissement, de réinvestissement ou de négociation d'Actifs financiers. Dans la mesure où B est une personne physique, bien que son activité principale consiste en des tâches liées à des opérations de placement, B n'est pas une Entité d'investissement au sens de l'alinéa A(6)(a). En outre, E n'est pas une Entité d'investissement au sens de l'alinéa A(6)(b) car E est gérée par B, qui est une personne physique.

Actif financier

23.   Le terme « Actif financier » est utilisé dans la définition des expressions « Établissement gérant des dépôts de titres », « Entité d'investissement », « Compte conservateur » et « Compte exclu ». Il ne fait pas référence à tous les types d'actifs, mais il recouvre tous les actifs pouvant être détenus sur un compte auprès d'une Institution financière, hormis les intérêts directs dans un bien immobilier sans recours à l'emprunt.

24.   Dans ce contexte, il est indiqué à l'alinéa A(7) que l'expression « Actif financier » désigne un titre (par exemple, représentant une part du capital dans une société de capitaux ; une part ou un droit de jouissance dans une société de personnes comptant de nombreux associés ou dans une société en commandite par actions cotée en bourse, ou un trust ; une obligation – garantie ou non – ou un autre titre de créance), une participation, une marchandise, un contrat d'échange (par exemple de taux d'intérêt, de devise, de taux de référence, contrats de garantie de taux plafond et de taux plancher, contrat d'échange de marchandises, de créances contre des actifs, contrats sur indices boursiers et accords similaires), un Contrat d'assurance ou un Contrat de rente, ou tout droit (y compris un contrat à terme standardisé ou de gré à gré ou une option) attaché à un titre, une participation, une marchandise, un contrat d'échange, un Contrat d'assurance ou un Contrat de rente. Par contre, la notion d'« Actif financier » ne peut désigner un intérêt direct dans un bien

immobilier sans recours à l'emprunt, ni une marchandise qui est un bien matériel, comme le blé.

25.   Les titres de créance négociables qui font l'objet de transactions sur un marché réglementé ou de gré à gré et sont distribués et détenus par l'intermédiaire d'Institutions financières, ainsi que les actions ou parts de société d'investissement immobilier, seront généralement considérés comme des Actifs financiers.

Organisme d'assurance particulier

26.   Selon l'alinéa A(8), l'expression « Organisme d'assurance particulier » désigne tout Organisme d'assurance (ou la société holding d'un Organisme d'assurance) qui émet un Contrat d'assurance avec valeur de rachat ou un Contrat de rente ou est tenu d'effectuer des versements afférents à ce Contrat.

27.   Un « organisme d'assurance » est une Entité *(i)* qui constitue une entreprise d'assurance au regard des lois, règlements ou pratiques de toute juridiction dans laquelle il exerce ses activités ; *(ii)* dont les revenus bruts (par exemple les primes brutes et les revenus d'investissement bruts) tirés de contrats d'assurance, de réassurance et de rente au titre de l'année civile précédente sont supérieurs à 50 pour cent du revenu brut total de cette année-là ; ou *(ii)* dont la valeur totale des actifs associés aux contrats d'assurance, de réassurance et de rente à un moment donné de l'année civile précédente est supérieure à 50 pour cent de ses actifs totaux à un moment donné de cette année-là.

28.   La plupart des organismes d'assurance seront généralement considérés comme des Organismes d'assurance particuliers. Les Entités qui n'émettent pas de Contrat d'assurance avec valeur de rachat ou de Contrat de rente, et qui ne sont pas tenus d'effectuer des versements afférents à ces Contrats, tels que la plupart des organismes d'assurance dommages, la plupart des sociétés holding d'organismes d'assurance et les courtiers d'assurance, ne constitueront pas des Organismes d'assurance particuliers.

29.   Les activités de provisionnement d'un organisme d'assurance ne conduiront pas à le considérer comme un Établissement gérant des dépôts de titres, un Établissement de dépôt ou une Entité d'investissement.

Paragraphe B – Institution financière non déclarante

Alinéa B(1) – Considérations générales

30.   L'alinéa B(1) présente les diverses catégories d'Institutions financières non déclarantes (c'est-à-dire dispensées de l'obligation déclarative). L'expression « Institution financière non déclarante » désigne toute Institution financière qui est :

a)   une Entité publique, une Organisation internationale ou une Banque centrale, sauf en ce qui concerne un paiement résultant d'une obligation détenue en lien avec une activité financière commerciale exercée par un Organisme d'assurance particulier, un Établissement de dépôt ou un Établissement gérant des dépôts de titres ;

b)   une Caisse de retraite à large participation ; une Caisse de retraite à participation étroite ; un Fonds de pension d'une Entité publique, d'une Organisation internationale ou d'une Banque centrale ; ou un Émetteur de carte de crédit homologué ;

c)   toute autre Entité qui présente un faible risque d'être utilisée dans un but de fraude fiscale, qui affiche des caractéristiques substantiellement similaires à celles des Entités décrites aux alinéas B(1)(a) et (b) et qui est définie en droit interne en tant qu'Institution financière non déclarante, à condition que son statut d'Institution financière non déclarante n'aille pas à l'encontre des objectifs de la Norme commune de déclaration ;

d)   un Organisme de placement collectif dispensé ; ou

e)   un trust constitué selon les lois d'une Juridiction soumise à déclaration dans la mesure où le trustee de ce trust est une Institution financière déclarante et communique toutes les informations requises en vertu de la section I concernant l'ensemble des Comptes déclarables du trust.

Alinéas B(2) à (4) – Entité publique, Organisation internationale et Banque centrale

31.   Une Institution financière qui est une Entité publique, une Organisation internationale ou une Banque centrale constitue une Institution financière non déclarante, selon l'alinéa B(1)(a), sauf en ce qui concerne un paiement résultant d'une obligation détenue en lien avec une activité financière commerciale exercée par un Organisme d'assurance particulier, un Établissement de dépôt ou un Établissement gérant des dépôts de titres. Ainsi, une Banque centrale qui exerce une activité financière commerciale, consistant par exemple à intervenir en tant qu'intermédiaire pour le compte de tiers en dehors de ses attributions de Banque centrale, n'est pas une Institution

financière non déclarante selon l'alinéa B(1)(a) en ce qui concerne les paiements reçus en rapport avec un compte détenu en lien avec cette activité.

Entité publique

32.   Selon l'alinéa B(2), l'expression « Entité publique » désigne le gouvernement d'une juridiction, une subdivision politique d'une juridiction (terme qui, pour éviter toute ambiguïté, peut désigner un État, une province, un comté, une municipalité ou toute autre forme de collectivité locale) ou tout établissement ou organisme détenu intégralement par les Entités précitées. Cette catégorie englobe également les parties intégrantes, Entités contrôlées et subdivisions politiques d'une juridiction. Les notions de « partie intégrante » et d'« Entité contrôlée » sont définies aux alinéas B(2)(a) et (b), selon lesquels aucune fraction de leur revenu ne peut échoir à une personne privée. L'alinéa B(2)(c) précise les conditions devant être réunies pour que tel soit le cas, mais un revenu peut aussi être considéré comme perçu par des personnes privées s'il leur échoit du fait de l'utilisation d'une Entité publique en tant que structure d'investissement personnel, ou si ces personnes privées détournent ce revenu de sa destination initiale en exerçant leur influence ou leur contrôle par des moyens explicitement ou implicitement approuvés par la juridiction concernée.

33.   Afin de promouvoir les échanges internationaux et le développement, de nombreuses juridictions ont mis en place des organismes ou programmes de financement des exportations ou du développement, qui peuvent soit octroyer des prêts directement, soit assurer ou garantir des crédits accordés par des Entités octroyant des prêts aux conditions du marché. Ces organismes seront généralement considérés comme des Entités publiques et donc comme des Institutions financières non déclarantes (voir ci-avant le paragraphe 31).

Organisation internationale

34.   Selon l'alinéa B(3), l'expression « Organisation internationale » désigne une organisation internationale ou tout établissement ou organisme détenu intégralement par cette organisation. Cette catégorie englobe toute organisation intergouvernementale (y compris une organisation supranationale) *(1)* qui se compose principalement d'États ; *(2)* qui a conclu un accord de siège ou un accord substantiellement similaire avec la juridiction ; et *(3)* dont les revenus n'échoient pas à des personnes privées (suivant les principes énoncés au paragraphe B(2)(c)). Les accords substantiellement similaires aux accords de siège peuvent, par exemple, prendre la forme d'accords conférant des privilèges et immunités aux bureaux ou établissements d'une organisation se trouvant dans la juridiction considérée (par exemple une subdivision ou un bureau local ou régional).

Banque centrale

35.   Selon l'alinéa B(4), l'expression « Banque centrale » désigne une banque qui, en vertu de la loi ou d'une décision publique, est l'autorité principale, autre que le gouvernement de la juridiction proprement dit, qui émet des instruments destinés à être utilisés comme monnaie. Cette banque conserve généralement les réserves bancaires de la juridiction dont la législation régit son fonctionnement. Le terme « Banque centrale » peut désigner un organisme distinct du gouvernement de la juridiction, qu'il soit ou non détenu en tout ou partie par cette juridiction.

Alinéas B(5) à (7) – Caisses et fonds

Caisse de retraite à large participation

36.   Selon l'alinéa B(5), l'expression « Caisse de retraite à large participation » désigne une caisse établie en vue de verser des prestations de retraite, d'invalidité ou de décès, ou une combinaison d'entre elles, à des bénéficiaires qui sont des salariés actuels ou d'anciens salariés (ou des personnes désignées par ces salariés) d'un ou de plusieurs employeurs en contrepartie de services rendus, dès lors que cette caisse :

a) n'est pas caractérisée par l'existence d'un bénéficiaire unique détenant un droit sur plus de cinq pour cent des actifs de la caisse ;

b) est soumise à la réglementation et communique des informations aux autorités fiscales ; et

c) satisfait à au moins une des quatre exigences énoncées à l'alinéa B(5)(c) (la caisse bénéficie d'un régime fiscal préférentiel ; l'essentiel des cotisations provient des employeurs qui la financent ; les versements ou retraits sont autorisés uniquement lorsque surviennent les événements prévus ; et les cotisations des salariés sont limitées par référence à un montant).

37.   Les obligations déclaratives prévues à l'alinéa B(5)(b) peuvent varier suivant les juridictions. Une juridiction peut exiger que la caisse fournisse des informations annuelles sur ses bénéficiaires, tandis qu'une autre peut lui imposer de communiquer des informations mensuelles sur les cotisations et les allègements d'impôts connexes, et des informations annuelles sur ses bénéficiaires et les cotisations totales versées par les employeurs qui la financent. Néanmoins, le fait qu'une caisse communique ou non des informations aux autorités fiscales compétentes dans la juridiction où cette caisse est établie ou exerce ses activités est déterminant pour établir si ladite caisse satisfait à la condition énoncée dans cet alinéa.

Caisse de retraite à participation étroite

38. Selon l'alinéa B(6), l'expression « Caisse de retraite à participation étroite » désigne une caisse établie en vue de verser des prestations de retraite, d'invalidité ou de décès à des bénéficiaires qui sont des salariés actuels ou d'anciens salariés (ou des personnes désignées par ces salariés) d'un ou de plusieurs employeurs en contrepartie de services rendus, dès lors que toutes les conditions énoncées à cet alinéa sont satisfaites.

39. Selon l'alinéa B(6)(c), les cotisations salariales et patronales à la caisse sont limitées par référence au revenu d'activité et à la rémunération du salarié, respectivement. Cet alinéa exclut certains transferts d'actifs du montant calculé pour l'application de ces seuils (à savoir ceux effectués à partir de comptes de retraite et de pension visés à l'alinéa C(17)(a)), mais d'autres pourraient également l'être, tels que les transferts d'actifs à partir d'autres régimes visés aux alinéas B(5) à (7).

40. Les obligations déclaratives prévues à l'alinéa B(6)(e) peuvent varier suivant les juridictions. Comme indiqué ci-avant au paragraphe 37, le fait qu'une caisse communique ou non des informations aux autorités fiscales compétentes dans la juridiction où cette caisse est établie ou exerce ses activités est déterminant pour établir si ladite caisse satisfait à la condition énoncée dans cet alinéa.

Fonds de pension d'une Entité publique, d'une Organisation internationale ou d'une Banque centrale

41. Selon l'alinéa B(7), l'expression « Fonds de pension d'une Entité publique, d'une Organisation internationale ou d'une Banque centrale » désigne un fonds constitué par une Entité publique, une Organisation internationale ou une Banque centrale en vue de verser des prestations de retraite, d'invalidité ou de décès à des bénéficiaires ou des membres qui sont des salariés actuels ou d'anciens salariés (ou des personnes désignées par ces salariés), ou qui ne sont pas des salariés actuels ou d'anciens salariés, si les prestations versées à ces bénéficiaires ou membres le sont en contrepartie de services personnels rendus à l'Entité publique, à l'Organisation internationale ou à la Banque centrale.

Alinéa B(8) – Émetteur de carte de crédit homologué

42. Selon l'alinéa B(8), l'expression « Émetteur de carte de crédit homologué » désigne une Institution financière qui satisfait aux critères suivants :

   a) l'Institution financière jouit de ce statut uniquement parce qu'elle est un émetteur de cartes de crédit qui accepte les dépôts à la seule condition qu'un client procède à un paiement dont le montant dépasse le solde dû au titre de la carte et que cet excédent ne soit pas immédiatement restitué au client ; et

b) à compter du [xx/xx/xxxx] ou avant cette date, l'Institution financière met en œuvre des règles et des procédures visant à empêcher un client de procéder à un paiement excédentaire supérieur à 50 000 USD ou à faire en sorte que tout paiement excédentaire supérieur à 50 000 USD (et au solde dû au titre de la carte) soit remboursé au client dans un délai de 60 jours civils, en appliquant systématiquement les règles énoncées dans le paragraphe C de la section VII concernant l'agrégation des soldes de comptes et la conversion monétaire. À cette fin, l'excédent de paiement d'un client exclut les soldes créditeurs imputables à des frais contestés mais inclut les soldes créditeurs résultant de retours de marchandises.

43.   Le choix de la date mentionnée à l'alinéa B(8)(b) est une décision de la juridiction qui met en œuvre la Norme commune de déclaration, mais la date retenue devrait être la même que celle choisie pour l'expression « Nouveau compte ». À cette fin, une Institution financière créée ou constituée après la date choisie doit satisfaire au critère énoncé à l'alinéa B(8)(b) dans les six mois consécutifs à la date où elle a été créée ou constituée.

44.   Une Institution financière déclarante qui ne satisfait pas aux conditions requises pour être un Émetteur de carte de crédit homologué, mais accepte des dépôts lorsqu'un client procède à un paiement d'un montant supérieur au solde exigible au titre d'une carte de crédit ou d'une autre facilité de crédit renouvelable, peut néanmoins ne pas déclarer un Compte de dépôt s'il constitue un Compte exclu au sens de l'alinéa C(17)(f).

Alinéa B(1)(c) – Institutions financières non déclarantes à faible risque

45.   Une Institution financière peut également constituer une Institution financière non déclarante, selon l'alinéa B(1)(c), sous réserve que :

a) cette Institution financière présente un faible risque d'être utilisée dans un but de fraude fiscale ;

b) cette Institution financière présente des caractéristiques substantiellement similaires à celles des Institutions financières décrites aux alinéas B(1)(a) et (b) ;

c) cette Institution financière soit définie en droit interne en tant qu'Institution financière non déclarante ; et *d)* son statut d'Institution financière non déclarante n'aille pas à l'encontre des objectifs de la Norme commune de déclaration.

46. Cette catégorie « ouverte » d'Institution financière non déclarante est destinée à permettre de prendre en compte la variété des Institutions financières propres à chaque juridiction qui satisfont aux critères énoncés à l'alinéa B(1)(c), et d'éviter des négociations sur les catégories d'Institutions financières non déclarantes lors de la conclusion d'un accord sur l'échange automatique de renseignements relatifs aux comptes financiers.

47. La première condition énoncée à l'alinéa B(1)(c) est que l'Institution financière considérée présente un faible risque d'être utilisée dans un but de fraude fiscale. Les facteurs pouvant être pris en compte pour évaluer ce risque sont les suivants :

a) facteurs de risque faible :

(1) l'Institution financière est soumise à la réglementation ;

(2) l'Institution financière est tenue de communiquer des informations aux autorités fiscales.

b) facteurs de risque élevé :

(1) le type d'Institution financière considéré n'est pas soumis aux Procédures visant à identifier les clients et à lutter contre le blanchiment (AML/KYC)

(2) le type d'Institution financière considéré est autorisé à émettre des titres au porteur et n'est soumis à aucune mesure efficace de mise en œuvre des Recommandations du GAFI en matière de transparence et de bénéficiaires effectifs des personnes morales[10].

(3) le type d'Institution financière considéré est présenté à des fins promotionnelles comme un instrument de minimisation des impôts.

48. La deuxième condition énoncée à l'alinéa B(1)(c) est que l'Institution financière considérée présente des caractéristiques substantiellement similaires à celles des Institutions financières décrites aux alinéas B(1)(a) et (b). Cette condition ne peut être utilisée uniquement pour éliminer un élément spécifique d'une description. Chaque juridiction peut évaluer l'application de

---

10. GAFI/OCDE(2013), *Normes internationales sur la lutte contre le blanchiment et le financement du terrorisme et la prolifération,* Recommandations du GAFI de février 2012 GAFI/OCDE Paris OCDE disponibles sur www.fatf-gafi.org/fr/documents/ documents/normesinternationales surlaluttecontreleblanchimentdecapitauxet lefinancementduterrorismeetdelaproliferation.html.

cette condition à un type d'Institution financière qui ne satisfait pas à toutes les conditions d'une des descriptions figurant à l'alinéa B(1)(a) ou (b). Dans le cadre de cette évaluation, une juridiction doit déterminer quelles conditions sont remplies et lesquelles ne le sont pas, et s'agissant des secondes, elle doit établir l'existence d'une autre condition permettant de s'assurer de manière équivalente que le type d'Institution financière considéré présente un faible risque d'être utilisé dans un but de fraude fiscale.

49.   La troisième condition énoncée à l'alinéa B(1)(c) est que l'Institution financière considérée soit définie en droit interne en tant qu'Institution financière non déclarante. Cette condition est remplie dès lors qu'une juridiction définit un type spécifique d'Institution financière en tant qu'Institution financière non déclarante, et que cette définition figure dans le droit national. À cette fin, les types d'Institutions financières définis comme tels dans la juridiction concernée correspondront généralement à la catégorie des « bénéficiaires effectifs dispensés de déclaration » ou des « Institutions financières étrangères (IFE) réputées conformes » prévue par l'accord intergouvernemental conclu entre cette juridiction et les États-Unis en vue d'améliorer le respect des obligations fiscales internationales (notamment au titre de la loi FATCA), sous réserve que ces types d'Institutions financières satisfassent à toutes les conditions énoncées à l'alinéa B(1)(c). Chaque juridiction devrait avoir une seule liste d'Institutions financières non déclarantes définies au niveau national (par opposition aux différentes listes des différentes Juridictions partenaires) et cette liste devrait être rendue publique.

50.   La quatrième condition énoncée à l'alinéa B(1)(c) est que le statut d'Institution financière non déclarante de l'Institution financière considérée n'aille pas à l'encontre des objectifs de la Norme commune de déclaration. Le respect de cette condition devrait être évalué, entre autres, au regard des éléments suivants :

   a) les procédures administratives dont une juridiction doit être dotée en vue de faire en sorte que les Institutions financières définies en droit interne en tant qu'Institutions financières non déclarantes continuent de présenter un faible risque d'être utilisées dans un but de fraude fiscale (voir l'alinéa A(4) de la Section IX) ;

   b) la possibilité de suspendre un accord entre Autorités compétentes dès lors que l'Autorité compétente de l'autre partie a attribué à des Institutions financières le statut d'Institution financière non déclarante en allant à l'encontre des objectifs de la Norme commune de déclaration (voir le paragraphe 2 de la Section 7 du Modèle d'accord entre autorités compétentes) ; et *c)* le mécanisme permettant d'examiner la mise en œuvre de la Norme commune de déclaration dont la mise en place a été demandée par le Groupe des Vingt (G20) au Forum mondial sur la transparence et l'échange de renseignements à des fins fiscales (voir le paragraphe 51 de la Déclaration des chefs d'État et de gouvernement du G20 prononcée lors du Sommet de Saint-Pétersbourg, qui s'est tenu les 5 et 6 septembre 2013)[11.]

51. Les exemples suivants illustrent l'application de l'alinéa B(1)(c) :

- Exemple 1 (Organisation à but non lucratif) : Un type d'organisation à but non lucratif constituant une Institution financière ne satisfait à toutes les conditions d'aucune des descriptions figurant à l'alinéa B(1)(a) ou (b). Ce type d'Institution financière non déclarante ne peut être défini en droit interne en tant qu'Institution financière non déclarante uniquement parce qu'il s'agit d'une organisation à but non lucratif.

- Exemple 2 (Caisse de retraite couvrant également des travailleurs indépendants) : Un type de caisse de retraite constituant une Institution financière satisfait à toutes les conditions énoncées à l'alinéa B(5). Néanmoins, en vertu de la législation de la juridiction où cette caisse est établie ou exerce ses activités, elle est également tenue de fournir des prestations aux bénéficiaires qui sont des travailleurs indépendants. Compte tenu de l'existence d'une autre condition générale permettant de s'assurer de manière équivalente que la caisse considérée présente un faible risque d'être utilisée dans un but de fraude fiscale, ce type d'Institution financière pourrait être défini en droit interne en tant qu'Institution financière non déclarante.

- Exemple 3 (Caisse de retraite à cotisations illimitées) : Un type de caisse de retraite constituant une Institution financière satisfait à toutes les conditions énoncées à l'alinéa B(6), sauf celle figurant à l'alinéa B(6)(c) (autrement dit, les cotisations salariales et patronales à la caisse ne sont pas limitées). Néanmoins, les allègements fiscaux associés à ces cotisations salariales et patronales sont limités par référence au revenu d'activité et à la rémunération du salarié, respectivement. Compte tenu de l'existence d'une autre condition permettant de s'assurer de manière équivalente que la caisse considérée présente un faible risque d'être utilisée dans un but de fraude fiscale, ce type d'Institution financière pourrait être défini en droit interne en tant qu'Institution financière non déclarante.

---

11. Consultable sur le site https://www.tresor.economie.gouv.fr/.

- Exemple 4 (Organisme de placement exclusivement destiné à des fonds de pension ou caisses de retraite) : Un type d'organisme de placement constituant une Institution financière est mis en place dans le but exclusif d'engranger des revenus au bénéfice d'un ou plusieurs des fonds de pension ou caisses de retraite décrits aux alinéas B(5) à (7), ou des comptes de retraite ou de pension décrits à l'alinéa C(17)(a). Étant donné que l'intégralité des revenus de cet organisme de placement échoit à des Institutions financières non déclarantes ou à des Comptes exclus, et qu'il existe une autre condition générale permettant de s'assurer de manière équivalente que ledit organisme de placement présente un faible risque d'être utilisé dans un but de fraude fiscale, ce type d'Institution financière pourrait être défini en droit interne en tant qu'Institution financière non déclarante.

Alinéa B(9) – Organisme de placement collectif dispensé

52.   Selon l'alinéa B(9), l'expression « Organisme de placement collectif dispensé » désigne une Entité d'investissement réglementée en tant qu'organisme de placement collectif, à condition que les intérêts dans cet organisme soient détenus en totalité par ou *via* une ou plusieurs Entités décrites à l'alinéa B(1) (à savoir des Institutions financières non déclarantes), ou par des personnes physiques ou des Entités qui ne sont pas des Personnes devant faire l'objet d'une déclaration (par exemple parce qu'il s'agit d'Institutions financières).

53.   En pratique, une Entité d'investissement dans laquelle les intérêts sont détenus en totalité par ou *via* des Institutions financières non déclarantes ou des Personnes ne devant pas faire l'objet d'une déclaration n'est elle-même soumise à aucune obligation déclarative, qu'elle remplisse ou non les conditions pour être considérée comme un Organisme de placement collectif dispensé au sens de l'alinéa B(9). Néanmoins, ce statut peut avoir une incidence sur d'autres obligations imposées à l'Entité d'investissement, telles que la présentation d'une déclaration « néant » en l'absence de Comptes déclarables (si le droit interne le prévoit).

54.   Une règle à appliquer lorsqu'une juridiction a précédemment autorisé les organismes de placement collectif à émettre des actions au porteur est également énoncée à l'alinéa B(9). Une Entité d'investissement réglementée en tant qu'organisme de placement collectif n'échappe pas au statut d'Organisme de placement collectif dispensé du simple fait que l'organisme de placement collectif a émis des titres matériels au porteur, dès lors que :

a)   l'organisme de placement collectif n'a pas émis et n'émet pas de titres matériels au porteur après le [xx/xx/xxxx] ;

b) l'organisme de placement collectif retire tous ces titres lors de leur cession ;

c) l'organisme de placement collectif accomplit les procédures de diligence raisonnable prévues par les sections II à VII et communique tous les renseignements qui doivent être communiqués concernant ces titres lorsque ceux-ci sont présentés pour rachat ou autre paiement ; et

d) l'organisme de placement collectif a mis en place des règles et procédures qui garantissent que ces titres sont rachetés ou immobilisés le plus rapidement possible, et en tout état de cause avant le [xx/xx/xxxx].

Alinéa B(1)(e) – Trust déclaré par son trustee

55. Un trust constitué selon les lois d'une Juridiction soumise à déclaration constituant une Institution financière (par exemple parce qu'il s'agit d'une Entité d'investissement) est une Institution financière non déclarante, selon l'alinéa B(1)(e), dans la mesure où le trustee de ce trust est une Institution financière déclarante et communique toutes les informations requises en vertu de la section I concernant l'ensemble des Comptes déclarables du trust.

56. On obtient pour cette catégorie d'Institutions financières non déclarantes un résultat similaire à celui découlant du paragraphe D de la Section II, suivant lequel les Institutions financières déclarantes peuvent être autorisées à faire appel à des prestataires de service pour s'acquitter de leurs obligations déclaratives et de diligence raisonnable. La seule différence entre ces deux cas de figure est que les obligations déclaratives et de diligence raisonnable exécutées par les prestataires de services restent du domaine de la responsabilité des Institutions financières déclarantes, tandis que la responsabilité des obligations déclaratives dont s'acquitte le trustee d'un Trust déclaré par son trustee est transférée par le trust à ce trustee. Cette catégorie ne modifie cependant pas le calendrier et les modalités d'exécution des obligations déclaratives et de diligence raisonnable, qui demeurent les mêmes que si elles relevaient encore de la responsabilité du trust. Ainsi, le trustee ne doit pas transmettre les renseignements relatifs à un Compte déclarable du Trust déclaré par son trustee comme s'il s'agissait d'un Compte déclarable du trustee lui-même. Ce dernier doit transmettre ces informations comme l'aurait fait le Trust déclaré par son trustee (à la même juridiction, par exemple) et désigner le Trust déclaré par son trustee dont il exécute les obligations déclaratives et de diligence raisonnable. Une construction juridique équivalente ou analogue à un trust, comme un *fideicommis*, peut également entrer dans cette catégorie d'Institutions financières non déclarantes.

Paragraphe C – Compte financier

Alinéa C(1) – Considérations générales

57.   Selon l'alinéa C(1), l'expression « Compte financier » désigne un compte auprès d'une Institution financière et comprend :

- les Comptes de dépôt ;

- les Comptes conservateurs ;

- les titres de participation ou de créance déposés auprès de certaines Entités d'investissement ;

- les Contrats d'assurance avec valeur de rachat ; et

- les Contrats de rente.

58.   L'expression « Compte financier » ne peut cependant en aucun cas désigner un compte qui est un Compte exclu et qui n'est, par conséquent, pas soumis aux procédures de diligence raisonnable qui s'appliquent pour l'identification des Comptes déclarables parmi les Comptes financiers (telles que l'obtention d'une auto-certification). En outre, l'expression « Compte financier » ne s'applique pas à certains Contrats de rente, décrits ainsi à l'alinéa C(1)(c) : rente viagère dont l'exécution est immédiate, qui est incessible et non liée à un placement, qui est versée à une personne physique et qui correspond à une pension de retraite ou d'invalidité perçue dans le cadre d'un compte qui est un Compte exclu. Les pensions de retraite ou d'invalidité recouvrent les prestations de retraite ou de décès, respectivement.

59.   Une « rente viagère dont l'exécution est immédiate, qui est incessible et non liée à un placement » est un Contrat de rente incessible qui *(i)* n'est pas un contrat de rente lié à un placement ; *(ii)* est une rente d'exécution immédiate ; et *(iii)* est un contrat de rente viagère. L'expression « contrat de rente lié à un placement » désigne un Contrat de rente dans le cadre duquel les prestations ou primes sont ajustées en fonction du rendement ou de la valeur de marché des actifs associés au contrat. L'expression « rente dont l'exécution est immédiate » désigne un Contrat de rente *(i)* qui est acquis avec le versement unique d'une prime ou d'un capital et *(ii)* qui commence au plus tard un an après la date d'acquisition du contrat à donner lieu de manière annuelle ou plus fréquente au versement périodique de sommes aux montants égaux ou très proches. L'expression « contrat de rente viagère » désigne un Contrat de rente donnant lieu à des paiements tout au long de la vie d'une ou plusieurs personnes physiques.

60.   Selon l'alinéa C(1)(a), tout titre de participation ou de créance déposé auprès d'une Entité d'investissement autre qu'une Entité d'investissement qui constitue une Institution financière du seul fait qu'elle gère une Entité

d'investissement décrite à l'alinéa A(6)(b) est considéré comme un Compte financier. Par conséquent, les titres de participation ou de créance qui seront généralement considérés comme des Comptes financiers recouvrent les titres de participation ou de créance déposés auprès d'une Entité d'investissement *(i)* qui est une Entité d'investissement gérée par un ou des professionnels, ou *(ii)* qui fonctionne ou se comporte comme un organisme de placement collectif, un fonds mutuel, un fonds négocié en bourse, un fonds de capital-investissement, un fonds spéculatif, un fonds de capital-risque, un fonds de rachat d'entreprise par endettement ou tout organisme de placement analogue dont la stratégie consiste à investir ou à réinvestir dans des Actifs financiers et à effectuer des transactions sur ces actifs.

61.   Selon l'alinéa C(1)(b), un titre de participation ou de créance déposé auprès d'une Institution financière non visée à l'alinéa C(1)(a) est considéré comme un Compte financier uniquement si la catégorie des titres en question a été créée afin de se soustraire aux déclarations prévues à la section I. Par conséquent, tout titre de participation ou de créance déposé auprès d'un Établissement gérant des dépôts de titres, d'un Établissement de dépôt ou d'une Entité d'investissement non visés à l'alinéa C(1)(a), ou d'un Organisme d'assurance particulier, ayant été créés afin de se soustraire à ces obligations déclaratives constitueront des Comptes financiers.

62.   En règle générale, un compte sera considéré comme tenu par une Institution financière sur la base des critères suivants :

- un Compte conservateur sera considéré comme tenu par l'Institution financière qui a la garde des actifs déposés sur ce compte (y compris s'il s'agit d'une Institution financière qui détient des actifs immatriculés au nom d'un courtier pour le Titulaire d'un compte auprès de cette Institution) ;

- un Compte de dépôts sera considéré comme tenu par l'Institution financière qui est tenue d'effectuer des versements afférents à ce compte (hormis s'il s'agit de l'agent d'une Institution financière, indépendamment du fait que cet agent soit ou non une Institution financière) ;

- un titre de participation ou de créance déposé auprès d'une Institution financière constituant un Compte financier sera considéré comme un compte tenu par cette Institution financière ;

- un Contrat d'assurance avec valeur de rachat ou un Contrat de rente sera considéré comme un compte tenu par l'Institution financière qui est tenue d'effectuer des versements afférents à ce contrat.

63.   Néanmoins, les juridictions ont des cadres juridiques, administratifs et opérationnels et des systèmes financiers différents, et la signification

de l'expression « tenir un compte » peut varier suivant les juridictions en fonction de la façon dont est structuré le secteur financier. Dans certains cas, une Institution financière déclarante peut ne pas posséder toutes les informations à communiquer concernant un compte, et des orientations nationales peuvent être nécessaires à cet égard. Lors de l'adoption de telles orientations, il conviendrait de veiller à prendre en compte les problèmes d'incohérence pouvant se poser dans un contexte transnational, en particulier s'agissant des juridictions qui ne sont pas des Juridictions partenaires ou des Institutions financières qui ne sont pas des Institutions financières d'une Juridiction partenaire, de manière que ces orientations n'aillent pas à l'encontre des objectifs de la Norme commune de déclaration (voir le paragraphe 5 du Commentaire sur la Section IX).

64.   Ainsi, dans certaines Juridictions partenaires, des titres peuvent être détenus dans des comptes immatriculés au nom de leur détenteur qui sont tenus par un dépositaire central de titres et gérés par d'autres Institutions financières. En principe, le dépositaire central de titres sera considéré comme l'Institution financière déclarante s'agissant de ces comptes et, par conséquent, il lui incombera d'exécuter toute les obligations prévues en matière de diligence raisonnable et de déclaration. Néanmoins, étant donné que les relations avec les clients sont gérées et les procédures de diligence raisonnable appliquées par les autres Institutions financières susmentionnées en leur qualité de gestionnaires des comptes, le dépositaire central de titres peut ne pas être en mesure de s'acquitter de ces obligations. Les Juridictions partenaires peuvent remédier à ce type de difficulté, par exemple, en considérant que les Comptes conservateurs concernés sont détenus par ces autres Institutions financières, et qu'incombent à ces dernières les éventuelles obligations déclaratives concernant ces Comptes conservateurs. Néanmoins, lorsque les Comptes conservateurs concernés sont considérés comme détenus par les autres Institutions financières susmentionnées, conformément au paragraphe D de la Section II, le dépositaire central de titres peut fournir les informations voulues au nom de ces autres Institutions financières.

65.   Un cas de figure similaire peut se présenter dans certaines Juridictions partenaires où sont effectuées des transactions concernant des titres de participation dans un fonds négocié en bourse, et les procédures de diligence raisonnables sont appliquées, mais les investisseurs finaux sont directement inscrits dans le registre des participations du fonds. En principe, le fonds devrait être considéré comme l'Institution financière déclarante s'agissant des titres de participation concernés ; néanmoins, il ne possèderait pas les informations nécessaires pour s'acquitter de ses obligations déclaratives. Les Juridictions partenaires peuvent remédier à ce type de difficulté, par exemple, en imposant aux courtiers de fournir au fonds toutes les informations nécessaires, afin qu'il puisse exécuter ses obligations déclaratives.

Alinéa C(2) – Compte de dépôt

66.   Selon l'alinéa C(2), l'expression « Compte de dépôt » comprend tous les comptes commerciaux, les compte-chèques, d'épargne ou à terme et les comptes dont l'existence est attestée par un certificat de dépôt, un certificat d'épargne, un certificat d'investissement, un titre de créance ou un autre instrument analogue auprès d'une Institution financière dans le cadre habituel d'une activité bancaire ou liée. Les Comptes de dépôt comprennent également les sommes détenues par les Organismes d'assurance en vertu d'un contrat de placement garanti ou d'un contrat semblable ayant pour objet de verser des intérêts ou de les porter au crédit du titulaire.

67.   Un compte dont l'existence est attestée par un livret sera généralement considéré comme un Compte de dépôt. Comme indiqué plus haut au paragraphe 25, les titres de créance négociables qui font l'objet de transactions sur un marché réglementé ou de gré à gré et sont distribués et détenus par l'intermédiaire d'Institutions financières seront généralement considérés comme des Actifs financiers, et non comme des Comptes de dépôt.

Alinéa C(3) – Compte conservateur

68.   Selon l'alinéa C(3), l'expression « Compte conservateur » désigne un compte (à l'exclusion d'un Contrat d'assurance ou d'un Contrat de rente) ouvert au bénéfice d'une autre personne et sur lequel figurent un ou plusieurs Actifs financiers.

Alinéa C(4) – Titre de participation

69.   La définition d'un Titre de participation couvre spécifiquement les participations détenues dans des sociétés de personnes et des trusts. Dans le cas d'une société de personnes qui est une Institution financière, l'expression « Titre de participation » désigne toute participation au capital ou aux bénéfices de cette société. Dans le cas d'un trust qui est une Institution financière, un « Titre de participation » est considéré comme détenu par toute personne considérée comme le constituant ou le bénéficiaire de tout ou partie du trust ou par toute autre personne physique exerçant en dernier lieu un contrôle effectif sur le trust. Ce qui vaut pour un trust qui est une Institution financière s'applique également à une structure juridique équivalente ou similaire à un trust, ou à une fondation qui est une Institution financière.

70.   Selon l'alinéa C(4), une Personne devant faire l'objet d'une déclaration est considérée comme le bénéficiaire d'un trust si elle a le droit de bénéficier, directement ou indirectement (par l'intermédiaire d'un prête-nom (*nominee*), par exemple), d'une distribution obligatoire ou discrétionnaire de la part du trust. À ces fins, un bénéficiaire qui peut prétendre à une

distribution discrétionnaire de la part de ce trust sera considéré comme bénéficiaire uniquement s'il perçoit une distribution au cours de l'année civile ou d'une autre période de référence comptable pertinente (ce qui signifie que cette distribution a été versée ou qu'elle est due). Cela vaut également lorsqu'il s'agit de déterminer si une Personne devant faire l'objet d'une déclaration peut être considérée comme le bénéficiaire d'une structure juridique équivalente ou similaire à un trust, ou d'une fondation.

71.   Lorsque des Titres de participation sont détenus par un Établissement gérant des dépôts de titres, c'est lui qui assume les obligations déclaratives, et non l'Entité d'investissement. L'exemple suivant illustre la façon dont ces obligations déclaratives doivent être exécutées : une Personne devant faire l'objet d'une déclaration A détient des participations dans un fonds de placement L. Les participations de A sont conservées par un dépositaire Y. Le fonds de placement L est une Entité d'investissement et, de son point de vue, ses participations sont des Comptes financiers (à savoir des Titres de participations dans une Entité d'investissement). L doit considérer le dépositaire Y comme son Titulaire de compte. Étant donné que Y est une Institution financière (à savoir un Établissement gérant des dépôts de titres) et que les Institutions financières ne sont pas des Personnes devant faire l'objet d'une déclaration, ces participations ne donnent pas lieu à la communication d'informations par le fonds de placement. Pour le dépositaire Y, les participations détenues pour le compte A sont des Actifs financiers détenus dans un Compte conservateur. Il incombe à Y, en tant qu'Établissement gérant des dépôts de titres, de déclarer les participations qu'il détient au nom de A.

Alinéas C(5) à (8) – Contrats d'assurance et de rente

72.   Les alinéas C(5) à (8) contiennent les diverses définitions relatives aux produits d'assurance : « Contrat d'assurance », « Contrat de rente », « Contrat d'assurance avec valeur de rachat » et « Valeur de rachat ». Les notions de « Contrat d'assurance » et de « Valeur de rachat » sont nécessaires pour définir la portée de l'expression « Contrat d'assurance avec valeur de rachat », mais les seuls contrats pouvant constituer des Comptes financiers sont les Contrats d'assurance avec valeur de rachat et les Contrats de rente.

73.   Selon l'alinéa C(6), l'expression « Contrat de rente » désigne un contrat dans lequel l'assureur s'engage à effectuer des paiements pendant une certaine durée, laquelle est déterminée en tout ou partie par l'espérance de vie d'une ou de plusieurs personnes physiques. Cette expression comprend également tout contrat considéré comme un Contrat de rente par la loi, la réglementation ou la pratique de la juridiction dans laquelle ce contrat a été établi, et dans lequel l'assureur s'engage à effectuer des paiements durant plusieurs années.

74.   Selon l'alinéa C(5), l'expression « Contrat d'assurance » désigne un contrat (à l'exception d'un Contrat de rente) dans lequel l'assureur s'engage à verser une somme d'argent en cas de réalisation d'un risque particulier, notamment un décès, une maladie, un accident, une responsabilité civile ou un dommage matériel. L'expression « Contrat d'assurance avec valeur de rachat », définie à l'alinéa C(7), désigne un Contrat d'assurance (à l'exclusion d'un contrat de réassurance conclu entre deux Organismes d'assurance) qui possède une valeur de rachat.

75.   Selon l'alinéa C(8), l'expression « Valeur de rachat » désigne la plus élevée des deux sommes suivantes : *i)* la somme que le souscripteur du contrat d'assurance est en droit de recevoir en cas de rachat ou de fin du contrat (calculée sans déduction des éventuels frais de rachat ou avances) ; *ii)* la somme que le souscripteur du contrat d'assurance peut emprunter en vertu du contrat ou eu égard à son objet (par exemple en l'utilisant comme sûreté). Néanmoins, l'expression « Valeur de rachat » ne comprend pas une somme due dans le cadre d'un Contrat d'assurance :

a)   uniquement en raison du décès d'une personne assurée en vertu d'un contrat d'assurance vie prévoyant le remboursement d'une prime payée antérieurement à condition que ce remboursement soit à faible risque selon le sens qui ressort des Commentaires ;

b)   au titre de l'indemnisation d'un dommage corporel, d'une maladie ou d'une perte économique subie lors de la réalisation d'un risque assuré ;

c)   sous réserve de l'application de l'alinéa C(8)(a), au titre du remboursement au souscripteur d'une prime payée antérieurement (moins les frais d'assurance, qu'ils aient été ou non effectivement perçus) dans le cadre d'un Contrat d'assurance (à l'exception d'un contrat d'assurance vie ou d'un Contrat de rente) en raison de l'annulation ou de la résiliation du contrat, d'une diminution de l'exposition au risque durant la période au cours de laquelle le Contrat d'assurance est en vigueur ou résultant d'un nouveau calcul de la prime rendu nécessaire par la correction d'une erreur d'écriture ou d'une autre erreur analogue ;

d)   au titre de la participation aux bénéfices du souscripteur du contrat (à l'exception des dividendes versés lors de la résiliation du contrat) à condition qu'elle se rapporte à un Contrat d'assurance en vertu duquel les seules prestations dues sont celles décrites à l'alinéa C(8)(b) ; ou

e)   au titre de la restitution d'une prime anticipée ou d'un dépôt de prime pour un Contrat d'assurance dont la prime est exigible au moins une fois par an si le montant de la prime anticipée ou du dépôt de prime ne dépasse pas le montant de la prime contractuelle due au titre de l'année suivante.

76.   Selon l'alinéa C(8)(b), l'expression « Valeur de rachat » ne peut désigner une somme due dans le cadre d'un Contrat d'assurance au titre de l'indemnisation d'un dommage corporel, d'une maladie ou d'une perte économique subie lors de la réalisation d'un risque assuré. Cela exclut notamment toute prestation due dans le cadre d'un contrat d'assurance lié à un placement. L'expression « contrat d'assurance lié à un placement » désigne un contrat d'assurance dans le cadre duquel les prestations, les primes ou la période de couverture sont ajustés en fonction du rendement ou de la valeur de marché des actifs associés au contrat.

77.   Les exclusions visées aux alinéas C(8)(a) et (c) sont des sommes dues dans le cadre d'un contrat d'assurance-vie et, à l'alinéa C(8)(c), d'un contrat de rente viagère. Un « contrat d'assurance-vie » est un Contrat d'assurance dans lequel l'assureur, en contrepartie d'une rémunération, s'engage à verser une somme d'argent en cas de décès d'une ou plusieurs personnes. Même si le contrat considéré prévoit un ou plusieurs versements (tels que des prestations d'assurance mixte ou d'invalidité) en sus d'une prestation de décès, il n'en constitue pas moins un contrat d'assurance-vie. Comme indiqué ci-avant au paragraphe 59, un « contrat d'assurance-vie » est un Contrat de rente donnant lieu à des paiements tout au long de la vie d'une ou plusieurs personnes physiques.

78.   Un « contrat d'assurance-vie » est un contrat d'assurance en vertu duquel l'émetteur, en échange d'une contrepartie, accepte de payer un certain montant en cas de décès d'un ou plusieurs individus. Le fait qu'un contrat prévoit un ou plusieurs paiements (par exemple, pour des prestations d'assurance mixte ou d'invalidité) en plus d'une prestation en cas de décès ne fait pas perdre au contrat sa qualité de contrat d'assurance-vie.

79.   Une participation aux bénéfices due au souscripteur d'un contrat d'assurance satisfaisant à toutes les conditions visées à l'alinéa C(8)(d) ne constitue pas une « Valeur de rachat ». L'expression « participation aux bénéfices du souscripteur du contrat » désigne tout dividende ou type de participation similaire versé au titulaire d'un contrat d'assurance en sa qualité de souscripteur, à savoir :

  a) un montant versé au souscripteur ou porté à son crédit (y compris sous la forme d'une augmentation des prestations) si ce montant n'est pas fixé par le contrat et dépend de la situation de l'organisme d'assurance ou de l'appréciation discrétionnaire de sa direction ;

  b) une réduction de la prime qui, en l'absence de cette réduction, aurait dû être payée ; et

c) une bonification ou un bonus accordé uniquement en fonction de la sinistralité du contrat ou du groupe concerné.

Une participation aux bénéfices du souscripteur du contrat ne peut dépasser les primes acquittées au titre du contrat, moins l'ensemble des frais d'assurance et des frais d'exploitation (qu'ils soient ou non effectivement imposés) pour la période d'existence du contrat et le montant global des éventuels dividendes antérieurs versés au souscripteur du contrat considéré ou portés à son crédit.

Une participation aux bénéfices du souscripteur du contrat n'intègre pas le montant éventuel des intérêts versés au souscripteur du contrat ou portés à son crédit dès lors que ce montant dépasse celui correspondant au taux d'intérêt créditeur minimum devant être appliqué à la valeur du contrat en vertu du droit interne.

80.   Les contrats de micro-assurance dépourvus de Valeur de rachat (ou ayant une Valeur de rachat égale à zéro) ne seront pas considérés comme des Contrats d'assurance avec valeur de rachat. Les produits d'assurance avec gestion de compte séparée (*insurance wrappers*), tels que les contrats d'assurance-vie utilisés aux fins de placement privé, seront généralement considérés comme des Contrats d'assurance avec valeur de rachat. Un « produit d'assurance avec gestion de compte séparée » consiste en un contrat d'assurance dont les actifs sont (i) détenus sur un compte tenu par une Institution financière et (ii) gérés selon une stratégie de placement personnalisée ou sous le contrôle ou l'influence du souscripteur du contrat d'assurance, du propriétaire des actifs ou du bénéficiaire du contrat.

Alinéas C(9) à (16) – Comptes préexistants et nouveaux comptes de personnes physiques et d'entités

81.   Les alinéas C(9) à (16) portent sur différentes catégories de Comptes financiers classés en fonction de leur date d'ouverture, de leur titulaire ainsi que de leur solde ou de leur valeur : « Compte préexistant », « Nouveau compte », « Compte de personne physique préexistant », « Nouveau compte de personne physique », « Compte d'entité préexistant », « Compte de faible valeur », « Compte de valeur élevée » et « Nouveau compte d'entité ».

82.   Premièrement, un Compte financier est classé en fonction de sa date d'ouverture. Ainsi, un Compte financier peut être soit un « Compte préexistant », soit un « Nouveau compte ». Selon les alinéas C(9) et (10), ces expressions désignent, respectivement, un Compte financier géré au [xx/xx/xxxx] par une Institution financière déclarante et un Compte financier ouvert à partir du [xx/xx/xxxx]. Néanmoins, dans le cadre de la mise en œuvre de la Norme commune de déclaration, les juridictions sont libres de modifier

l'alinéa C(9) afin d'inclure également certains nouveaux comptes de clients préexistants. Dans ce cas, l'alinéa C(9) devrait être reformulé comme suit :

9. L'expression « Compte préexistant » désigne :

a) un Compte financier géré au [xx/xx/xxxx] par une Institution financière déclarante.

b) tout Compte financier d'un Titulaire de compte, indépendamment de la date à laquelle ce Compte financier a été ouvert, si :

i) le Titulaire du compte détient également auprès de l'Institution financière déclarante (ou d'une Entité liée établie dans la même juridiction que l'Institution financière déclarante) un Compte financier qui est un Compte préexistant au sens de l'alinéa C(9)(a) ;

ii) l'Institution financière déclarante (et, le cas échéant, l'Entité liée établie dans la même juridiction que l'Institution financière déclarante) considère les deux Comptes financiers susmentionnés, et tous les autres Comptes financiers éventuels du Titulaire de compte qui sont considérés comme des Comptes préexistants au sens de cet alinéa C(9)(b), comme un seul et même Compte financier aux fins du respect des critères de connaissance énoncés au paragraphe A de la Section VII, et aux fins de la détermination du solde ou de la valeur de l'un ou l'autre de ces Comptes financiers lors de l'application des éventuels seuils relatifs à ces comptes ;

iii) s'agissant d'un Compte financier soumis aux Procédures visant à identifier les clients et à lutter contre le blanchiment (AML/KYC), l'Institution financière déclarante est autorisée à se conformer à ces procédures pour le Compte financier considéré en s'appuyant sur les Procédures AML/KYC réalisées pour le Compte préexistant visé à l'alinéa C(9)(a) ; et

iv) l'ouverture du Compte financier n'est pas conditionnée par la fourniture de renseignements nouveaux, supplémentaires ou modifiés concernant le client par le Titulaire de compte autres que ceux requis aux fins de la Norme commune de déclaration.

Des renseignements nouveaux, supplémentaires ou modifiés concernant le client seraient, par exemple, probablement requis si un Titulaire de compte qui ne détient initialement qu'un Compte de dépôt ouvre un Compte conservateur (dans la mesure où ce Titulaire de compte devrait souvent fournir des renseignements concernant son profil de risque), ou si un Titulaire de compte conclut un nouveau Contrat d'assurance. L'acceptation de conditions contractuelles, ou l'autorisation d'une notation financière, concernant un Compte financier ne constituera pas à elle seule des renseignements concernant le client.

S'agissant de l'alinéa C(9)(b)(ii), par exemple, si une Institution financière déclarante a tout lieu de savoir que le statut attribué au Titulaire de compte d'un des Comptes financiers est inexact, alors il a tout lieu de savoir que le statut attribué à tous les autres Comptes financiers de ce Titulaire de compte est inexact. De même, dans la mesure où le solde ou la valeur d'un compte est utile pour appliquer un seuil concernant un ou plusieurs Comptes financiers, l'Institution financière déclarante doit agréger les soldes ou valeurs de tous ces comptes financiers.

Un fonds ne sera probablement pas considéré comme une Entité liée à un autre fonds au sens de l'alinéa E(4) et, en conséquence, l'autre définition de l'expression « Compte préexistant » ne sera pas applicable aux nouveaux titres de participation ou de créance détenus par les investisseurs finaux qui sont directement inscrits dans le registre des participations du fonds. Les juridictions désirant remédier à cette situation doivent également reformuler l'alinéa E(4), comme suit :

4. Une Entité est une « Entité liée » à une autre Entité si (a) l'une des deux Entités contrôle l'autre ; (b) ces deux Entités sont placées sous un contrôle conjoint ; ou (c) ces deux Entités sont des Entités d'investissement décrites à l'alinéa A(6)(b), sont placées sous une direction commune, et cette direction s'acquitte des obligations de diligence raisonnable qui sont imposées aux Entités d'investissement considérées. À cette fin, le contrôle comprend la détention directe ou indirecte de plus de 50% des droits de vote ou de la valeur d'une Entité.

83. Un Compte préexistant et un Nouveau compte sont classés en fonction du type de Détenteur de compte. Ainsi, un Compte préexistant peut être soit un « Compte de personne physique préexistant », soit un « Compte d'entité préexistant », et un Nouveau compte peut être soit un « Nouveau compte de personne physique », soit un « Nouveau compte d'entité ». Les alinéas C(11) à (13) et C(16) définissent ces expressions en conséquence.

84. Enfin, un Compte de personne physique préexistant est classé en fonction de son solde ou de sa valeur, par rapport à un seuil de 1 000 000 USD. Au regard de ce seuil, un Compte de personne physique préexistant peut être soit un « Compte de faible valeur », soit un « Compte de valeur élevée ». Les alinéas C(14) et (15) définissent ces expressions comme suit :

- l'expression « Compte de faible valeur » désigne un Compte de personne physique préexistant dont le solde ou la valeur au 31 décembre [xxxx] ne dépasse pas 1 000 000 USD ;

- l'expression « Compte de valeur élevée » désigne un Compte de personne physique préexistant dont le solde ou la valeur dépasse

1 000 000 USD au 31 décembre [xxxx] ou au 31 décembre d'une année ultérieure.

Si un compte devient un Compte de valeur élevée, il conserve ce statut jusqu'à sa date de clôture et, par conséquent, ne peut plus être considéré comme un Compte de faible valeur.

85.   Le choix des dates retenues pour déterminer si un Compte financier est un « Compte préexistant » ou un « Nouveau compte » est une décision de la juridiction qui met en œuvre la Norme commune de déclaration, mais la date retenue pour l'expression « Nouveau compte » devrait être celle du jour suivant la date retenue pour l'expression « Compte préexistant » (voir l'Annexe 5 – Approche plus globale). S'agissant du choix de l'année retenue pour déterminer si un Compte financier est un « Compte de faible valeur » ou un « Compte de valeur élevée », la même année devrait être choisie pour les deux expressions.

Alinéa C(17) – Compte exclu

86.   L'alinéa C(17) recense les différentes catégories de Comptes exclus (c'est-à-dire de comptes qui ne sont pas des Comptes financiers et sont donc dispensés des obligations déclaratives), qui sont :

a)   les comptes de retraite et de pension ;

b)   les comptes bénéficiant d'un traitement fiscal favorable autres que les comptes de retraite ;

c)   les contrats d'assurance-vie temporaire ;

d)   les comptes détenus par une succession ;

e)   les comptes de garantie bloqués ;

f)   les comptes de dépôt liés à des paiements excédentaires non restitués ; et

g)   les comptes exclus à faible risque.

Ces catégories correspondront généralement aux types de comptes exclus de la définition des « Comptes financiers » figurant dans l'accord intergouvernemental conclu entre la juridiction considérée et les États-Unis en vue d'améliorer le respect des obligations fiscales internationales (notamment au titre de la loi FATCA), sous réserve que ces types de comptes satisfassent à toutes les conditions énoncées à l'alinéa C(17).

87.   Afin de déterminer si un compte satisfait à toutes les conditions prévues pour une catégorie donnée de Comptes exclus, une Institution financière déclarante peut se fonder sur les informations en sa possession

(y compris les informations collectées dans le cadre des Procédures visant à identifier les clients et à lutter contre le blanchiment (AML/KYC)) ou sur des renseignements qui sont accessibles au public, sur la base desquels elle peut déterminer avec une certitude suffisante que le compte considéré est un Compte exclu (voir le paragraphe 12 du Commentaire sur la Section V). En pratique, une Institution financière déclarante qui tient uniquement des comptes qui sont des Comptes exclus n'a pas d'obligations déclaratives. Néanmoins, elle peut être soumise à d'autres obligations en sa qualité d'Institution financière déclarante, telles que la présentation d'une déclaration « néant » en l'absence de Comptes déclarables (si le droit interne le prévoit).

Comptes de retraite et de pension

88.   Un compte de retraite ou de pension peut constituer un Compte exclu, sous réserve qu'il satisfasse à toutes les conditions énoncées à l'alinéa C(17)(a). Ces conditions doivent être satisfaites en vertu de la législation de la juridiction où est tenu le compte considéré. En résumé, les critères à remplir sont les suivants :

a) le compte est réglementé ;

b) le compte bénéficie d'un traitement fiscal favorable ;

c) des renseignements relatifs au compte doivent être communiqués aux autorités fiscales ;

d) les retraits sont possibles uniquement à partir de l'âge fixé pour le départ en retraite, de la survenue d'une invalidité ou d'un décès, ou les retraits effectués avant de tels événements sont soumis à des pénalités ; et

e) les *(i)* cotisations annuelles sont limitées à 50 000 USD ou moins, ou *(ii)* un plafond de 1 000 000 USD ou moins s'applique au total des cotisations versées au cours de la vie du souscripteur, à l'exclusion des transferts en provenance d'autres comptes.

89.   Les obligations déclaratives prévues à l'alinéa C(17)(a)(iii) peuvent varier suivant les juridictions. Une juridiction peut exiger des informations annuelles concernant le compte, tandis qu'une autre peut exiger des informations mensuelles concernant les cotisations versées sur le compte et les allègements d'impôts connexes, et des informations annuelles sur les Titulaires de compte et les cotisations totales versées sur le compte. Par conséquent, sous réserve qu'il existe des obligations déclaratives vis-à-vis des autorités fiscales compétentes dans la juridiction où est tenu le compte, le calendrier et les modalités d'exécution de ces obligations déclaratives ne sont pas déterminants pour établir si ledit compte satisfait à la condition énoncée à l'alinéa C(17)(a)(iii).

Comptes bénéficiant d'un traitement fiscal favorable autres que les comptes de retraite

90.   Un compte autre qu'un compte de retraite peut être un Compte exclu, à condition qu'il satisfasse à toutes les conditions énoncées à l'alinéa C(17)(b). Ces conditions doivent être satisfaites en vertu de la législation de la juridiction où est tenu le compte considéré. En résumé, les critères à remplir sont les suivants :

a)   le compte est réglementé et, s'il s'agit d'un support d'investissement, fait l'objet de transactions régulières sur un marché boursier réglementé (voir le paragraphe 112 ci-après) ;

b)   le compte bénéficie d'un traitement fiscal favorable ;

c)   les retraits sont conditionnés par le respect de certains critères, ou des pénalités s'appliquent aux retraits effectués avant que ces critères ne soient remplis ; et

d)   les cotisations annuelles sont plafonnées à 50 000 USD ou moins, à l'exclusion des transferts en provenance d'autres comptes.

Contrats d'assurance-vie temporaire

91.   Un contrat d'assurance vie dont la période de couverture s'achève avant que l'assuré atteigne l'âge de 90 ans peut être un Compte exclu, à condition que ce contrat satisfasse à toutes les conditions énoncées à l'alinéa C(17)(c). Comme indiqué plus haut au paragraphe 78, un « contrat d'assurance-vie » est un Contrat d'assurance dans lequel l'assureur, en contrepartie d'une rémunération, s'engage à verser une somme d'argent en cas de décès d'une ou plusieurs personnes.

Comptes détenus par une succession

92.   Selon l'alinéa C(17)(d), un compte qui est détenu uniquement par une succession peut être un Compte exclu si la documentation de ce compte comprend une copie du testament du défunt ou du certificat de décès. À cette fin, l'Institution financière déclarante doit considérer ce compte comme ayant le même statut que celui qu'il avait avant le décès du Titulaire du compte jusqu'à la date à laquelle elle obtient cette copie. Pour déterminer la signification du terme « succession », il faut se référer aux règles spécifiques de chaque juridiction concernant le transfert ou l'héritage de droits et obligations en cas de décès (comme les règles relatives au legs universel).

Comptes de garantie bloqués

93. L'alinéa C(17)(e) porte de manière générale sur les comptes où des fonds sont détenus par un tiers au nom de parties à une transaction (c'est-à-dire des comptes de garantie bloqués). Ces comptes peuvent être des Comptes exclus s'ils sont ouverts en lien avec l'un des éléments suivants :

   a) une décision ou un jugement d'un tribunal ;

   b) la vente, l'échange ou la location d'un bien immobilier ou personnel, à condition que le compte satisfasse à toutes les conditions énoncées à l'alinéa C(17)(e)(ii) ;

   c) l'obligation pour une Institution financière qui octroie un prêt garanti par un bien immobilier de réserver une partie d'un paiement uniquement pour faciliter le paiement d'impôts ou de primes d'assurance liés au bien immobilier à l'avenir ;

   d) l'obligation pour une Institution financière de faciliter le paiement d'impôts à l'avenir.

94. Pour être un Compte exclu au sens de l'alinéa C(17)(e)(ii), un compte doit être ouvert en lien avec la vente, l'échange ou la location d'un bien immobilier ou personnel. La définition du concept de bien immobilier ou personnel par référence aux lois de la juridiction où est tenu le compte considéré contribuera à éviter des difficultés d'interprétation quant à la question de savoir si un actif ou un droit doit être considéré comme un bien immobilier, un bien personnel, ou ni l'un ni l'autre.

Comptes de dépôt liés à des paiements excédentaires non restitués

95. Comme indiqué ci-avant au paragraphe 44, une Institution financière déclarante qui ne satisfait pas aux conditions requises pour être un Émetteur de carte de crédit homologué, mais accepte des dépôts lorsqu'un client procède à un paiement d'un montant supérieur au solde exigible au titre d'une carte de crédit ou d'une autre facilité de crédit renouvelable peut néanmoins ne pas déclarer un Compte de dépôt constituant un Compte exclu au sens de l'alinéa C(17)(f). Les conditions prévues à cet alinéa sont les suivantes :

   a) le compte existe uniquement parce qu'un client procède à un paiement d'un montant supérieur au solde exigible au titre d'une carte de crédit ou d'une autre facilité de crédit renouvelable et l'excédent n'est pas immédiatement restitué au client ; et

   b) à compter du [xx/xx/xxxx] ou avant cette date, l'Institution financière met en œuvre des règles et des procédures visant à empêcher un client de procéder à un paiement excédentaire supérieur à 50 000 USD ou à faire en sorte que tout paiement excédentaire supérieur à 50 000 USD (et au solde dû au titre de la carte ou de la facilité de crédit concernée) soit remboursé au client dans un délai de 60 jours civils, en appliquant systématiquement les règles énoncées dans le paragraphe C de la section VII concernant la conversion monétaire. À cette fin, l'excédent de paiement d'un client exclut les soldes créditeurs imputables à des frais contestés mais inclut les soldes créditeurs résultant de retours de marchandises.

96.   Le choix de la date mentionnée à l'alinéa C(17)(f)(ii) est une décision de la juridiction qui met en œuvre la Norme commune de déclaration, mais la date retenue devrait être la même que celle choisie pour l'expression « Nouveau compte ». À cette fin, une Institution financière créée ou constituée après la date choisie doit satisfaire au critère énoncé à l'alinéa C(17)(f)(ii) dans les six mois consécutifs à la date où elle a été créée ou constituée.

Comptes exclus à faible risque

97.   Selon l'alinéa C(17)(g), un compte peut également être un Compte exclu si :

a)   ce compte présente un faible risque d'être utilisé dans un but de fraude fiscale ;

b)   ce compte présente des caractéristiques substantiellement similaires à celles des comptes décrits aux alinéas C(17)(a) à (f) ;

c)   ce compte est défini en droit interne en tant que Compte exclu ; et

d)   ce statut de Compte exclu ne va pas à l'encontre des objectifs de la Norme commune de déclaration.

98.   Cette catégorie « ouverte » de Comptes exclus est destinée à permettre de prendre en compte la variété des comptes propres à chaque juridiction qui satisfont aux critères énoncés à l'alinéa C(17)(g), et d'éviter des négociations sur les catégories de Comptes exclus lors de la conclusion d'un accord sur l'échange automatique de renseignements relatifs aux comptes financiers.

99.   La première condition énoncée à l'alinéa C(17)(g) est que l'Institution financière considérée présente un faible risque d'être utilisée dans un but de fraude fiscale. Les facteurs pouvant être pris en compte pour évaluer ce risque sont les suivants :

a)   facteurs de risque faible :

(1)   le compte est réglementé ;

(2)   le compte bénéficie d'un traitement fiscal favorable ;

(3) la communication d'informations aux autorités fiscales est requise concernant le compte ;

(4) les cotisations versées sur le compte ou les allègements d'impôts connexes sont limités ;

(5) le type de compte considéré fournit des services limités et définis de façon pertinente afin d'en accroître l'accès à certains types de clients à des fins d'inclusion financière.

b) facteurs de risque élevé :

(1) le type de compte considéré n'est pas soumis aux Procédures visant à identifier les clients et à lutter contre le blanchiment (AML/KYC) ;

(2) le type de compte considéré est présenté à des fins promotionnelles comme un instrument de minimisation des impôts.

100.   La deuxième condition énoncée à l'alinéa C(17)(g) est que le compte présente des caractéristiques substantiellement similaires à celles des comptes décrits aux alinéas C(17)(a) à (f). Cette condition ne peut être utilisée uniquement pour éliminer un élément spécifique d'une description. Chaque juridiction peut évaluer l'application de cette condition à un type de compte qui ne satisfait pas à toutes les conditions d'une des descriptions figurant aux alinéas C(17)(a) à (f). Dans le cadre de cette évaluation, une juridiction doit déterminer quelles conditions sont remplies et lesquelles ne le sont pas, et s'agissant des secondes, elle doit établir l'existence d'une autre condition permettant de s'assurer de manière équivalente que le type de compte considéré présente un faible risque d'être utilisé dans un but de fraude fiscale.

101.   La troisième condition énoncée à l'alinéa C(17)(g) est que le compte considéré soit défini en droit interne en tant que Compte exclu. Cette condition est remplie dès lors qu'une juridiction définit un type spécifique de compte en tant que Compte exclu, et que cette définition figure dans le droit national. À cette fin, les types de comptes définis comme tels dans la juridiction concernée correspondront généralement aux types de comptes exclus de la définition des « Comptes financiers » figurant dans l'accord intergouvernemental conclu entre la juridiction considérée et les États-Unis en vue d'améliorer le respect des obligations fiscales internationales, notamment au titre de la loi FATCA (comme les comptes d'épargne qui ne sont pas déjà des Comptes exclus), sous réserve que ces types de comptes satisfassent à toutes les conditions énoncées à l'alinéa C(17)(g). Chaque juridiction devrait avoir une seule liste de Comptes exclus définis au niveau national (par opposition aux différentes listes des différentes Juridictions partenaires) et cette liste devrait être rendue publique.

102.   La quatrième condition énoncée à l'alinéa C(17)(g) est que le statut de Compte exclu du compte considéré n'aille pas à l'encontre des objectifs de la Norme commune de déclaration. Le respect de cette condition devrait être évalué, entre autres, au regard des éléments suivants :

a)   les procédures administratives dont une juridiction doit être dotée en vue de faire en sorte que les comptes définis en droit interne en tant que Comptes exclus continuent de présenter un faible risque d'être utilisés dans un but de fraude fiscale (voir l'alinéa A(4) de la Section IX) ;

b)   la possibilité de suspendre un accord entre Autorités compétentes dès lors que l'Autorité compétente de l'autre partie a attribué à des comptes le statut de Compte exclu en allant à l'encontre des objectifs de la Norme commune de déclaration (voir le paragraphe 2 de la Section 7 du Modèle d'accord entre autorités compétentes) ; et

c)   le mécanisme pour l'examen de la mise en œuvre de la Norme commune de déclaration demandé par le G20 au Forum mondial sur la transparence et l'échange de renseignements à des fins fiscales (voir le paragraphe 51 de la Déclaration des chefs d'État et de gouvernement du G20 prononcée lors du Sommet de Saint-Pétersbourg, qui s'est tenu les 5 et 6 septembre 2013)[12].

103.   Les exemples suivants illustrent l'application de l'alinéa C(17)(g) :

•   Exemple 1 (Contrat de rente à cotisations illimitées) : Un type de Contrat de rente satisfait à toutes les conditions énoncées à l'alinéa C(17)(a), sauf celle figurant à l'alinéa C(17)(a)(v) (autrement dit, les cotisations ne sont pas limitées). Néanmoins, les pénalités applicables valent pour tous les retraits effectués avant l'âge fixé pour le départ en retraite et comprennent le prélèvement d'une surtaxe au taux uniforme élevé (de 60 pour cent, par exemple) sur les cotisations qui bénéficiaient précédemment d'un traitement fiscal favorable. Compte tenu de l'existence d'une autre condition permettant de s'assurer de manière équivalente que le compte considéré présente un faible risque d'être utilisé dans un but de fraude fiscale, ce type de compte pourrait être défini en droit interne en tant que Compte exclu.

•   Exemple 2 (Compte d'épargne à cotisations illimitées) : Un type de Compte d'épargne satisfait à toutes les conditions énoncées à l'alinéa C(17)(b), sauf celle figurant à l'alinéa C(17)(b)(iv) (autrement dit, les cotisations ne sont pas plafonnées). Néanmoins, les allègements fiscaux associés à ces cotisations sont limités par référence à un montant indexé. Compte tenu de l'existence d'une

---

12.   Consultable sur le site https ://www.tresor.economie.gouv.fr/.

autre condition permettant de s'assurer de manière équivalente que le compte considéré présente un faible risque d'être utilisé dans un but de fraude fiscale, ce type de compte pourrait être défini en droit interne en tant que Compte exclu.

- Exemple 3 (Contrat de micro-assurance avec valeur de rachat) : Un type de Contrat d'assurance avec valeur de rachat satisfait uniquement à la condition énoncée à l'alinéa C(17)(b)(i) (autrement dit, il est réglementé en tant que support d'investissement à des fins autres que la retraite). Néanmoins, en application de la réglementation relative à la micro-assurance de la Juridiction partenaire, *(i)* il est ciblé sur des personnes (ou des groupes de personnes) qui sont en deçà du seuil de pauvreté (défini, par exemple, par des ressources monétaires inférieures à 1.25 USD par personne et par jour, en dollars É.-U. de 2005), et *(ii)* le montant brut total payable en vertu de ce contrat est plafonné à 7 000 USD. Compte tenu de l'existence d'une autre condition générale permettant de s'assurer de manière équivalente que le compte considéré présente un faible risque d'être utilisé dans un but de fraude fiscale, ce type de compte pourrait être défini en droit interne en tant que Compte exclu.

- Exemple 4 (Compte à caractère social) : Un type de Compte d'épargne satisfait uniquement la condition énoncée à l'alinéa C(17)(b)(i) (autrement dit, il est réglementé en tant que support d'investissement à des fins autres que la retraite). Néanmoins, en application de la réglementation relative à la protection sociale de la Juridiction partenaire, il peut être uniquement détenu par une personne *(i)* qui est en deçà du seuil de pauvreté (défini, par exemple, par des ressources monétaires inférieures à 1.25 USD par personne et par jour, en dollars É.-U. de 2005) ou dont les revenus sont considérés comme faibles à l'aune d'autres critères, et *(ii)* qui participe à un programme de protection sociale. Compte tenu de l'existence d'une autre condition générale permettant de s'assurer de manière équivalente que le compte considéré présente un faible risque d'être utilisé dans un but de fraude fiscale, ce type de compte pourrait être défini en droit interne en tant que Compte exclu.

- Exemple 5 (Compte d'inclusion financière) : Un type de Compte de dépôt satisfait uniquement aux conditions énoncées aux alinéas C(17)(b)(i) et (iv) (autrement dit, il est réglementé en tant que support d'investissement à des fins autres que la retraite, et les cotisations annuelles sont plafonnées). Néanmoins, en application de la réglementation financière de la Juridiction partenaire, *(i)* il fournit des services limités et définis à des personnes physiques afin d'accroître leur accès à ce type de services à des fins d'inclusion financière; *(ii)* les dépôts mensuels ne peuvent dépasser 1 250 USD (à l'exclusion des dépôts effectués par un organisme public autorisé à le faire dans le cadre d'un programme de protection sociale); et *(iii)* les Institutions financières ont été autorisées à appliquer des procédures simplifiées visant à identifier les clients et à lutter contre le blanchiment (AML/KYC) pour ce type de compte, dans la mesure où il a été considéré qu'il présentait un risque plus faible de blanchiment de capitaux ou de financement du terrorisme suivant les Recommandations du GAFI. Compte tenu de l'existence d'autres conditions générales permettant de s'assurer de manière équivalente que le compte considéré présente un faible risque d'être utilisé dans un but de fraude fiscale, ce type de compte pourrait être défini en droit interne en tant que Compte exclu.

• Exemple 6 (Compte inactif) : Le type de Compte de dépôt considéré *(i)* a un solde annuel qui ne dépasse pas 1 000 USD et *(ii)* est un compte inactif (voir le paragraphe 9 du Commentaire sur la Section III). Compte tenu de l'existence d'autres conditions générales permettant de s'assurer de manière équivalente que le compte considéré présente un faible risque d'être utilisé dans un but de fraude fiscale, ce type de compte pourrait être défini en droit interne en tant que Compte exclu pendant la période d'inactivité.

Paragraphe D – Compte déclarable

104.   Le paragraphe D contient la définition de l'expression « Compte déclarable » et de tous les autres termes pertinents pour déterminer si un compte est déclarable.

Alinéa D(1) – Compte déclarable

105.   Comme indiqué dans l'alinéa (1) du paragraphe D, l'expression « Compte déclarable » désigne un compte détenu par une ou plusieurs Personnes devant faire l'objet d'une déclaration ou par une ENF passive dont une ou plusieurs Personnes qui en détiennent le contrôle sont des Personnes devant faire l'objet d'une déclaration, à condition d'avoir été identifiées en tant que telles selon les procédures de diligence raisonnable décrites dans les sections II à VII.

Alinéas (2) et (3) du paragraphe D — Personne devant faire l'objet d'une déclaration et Personne d'une Juridiction soumise à déclaration

Personne d'une Juridiction soumise à déclaration

106.   En règle générale, une personne physique ou une Entité est une « Personne d'une Juridiction soumise à déclaration » si elle est résidente d'une Juridiction soumise à déclaration en vertu du droit fiscal de cette juridiction. Cette règle a une exception : une Entité qui n'a pas de résidence à des fins fiscales (par exemple, parce qu'elle est considérée comme fiscalement transparente) est considérée comme résidente de la juridiction où se situe son siège de direction effective.

107.   Les législations nationales diffèrent pour ce qui est du traitement des sociétés de personnes (y compris les sociétés à responsabilité limitée). Certaines juridictions considèrent les sociétés de personnes comme des unités imposables (parfois même comme des sociétés de capitaux), tandis que d'autres adoptent l'approche dite fiscalement transparente, en vertu de laquelle la société de personnes n'est pas prise en compte à des fins fiscales. Lorsqu'une société de personnes est considérée comme une société de capitaux ou est taxée selon les modalités applicables à une société de capitaux, elle doit généralement être considérée comme résidente de la Juridiction soumise à déclaration qui détient les droits d'imposition sur cette société de personnes. Lorsque, toutefois, une société de personnes est considérée comme fiscalement transparente dans une Juridiction soumise à déclaration, elle n'est pas « assujettie à l'impôt » dans cette juridiction et ne peut donc pas en être résidente.

108.   Une Entité, telle qu'une société de personnes, une société à responsabilité limitée ou une structure juridique similaire qui n'a pas de résidence à des fins fiscales, en vertu de l'alinéa (3) du paragraphe D, doit être considérée comme résidente de la juridiction dans laquelle se situe son siège de direction effective. À cette fin, une personne morale ou une structure juridique est considérée comme « similaire » à une société de personnes et à une société à responsabilité limitée dès lors qu'elle n'est pas traitée comme une unité imposable dans une Juridiction soumise à déclaration en vertu des lois fiscales de cette juridiction. Toutefois, pour éviter les doubles déclarations (au regard de la large portée de l'expression « Personnes détenant le contrôle » dans le cas des trusts), un trust qui est une ENF passive peut ne pas être considéré comme une structure juridique similaire.

109.   Le « siège de direction effective » est le lieu où sont prises les principales décisions commerciales et de gestion qui sont nécessaires à la conduite des activités de l'Entité dans son ensemble. Tous les faits et circonstances pertinents doivent être examinés pour déterminer le siège de

direction effective. Une Entité peut avoir plusieurs sièges de direction, mais un seul siège de direction effective à un moment donné.

110.   L'expression « Personne d'une Juridiction soumise à déclaration » désigne aussi la succession d'un défunt qui était résident d'une Juridiction soumise à une déclaration. Comme mentionné au paragraphe 92 ci-dessus, pour déterminer la signification de « succession », il faut faire référence aux règles particulières de chaque juridiction concernant la transmission ou l'héritage de droits et d'obligations en cas de décès (par exemple, les règles de succession universelle).

Personne devant faire l'objet d'une déclaration

111.   L'alinéa D(2) définit l'expression « Personne devant faire l'objet d'une déclaration » en tant que Personne d'une Juridiction soumise à déclaration autre que :

a) toute société dont les titres font l'objet de transactions régulières sur un ou plusieurs marchés boursiers réglementés ;

b) toute société qui est une Entité liée d'une société décrite précédemment ;

c) une entité publique ;

d) une organisation internationale ;

e) une banque centrale ; ou

f) une institution financière.

112.   La question de savoir si une société qui est une Personne d'une Juridiction soumise à déclaration est elle-même une Personne devant faire l'objet d'une déclaration, conformément à la description figurant à l'alinéa (2)(i) du paragraphe D, peut dépendre de l'existence de titres de cette société faisant l'objet de transactions régulières sur un ou plusieurs marchés boursiers réglementés. Un titre fait l'objet de « transactions régulières » s'il fait l'objet d'un volume significatif de transactions de façon continue, alors que l'expression « marché boursier réglementé » désigne une bourse qui est officiellement reconnue et surveillée par une autorité publique compétente pour ce marché et dont la valeur annuelle des actions qui y sont négociées est significative.

113.   Pour chaque catégorie de titres de la société, on considère qu'il y a « un volume significatif de transactions de façon continue » si *(i)* les titres de chacune de ces catégories sont négociés, en quantités non négligeables, sur un ou plusieurs marchés boursiers réglementés pendant au moins 60 jours ouvrables au cours de l'année civile antérieure ; et si *(ii)* le nombre total de titres dans chacune de ces catégories qui sont échangés sur le ou lesdits

marchés durant l'année antérieure représente au moins 10% de l'encours moyen des titres dans cette catégorie au cours de ladite année.

114.   Une catégorie de titres sera généralement considérée comme répondant au critère des « transactions régulières » pour une année civile si les titres sont négociés durant cette année sur un marché boursier réglementé et sont régulièrement inscrits à la cote par les courtiers qui achètent et vendent ces titres. On considère qu'un courtier achète et vend des titres uniquement s'il propose, de façon régulière et active, d'acheter et de vendre ces titres, et se livre effectivement à cette activité, à des clients qui ne lui sont pas liés dans l'exercice normal d'une activité.

115.   La « valeur annuelle des actions négociées sur un marché boursier est significative » si la valeur annuelle des actions négociées sur le marché (ou un marché boursier antérieur) dépasse 1 000 000 000 USD durant chacune des trois années civiles précédant immédiatement l'année civile au cours de laquelle le calcul est effectué. Si sur un marché boursier, les titres peuvent être cotés ou négociés dans des compartiments séparés, chacun de ces compartiments doit être considéré comme un marché boursier distinct.

116.   En application de l'alinéa (vi) du paragraphe D(2), les Institutions financières sont exclues de la définition d'une « Personne devant faire l'objet d'une déclaration » car soit elles se chargent elles-mêmes de leur déclaration, soit elles sont considérées comme présentant un faible risque d'être utilisées dans un but de fraude fiscale. Elles sont donc dispensées des obligations déclaratives, sauf s'il s'agit d'Entités d'investissement décrites à l'alinéa A(6)(b) qui ne sont pas des Institutions financières d'une Juridiction partenaire, qui sont considérées comme des ENF passives et font donc l'object d'une déclaration.

Alinéas D(4) et (5) – Juridiction soumise à déclaration et Juridiction partenaire

117.   Les alinéas D(4) et D(5) définissent les expressions « Juridiction soumise à déclaration » et « Juridiction partenaire » comme suit :

- l'expression « Juridiction soumise à déclaration » désigne une juridiction *(i)* avec laquelle un accord est conclu qui prévoit l'obligation de communiquer les renseignements indiqués à la section I, et *(ii)* qui figure dans une liste publiée ;

- l'expression « Juridiction partenaire » désigne une juridiction *(i)* avec laquelle un accord est conclu aux termes duquel elle doit communiquer les renseignements indiqués à la section I et *(ii)* qui figure dans une liste publiée.

118.   Ces définitions sont pertinentes pour déterminer les Institutions financières soumises à l'obligation déclarative et les Titulaires de comptes devant faire l'objet d'une déclaration, ainsi que pour l'obligation « de regarder à travers » les Entités d'investissement gérées par des professionnels qui ne sont pas des partenaires. Si les deux expressions paraissent similaires, il existe en fait une différence importante : l'expression « Juridiction partenaire » désigne une juridiction avec laquelle un accord d'échange automatique de renseignements relatifs aux comptes financiers (c'est-à-dire les renseignements visés à la section I) a été conclu, alors que l'expression « Juridiction soumise à déclaration » désigne une Juridiction partenaire simplement tenue de communiquer des renseignements relatifs aux comptes financiers.

119.   Les alinéas D(4) et (5) prévoient que la juridiction doit figurer dans une liste publiée respectivement en tant que Juridiction soumise à déclaration et Juridiction partenaire. Chaque juridiction doit mettre cette liste à la disposition du public, et la mettre à jour le cas échéant (par exemple, chaque fois que la juridiction signe un accord d'échange automatique de renseignements relatifs aux comptes financiers, ou lorsqu'un tel accord entre en vigueur).

120.   Les exemples suivants illustrent l'application des alinéas D(4) et (5) :

- Exemple 1 (échange réciproque) : la Juridiction A et la Juridiction B ont conclu un accord réciproque d'échange automatique de renseignements relatifs aux comptes financiers. En application de cet accord, les deux juridictions sont tenues d'échanger les renseignements visés à la section I. Étant donné que la Juridiction A a un accord avec la Juridiction B en vertu duquel l'obligation lui est faite de communiquer les renseignements visés à la section I, dans l'optique de la Juridiction A, la Juridiction B est à la fois une Juridiction partenaire et une Juridiction soumise à déclaration. Il en va de même du point de vue de la Juridiction B concernant la Juridiction A.

- Exemple 2 (échange non réciproque) : la Juridiction X, qui n'a pas d'impôt sur le revenu, et la Juridiction Y ont conclu un accord non réciproque d'échange automatique de renseignements relatifs aux comptes financiers. En vertu de cet accord, seule la Juridiction X est tenue d'échanger les renseignements visés à la section I. Étant donné que la Juridiction X a conclu un accord avec la Juridiction Y qui prévoit l'obligation de communiquer les renseignements indiqués à la section I, du point de vue de la Juridiction X, la Juridiction Y est à la fois une Juridiction partenaire et une Juridiction soumise à déclaration. Cependant, vu que la Juridiction Y a un accord avec la Juridiction X mais qu'elle n'est pas assujettie à l'obligation de communiquer les renseignements indiqués à la section I en vertu de cet accord, du point de vue de la Juridiction Y, la Juridiction X est une Juridiction partenaire, mais pas une Juridiction soumise à déclaration.

Alinéas D(6) à (9) – ENF et Personnes détenant le contrôle

ENF, ENF passive et ENF active

121. Les alinéas D(6) à (9) définissent les expressions « ENF », « ENF passive », « ENF active » et « Personnes détenant le contrôle », qui sont utiles pour déterminer si une Entité est une ENF passive dont une ou plusieurs Personnes qui en détiennent le contrôle sont des Personnes devant faire l'objet d'une déclaration. Lorsque c'est le cas, comme le prévoient les alinéas D(2) de la section V et A(2) de la section VI, le compte doit alors être considéré comme un Compte déclarable.

122. Le terme « ENF » est un acronyme signifiant Entité non financière et désigne, selon l'alinéa D(7), toute Entité qui n'est pas une Institution financière. Une ENF peut être soit passive, soit active. Les alinéas D(8) et (9) contiennent respectivement la définition des termes « ENF passive » et « ENF active ».

123. En principe, une « ENF passive » désigne une ENF qui n'est pas une ENF active. Cependant, l'alinéa D(8) inclut aussi dans cette définition une Entité d'investissement décrite à l'alinéa A(6)(b) qui n'est pas une Institution financière d'une Juridiction partenaire. Ainsi, des Institutions financières déclarantes sont tenues de regarder à travers ce type d'Entité d'investissement, comme le montre l'exemple suivant : la Juridiction A a conclu un accord réciproque d'échange automatique de renseignements relatifs aux comptes financiers avec la Juridiction B, mais n'a pas d'accord avec la Juridiction C. W, une Institution financière déclarante de la Juridiction A, détient des Comptes financiers pour les Entités X et Y, qui sont toutes deux des Entités d'investissement telles que décrites à l'alinéa A(6)(b). L'Entité X est résidente de la Juridiction B et l'Entité Y est résidente de la Juridiction C. Du point de vue de W, l'Entité X est une Institution financière d'une Juridiction partenaire et l'Entité Y n'est pas une Institution financière d'une Juridiction partenaire. Dans ces conditions, W doit traiter l'Entité Y comme une ENF passive en application de l'alinéa D(8).

124. Toute ENF peut être une ENF active, à condition qu'elle satisfasse à l'un ou l'autre des critères énumérés à l'alinéa D(9). En résumé, ces critères les Entités suivantes :

  a) ENF active en raison de ses revenus et de ses actifs ;

  b) ENF cotée en bourse ;

  c) Entités publiques, organisations internationales, banques centrales ou Entités détenues à 100 % par les structures précitées ;

  d) ENF holding qui sont membres d'un groupe non financier ;

e) ENF récemment créée ;

f) ENF dont les actifs sont en cours de liquidation ou ENF en cours de restructuration ;

g) Entités de financement qui sont membres d'un groupe non financier ; ou

h) ENF à but non lucratif.

125. L'alinéa D(9)(a) décrit le critère d'attribution du statut d'ENF active aux « ENF actives » à raison des revenus et des actifs : moins de 50% des revenus bruts de l'ENF au titre de l'année civile précédente ou d'une autre période de référence comptable pertinente sont des revenus passifs et moins de 50% des actifs détenus par l'ENF au cours de l'année civile précédente ou d'une autre période de référence comptable pertinente sont des actifs qui produisent ou qui sont détenus pour obtenir des revenus passifs.

126. Pour déterminer ce que signifie l'expression « revenus passifs », il faut se référer aux règles particulières à chaque juridiction. Dans les revenus passifs entre généralement la partie des revenus bruts composée des éléments suivants :

a) dividendes ;

b) intérêts ;

c) revenus équivalents à des intérêts ;

d) rentes et redevances, autres que les rentes et redevances tirées de l'exercice actif d'une activité menée, du moins en partie, par des salariés de l'ENF ;

e) rentes ;

f) excédent des gains sur les pertes issus de la vente de l'échange de biens générant les revenus passifs décrits précédemment ;

g) excédent des gains sur les pertes issus de transactions (y compris les contrats et opérations à terme, options et autres transactions du même type) relatives à tout Actif financier ;

h) excédent des gains de change sur les pertes de change ;

i) revenu net tiré de contrats d'échange ; ou

j) montants reçus au titre de Contrats d'assurance avec valeur de rachat.

Nonobstant ce qui précède, les revenus passifs ne couvrent pas, dans le cas d'une ENF qui agit régulièrement en tant que courtier en Actifs financiers, tout revenu d'une transaction passée dans le cadre habituel de l'activité de ce courtier.

127.   La valeur des actifs d'une ENF est déterminée sur la base du prix du marché ou de la valeur comptable des actifs qui apparaît dans le bilan de l'ENF.

128.   L'alinéa D(9)(b) décrit le critère d'attribution du statut de ENF active pour les « ENF cotées en bourse » : les actions de l'ENF font l'objet de transactions régulières sur un marché boursier réglementé où l'ENF est une Entité liée à une Entité dont les actions font l'objet de transactions régulières sur un marché boursier réglementé. Comme mentionné au paragraphe 112 ci-dessus, des actions « font l'objet de transactions régulières » s'il font l'objet d'un volume significatif de transactions de façon continue, alors que l'expression « marché boursier réglementé » désigne une bourse qui est officiellement reconnue et surveillée par une autorité publique compétente pour ce marché et dont la valeur annuelle des actions qui y sont négociées est significative.

129.   L'alinéa D(9)(d) décrit le critère d'attribution du statut d'ENF active pour les « ENF holding qui sont membres d'un groupe non financier » : les activités de l'ENF consistent pour l'essentiel à détenir (en tout ou en partie) les actions émises par une ou plusieurs filiales dont les activités ne sont pas celles d'une Institution financière, ou à proposer des financements ou des services à ces filiales. Une ENF ne peut prétendre à ce statut si elle opère (ou se présente) comme un fonds de placement, tel qu'un fonds de capital-investissement, un fonds de capital-risque, un fonds de rachat d'entreprise par endettement ou tout autre organisme de placement dont l'objet est d'acquérir ou de financer des sociétés puis d'y détenir des participations à des fins de placement.

130.   Pour ce qui est des activités visées à l'alinéa D(9)(d), « pour l'essentiel » signifie 80 % ou plus. Si, toutefois, les activités de holding ou de financement de filiales de l'ENF représentent moins de 80 % de ses activités mais si l'ENF reçoit aussi des revenus actifs (c'est-à-dire des revenus qui ne sont pas passifs) d'une autre manière, elle peut prétendre au statut d'ENF active à condition que la somme totale des activités satisfasse au critère « pour l'essentiel ». Pour déterminer si les activités autres que les activités de holding et de financement de filiales de l'ENF permettent à l'ENF de prétendre au statut d'ENF active, le critère de l'alinéa D(9)(a) peut être appliqué à ces autres activités. Si par exemple une société holding exerce des activités de détention d'actions ou des activités de financement et de service en faveur d'une ou de plusieurs filiales pour 60 % et fonctionne aussi pour 40 % en tant que centre de distribution des biens produits par le groupe auquel elle appartient, et si le revenu de ses activités de distribution est actif en vertu de l'alinéa D(9)(a), elle est considérée comme une ENF active, même si moins de 80 % de ses activités consistent à détenir les actions émises par une ou plusieurs filiales ou à proposer des financements ou des services à ces filiales. L'expression « pour l'essentiel » couvre donc une panoplie d'activités consistant à détenir des actions émises par une ou plusieurs filiales et à

proposer des financements ou des services à ces filiales. Le terme « filiale » désigne toute Entité dont les actions émises sont détenues directement ou indirectement (en tout et en partie) par l'ENF.

131.   L'une des conditions énumérées dans l'alinéa D(9)(h) pour qu'une « ENF à but non lucratif » puisse prétendre au statut d'ENF active est que le droit applicable dans la juridiction de résidence de l'ENF ou les documents constitutifs de celle-ci excluent que les recettes ou les actifs de l'ENF soient distribués à des personnes physiques ou à des organismes à but lucratif ou utilisés à leur bénéfice, à moins que cette utilisation ne soit en relation avec les activités caritatives de l'ENF ou à titre de rémunération raisonnable, au prix du marché, pour les biens et services rendus, acquis ou souscrits par l'Entité. En outre, les revenus ou les actifs de l'ENF peuvent être distribués à des personnes physiques ou à des organismes à but lucratif ou utilisés à leur bénéfice, à titre de rémunération raisonnable pour l'utilisation de biens.

Personnes détenant le contrôle

132.   L'alinéa D(6) donne la définition de l'expression « Personnes détenant le contrôle ». Cette définition correspond à l'expression « bénéficiaire effectif » figurant dans la Recommandation 10 et la note interprétative sur la Recommandation n 10 des recommandations du Groupe d'action financière (telles qu'adoptées en février 2012)[13], et doit être interprétée conformément à ces recommandations, afin d'éviter que le système financier international n'ait à souffrir d'un usage impropre, notamment en ce qui concerne les délits fiscaux.

133.   Pour une Entité qui est une personne morale, l'expression « Personnes détenant le contrôle » désigne la(les) personne(s) physique(s) qui exerce(nt) le contrôle sur l'Entité. Le « contrôle sur l'Entité » est généralement exercé par la(les) personne(s) physique(s) qui détient(nent) en fin de compte une participation majoritaire dans l'Entité. La « participation majoritaire » dépend de la structure du capital de la personne morale et est généralement déterminée sur la base d'un seuil en appliquant une approche fondée sur le risque (par exemple toute personne détenant plus qu'un certain pourcentage de la personne morale, 25 % par exemple). Lorsqu'aucune personne physique n'exerce de contrôle par le biais d'une participation majoritaire, la ou les Personnes détenant le contrôle de l'Entité sera la ou les personnes physiques qui la contrôlent par d'autres moyens. Lorsqu'aucune personne physique n'est

---

13.   GAFI/OCDE(2013), *Normes internationales sur la lutte contre le blanchiment et le financement du terrorisme et la prolifération,* Recommandations du GAFI de février 2012 GAFI/OCDE Paris OCDE disponibles sur www.fatf-gafi.org/fr/documents/documents/normesinternationales   surlaluttecontreleblanchimentdecapitauxet lefinancementduterrorismeetdelaproliferation.html.

identifiée comme exerçant le contrôle de l'Entité, la ou les Personnes détenant le contrôle de l'Entité seront la ou les personnes physiques qui exercent la fonction de directeur général.

134.   Dans le cas d'un trust, l'expression « Personnes détenant le contrôle » désigne le constituant, l'administrateur, la personne chargée de surveiller l'administrateur le cas échéant, les bénéficiaires ou la catégorie de bénéficiaires et toute autre personne physique exerçant en dernier lieu un contrôle effectif sur le trust. Le constituant, l'administrateur, le protecteur du trust le cas échéant, les bénéficiaires ou la catégorie de bénéficiaires doivent toujours être considérés comme les Personnes détenant le contrôle d'un trust, qu'elles exercent ou non le contrôle sur ce trust. C'est pour cette raison que la deuxième phrase de l'alinéa D(6) complète la première phrase de cet alinéa. En outre, toutes les autres personnes physiques exerçant en dernier lieu un contrôle effectif sur le trust (y compris par le biais d'une chaîne de contrôle ou de participation) doivent aussi être considérées comme les Personnes détenant le contrôle du trust. Afin d'établir l'origine des fonds dans le(s) compte(s) détenu(s) par le trust, lorsque le(s) constituant(s) d'un trust est(sont) une Entité, les Institutions financières déclarantes doivent aussi identifier la(les) Personne(s) détenant le contrôle du(des) constituant(s) et les signaler comme la(les) Personne(s) détenant le contrôle du trust. Pour le(s) bénéficiaire(s) de trusts qui sont désignés par certaines caractéristiques ou par une catégorie, les Institutions financières déclarantes devraient obtenir des informations suffisantes les concernant pour être sûres de pouvoir être à même d'établir l'identité du(des) bénéficiaire(s) au moment de la liquidation ou lorsque le(s) bénéficiaire(s) entend(ent) exercer des droits acquis. Cette situation constituera un changement de circonstances et déclenchera les procédures pertinentes. À l'occasion de la mise en oeuvre de la Norme commune de déclaration, une juridiction peut autoriser les Institutions financières déclarantes à aligner le champ du (des) bénéficiaire(s) d'un trust traité(s) en tant que Personne(s) détenant le contrôle avec le champ du bénéficiaire(s) d'un trust traité(s) en tant que Personne(s) devant faire l'objet d'une déclaration d'un trust qui est une Institution financière (voir ci-dessus les paragraphes 69 et 70).

135.   Dans le cas d'une structure juridique autre qu'un trust, l'expression « Personnes détenant le contrôle » désigne les personnes occupant une position équivalente ou analogue à celle des Personnes détenant le contrôle d'un trust. Ainsi, compte tenu des différentes formes et caractéristiques des structures juridiques, les Institutions financières déclarantes devraient considérer les personnes occupant une position équivalente ou analogue comme étant celles devant être identifiées et signalées dans le cas d'un trust.

136.   Pour ce qui est des personnes morales dont le fonctionnement est similaire à celui de trusts (les fondations par exemple), les Institutions financières déclarantes devraient identifier les Personnes détenant le contrôle

en appliquant les procédures visant à identifier les clients et à lutter contre le blanchiment (AML/KYC) prévues pour les trusts, afin que les renseignements fournis soient conformes aux exigences.

137.   Lorsqu'une Institution financière déclarante s'appuie sur des informations rassemblées et conservées en application des procédures AML/ KYC afin de déterminer les Personnes détenant le contrôle du Titulaire d'un Nouveau compte d'entité (voir l'alinéa A(2)(b) de la section VI), ces procédures AML/KYC doivent être compatibles avec les Recommandations 10 et 25 du GAFI (telles qu'adoptées en février 2012), notamment toujours considérer le(s) constituant(s) d'un trust comme étant une Personne détenant le contrôle du trust et le(s) fondateur(s) d'une fondation comme étant une Personne détenant le contrôle de la fondation. Pour identifier les Personnes détenant le contrôle du Titulaire d'un Compte d'entité préexistant (voir l'alinéa D(2)(b) de la section V), une Institution financière déclarante peut se fonder sur les renseignements collectés et conservés dans le cadre des procédures AML/ KYC de l'Institution financière déclarante.

Paragraphe E – Divers

Alinéa E(1) – Titulaire de compte

138.   L'alinéa E(1) définit l'expression « Titulaire de compte » comme étant la personne enregistrée ou identifiée comme titulaire d'un Compte financier par l'Institution financière qui gère le compte, que cette personne soit ou non une entité intermédiaire. Ainsi, par exemple, si un trust ou une succession est enregistré en tant que titulaire ou propriétaire d'un Compte financier, c'est le trust ou la succession qui est le Titulaire du compte, et non ses propriétaires ou ses bénéficiaires. De même, si une société de personnes est enregistrée en tant que titulaire ou propriétaire d'un Compte financier, c'est cette société qui est le Titulaire du compte, et non les associés.

139.   Une personne, autre qu'une Institution financière, détenant un Compte financier pour le compte ou le bénéfice d'une autre personne en tant que mandataire, dépositaire, prête-nom, signataire, conseiller en placement, ou intermédiaire, n'est pas considérée comme détenant le compte aux fins de l'alinéa E(1), et cette autre personne est considérée comme détenant le compte. À cette fin, une Institution financière déclarante peut se fier aux renseignements en sa possession (y compris aux renseignements collectés en application des procédures AML/KYC), sur la base desquels elle peut déterminer avec une certitude suffisante si une personne agit pour le compte ou le bénéfice d'une autre personne.

140.   Dans le cas d'un compte joint, chacun de ses titulaires est considéré comme Titulaire du compte s'agissant de déterminer s'il s'agit d'un Compte

déclarable. Ainsi, un compte est déclarable si l'un ou l'autre de ses titulaires est une Personne devant faire l'objet d'une déclaration ou une ENF passive dont une ou plusieurs Personnes en détenant le contrôle sont des Personnes devant faire l'objet d'une déclaration. Lorsque plusieurs Personnes devant faire l'objet d'une déclaration sont titulaires d'un compte joint, chacune d'elles est considérée comme étant Titulaire du compte et se voit attribuer le total du solde du compte joint, y compris aux fins de l'application des règles d'agrégation énoncées à l'alinéa C(1) à (3) de la section VII.

141.   Dans le cas d'un Contrat d'assurance avec valeur de rachat ou d'un Contrat de rente, le Titulaire du compte est toute personne autorisée à tirer parti de la Valeur de rachat ou à changer le nom du bénéficiaire du contrat. Si nul ne peut tirer parti de la Valeur de rachat ou changer le nom du bénéficiaire, le Titulaire du compte est la personne désignée comme bénéficiaire dans le contrat et celle qui jouit d'un droit absolu à des paiements en vertu du contrat. À l'échéance d'un Contrat d'assurance avec valeur de rachat ou d'un Contrat de rente (c'est-à-dire lorsque l'obligation de verser un certain montant en vertu du contrat se déclenche), chaque personne qui est en droit de recevoir une somme d'argent en vertu du contrat est considérée comme un Titulaire de compte.

142.   Les exemples suivants illustrent l'application de l'alinéa E(1) :

- Exemple 1 (Compte détenu par un agent) : F détient une procuration de U, une Personne devant faire l'objet d'une déclaration, qui l'autorise à ouvrir et à détenir un Compte de dépôt et y faire des dépôts et des retraits au nom de U. Le solde du compte pour l'année civile est de 100 000 USD. F est enregistré en tant que Titulaire du Compte de dépôt auprès d'une Institution financière déclarante, mais étant donné que F détient le compte en qualité d'agent pour le bénéfice de U, F n'a en définitive pas le droit de percevoir les fonds inscrits au compte. Étant donné que le Compte de dépôt est considéré comme étant détenu par U, une Personne devant faire l'objet d'une déclaration, le compte est un Compte déclarable.

- Exemple 2 (compte joint) : U, une Personne devant faire l'objet d'une déclaration, détient un Compte de dépôt auprès d'une Institution financière déclarante. Le solde de ce compte pour l'année civile est de 100 000 USD. Le compte est détenu conjointement par A, une personne physique qui n'est pas une Personne devant faire l'objet d'une déclaration. Étant donné que l'un des cotitulaires est une Personne devant faire l'objet d'une déclaration, le compte est un Compte déclarable.

- Exemple 3 (compte joint) : U et Q, tous deux des Personnes devant faire l'objet d'une déclaration, détiennent un Compte de dépôt auprès d'une Institution financière déclarante. Le solde de ce compte pour l'année civile est de 100 000 USD. Le compte est un Compte déclarable et aussi bien U que Q sont considérés comme les Titulaires du compte.

Alinéa E(2) – Procédures AML/KYC

143.   L'expression « Procédures visant à identifier les clients et à lutter contre le blanchiment (AML/KYC) », telle que définie à l'alinéa E(2), désigne les obligations de diligence raisonnable à l'égard de ses clients que l'Institution financière déclarante est tenue d'observer en vertu des dispositions de lutte contre le blanchiment ou de règles analogues auxquelles cette Institution financière déclarante est soumise (les dispositions relatives à la connaissance du client, par exemple). Ces procédures supposent d'identifier et de vérifier l'identité du client (y compris des bénéficiaires effectifs du client), de comprendre la nature et l'objet de ce compte et d'en assurer le suivi régulier.

Alinéa E(3) et (4) – Entité et Entité liée

144.   L'alinéa E(3) définit le terme « Entité » comme une personne morale ou une construction juridique. Cette expression vise à couvrir toutes les personnes autres qu'un individu (c'est-à-dire une personne physique) ainsi que toute construction juridique. Ainsi, par exemple, une société de capitaux, une société de personnes, un trust, un fidéicommis, une fondation (*fondation, Stiftung*), une coopérative, une entreprise, une association ou une *asociación en participación* entrent dans le champ de l'expression « Entité ».

145.   Une Entité est une « Entité liée » à une autre Entité, conformément à l'alinéa E(4), si l'une des deux Entités contrôle l'autre ou si ces deux Entités sont placées sous un contrôle conjoint. À ce titre, le contrôle comprend la détention directe ou indirecte de plus de 50 % des droits de vote ou de la valeur d'une Entité. La question de savoir si une Entité est une Entité liée à une autre Entité est pertinente pour les règles d'agrégation des soldes de comptes énoncées au paragraphe C de la section VII, la portée de l'expression « Personne devant faire l'objet d'une déclaration » décrite à l'alinéa D(2)(ii), et le critère décrit à l'alinéa D(9)(b) auquel ENF doit satisfaire pour être une ENF active.

Alinéa E(5) – Numéro d'identification fiscale (NIF)

146.   Au sens de l'alinéa E(5), l'acronyme « NIF » désigne un numéro d'identification fiscale (ou son équivalent fonctionnel en l'absence de numéro d'identification fiscale). Un numéro d'identification fiscale est une combinaison unique de lettres ou de chiffres, quelle qu'en soit la désignation, attribuée par une juridiction à une personne physique ou à une Entité et utilisée pour

identifier cette personne ou cette Entité à des fins d'administration du droit fiscal de cette juridiction.

147.   Les NIF sont aussi utiles pour identifier les contribuables qui investissent dans d'autres juridictions. Leurs caractéristiques, comme la structure, la syntaxe, etc., sont déterminées par les administrations fiscales de chaque juridiction. Certaines juridictions ont même des NIF de structure différente pour différents impôts ou différentes catégories de contribuables (par exemple, résidents et non-résidents).

148.   Si beaucoup de juridictions utilisent un NIF à des fins d'imposition du revenu des personnes physiques ou du bénéfice des sociétés, certaines juridictions n'en délivrent pas. Cependant, ces juridictions utilisent souvent un autre numéro à forte intégrité garantissant un niveau d'identification équivalent (« équivalent fonctionnel »). Les exemples de ce type de numéro sont notamment, pour une personne physique, un numéro de sécurité sociale/ d'assurance, un code de service ou un numéro d'identification personnelle et un numéro d'enregistrement de résident ; et pour une Entité, un code/numéro d'enregistrement de l'entreprise ou de la société.

149.   Les Juridictions partenaires devraient communiquer aux Institutions financières déclarantes des informations sur la délivrance, la collecte et dans la mesure du possible, la structure et les autres caractéristiques des numéros d'identification des contribuables. L'OCDE s'efforcera de faciliter leur diffusion. Ces informations faciliteront la collecte de NIF corrects par les Institutions financières déclarantes.

Alinéa E(6) – Pièce justificative

150.   L'alinéa E(6) décrit ce qui est considéré comme une « Pièce justificative » aux fins des obligations de diligence raisonnable décrites dans les sections II à VII. On citera notamment :

a)   une attestation de résidence délivrée par un organisme public autorisé à le faire (par exemple, un État, une agence de celui-ci ou une commune) de la juridiction dont le bénéficiaire affirme être résident ;

b)   dans le cas d'une personne physique, toute pièce d'identité en cours de validité délivrée par un organisme public autorisé à le faire (par exemple, un État, une agence de celui-ci ou une commune), sur laquelle figure le nom de la personne et qui est généralement utilisée à des fins d'identification ;

c)   dans le cas d'une Entité, tout document officiel délivré par un organisme public autorisé à le faire (par exemple, un État, une agence de celui-ci ou une commune) sur lequel figurent la dénomination de l'Entité et l'adresse de son établissement principal dans la juridiction dont elle affirme être résidente ou dans la juridiction dans laquelle l'Entité a été constituée ou dont le droit la régit;

d) tout état financier vérifié, rapport de solvabilité établi par un tiers, dépôt de bilan ou rapport établi par l'organisme de réglementation des valeurs mobilières.

151.   Bien qu'une Institution financière déclarante puisse se fier à des pièces justificatives sauf si elle sait ou a tout lieu de savoir qu'elles sont inexactes ou qu'elles ne sont pas fiables (voir les paragraphes 2 et 3 des Commentaires sur la section VII), elle est censée privilégier une pièce justificative qui est plus récente ou plus spécifique par rapport à une autre.

152.   L'alinéa E(6)(a) fait référence à une attestation de résidence délivrée par un organisme public autorisé à le faire de la juridiction dont le bénéficiaire affirme être résident. Il peut s'agir par exemple d'une attestation de résidence à des fins fiscales (qui indique par exemple que le Titulaire du compte a déposé sa dernière déclaration d'impôt sur le revenu en qualité de résident de cette juridiction); d'informations sur la résidence publiées par un organisme public autorisé d'une juridiction, comme une liste publiée par une administration fiscale qui contient les noms et adresses de contribuables; et d'informations sur la résidence figurant dans un registre accessible au public détenu auprès d'un organisme public autorisé d'une juridiction ou validé par celui-ci, comme un registre public détenu par une administration fiscale.

153.   L'une des exigences mentionnées à l'alinéa E(6)(c) est que le document officiel indique l'adresse de l'établissement principal de l'Entité dans la juridiction dont elle affirme être résidente ou dans la juridiction dans laquelle l'Entité a été constituée ou dont le droit la régit. L'adresse de l'établissement principal de l'Entité est généralement le lieu où se situe son siège de direction effective (voir le paragraphe 109 ci-dessus). L'adresse d'une Institution financière auprès de laquelle l'Entité détient un compte, une boîte postale ou une adresse utilisée exclusivement pour l'envoi de courriers n'est pas l'adresse de l'établissement principal de l'Entité, sauf si elle est la seule adresse utilisée par l'Entité et apparaît comme celle de son siège social dans ses documents officiels. En outre, une adresse communiquée en vertu d'instructions d'y livrer tout le courrier n'est pas l'adresse de l'établissement principal de l'Entité.

154.   Pour tirer parti des pratiques existantes, concernant un Compte d'entité préexistant, chaque juridiction peut autoriser une Institution financière déclarante à utiliser comme pièce justificative toute classification figurant dans ses dossiers portant sur le Titulaire du compte, établie à partir d'un système de codage sectoriel normalisé, consignée par l'Institution financière déclarante dans le cadre de ses pratiques normales aux fins des procédures en matière de lutte contre le blanchiment d'argent/de connaissance de la clientèle (AML/KYC) ou à des fins réglementaires (autres que fiscales)

et mise en œuvre par l'Institution avant la date retenue pour classer le Compte financier en tant que Compte préexistant, à condition que l'Institution n'ait pas connaissance du fait que cette classification est inexacte ou n'est pas fiable ou ait tout lieu de le savoir. L'expression « système de codage sectoriel normalisé » désigne un système de codage utilisé pour classer des établissements par type d'activité à des fins autres que fiscales. Citons par exemple la Classification internationale type par industrie (CITI) des Nations Unies, la Nomenclature statistique des activités économiques dans la Communauté européenne (NACE) et le Système de classification des industries de l'Amérique du Nord (SCIAN).

Règles de validité des pièces justificatives

155.   Les pièces justificatives qui contiennent une date d'expiration peuvent être considérées comme valides jusqu'à cette date d'expiration, ou jusqu'au dernier jour de la cinquième année civile qui suit l'année durant laquelle la pièce justificative est remise à l'Institution financière déclarante, la date la plus éloignée des deux étant retenue. Toutefois, les pièces justificatives suivantes restent valides pour une période indéfinie :

- Pièces justificatives fournies par un organisme public autorisé à le faire (comme un passeport) ;

- Pièces justificatives qui ne sont généralement pas renouvelées ou modifiées (comme un acte constitutif) ; ou

- Pièces justificatives fournies par une Institution financière non déclarante ou par une Personne d'une Juridiction soumise à déclaration qui n'est pas une Personne devant faire l'objet d'une déclaration.

Toutes les autres pièces justificatives sont valides jusqu'au dernier jour de la cinquième année civile qui suit l'année durant laquelle elles sont remises à l'Institution financière déclarante.

156.   Nonobstant les périodes de validité, une Institution financière déclarante ne peut pas se fier à des pièces justificatives, selon le paragraphe A de la section VII, si elle sait ou a tout lieu de savoir que ces pièces justificatives sont inexactes ou ne sont pas fiables (par exemple, du fait d'un changement de circonstances qui fait que les informations figurant dans le document ne sont plus exactes). Aussi, une Institution financière déclarante est censée mettre en place des procédures lui permettant de repérer toute modification dans le dossier principal du client qui constitue un changement de circonstances (voir les paragraphes 26 des Commentaires sur la section I et 17 des Commentaires sur la section III). En outre, une Institution financière déclarante est tenue d'informer toute personne qui produit des documents de son obligation de lui notifier tout changement de circonstances.

157.   Une Institution financière déclarante peut conserver un original, une copie certifiée ou une photocopie (y compris une microfiche, un document numérisé ou à un support de stockage électronique analogue) de la pièce justificative ou, au minimum, une notation du type de document examiné, la date de cet examen et le numéro d'identification (éventuel) du document (un numéro de passeport, par exemple). Tout document conservé sous forme électronique doit pouvoir être présenté au format papier sur demande.

158.   Une Institution financière déclarante peut accepter une copie électronique d'une pièce justificative uniquement si le système électronique est en mesure de garantir que les informations reçues sont les mêmes que celles envoyées, et d'enregistrer tous les accès des utilisateurs qui ont eu pour effet de soumettre, renouveler ou modifier des pièces justificatives. En outre, la conception et le fonctionnement du système électronique, y compris les procédures d'accès, doivent garantir que la personne qui se connecte au système et qui fournit la pièce justificative est bien celle dont le nom figure sur cette pièce.

159.   En général, une Institution financière déclarante auprès de laquelle un client peut ouvrir un compte doit se procurer des pièces justificatives en procédant compte par compte. Toutefois, elle peut se fier aux pièces justificatives fournies par un client pour un autre compte si les deux comptes sont considérés comme un seul et même compte pour satisfaire aux critères de connaissance établis au paragraphe A de la section VII.

Documents réunis par d'autres personnes

160.   Comme le prévoit le paragraphe D de la section II, une Juridiction partenaire peut autoriser les Institutions financières déclarantes à faire appel à des prestataires de service pour s'acquitter des obligations déclaratives et de diligence raisonnable qui leur sont imposées. Si tel est le cas, une Institution financière déclarante peut utiliser les documents réunis par ces prestataires de service (fournisseurs de données, conseillers financiers, agents d'assurance, par exemple), sous réserve des conditions définies en droit interne. Les obligations déclaratives et de diligence raisonnable restent toutefois du domaine de la responsabilité de l'Institution financière déclarante.

161.   Une Institution financière déclarante peut se fier aux documents recueillis par un de ses agents (y compris un conseiller en fonds communs de placement ou en fonds spéculatifs, ou une société de capital-investissement). Cet agent peut conserver les documents dans le cadre d'un système d'information géré pour une ou plusieurs Institutions financières déclarantes, à condition que toute Institution financière déclarante pour le compte de qui l'agent conserve des documents puisse accéder facilement aux données relatives à la nature de ces documents, aux renseignements qui y figurent (y compris à

une copie des documents proprement dits) et à leur validité. Par ailleurs, ce système doit permettre à cette Institution financière déclarante de transmettre aisément des données, soit directement dans un système électronique, soit en les communiquant à l'agent, concernant des faits dont elle a eu connaissance et qui sont susceptibles de nuire à la fiabilité des documents. L'Institution financière déclarante doit être en mesure d'établir, le cas échéant, selon quelles modalités et quand elle a transmis des données concernant de tels faits ; elle doit également pouvoir démontrer que toutes les données qu'elle a transmises ont été traitées et que des procédures appropriées de diligence raisonnable ont été appliquées pour s'assurer de la validité des documents. L'agent doit avoir mis en place un système garantissant que tous les renseignements qu'il reçoit concernant des faits qui menacent la fiabilité des documents ou du statut attribué au client seront communiqués à toutes les Institutions financières déclarantes pour lesquelles l'agent conserve des documents.

162. Une Institution financière déclarante qui reprend un compte d'un établissement qui l'a précédée ou qui le lui cède lors d'une opération de fusion ou d'acquisition groupée de comptes à titre onéreux est généralement autorisée à se fier aux documents valides (ou à des copies de documents valides) réunis par cet établissement. En outre, une Institution financière déclarante qui rachète un compte à l'occasion d'une opération de fusion ou d'acquisition groupée de comptes à une autre Institution financière déclarante qui s'est acquittée de toutes les procédures de diligence raisonnable prévues aux sections II à VII concernant les comptes transférés, est généralement autorisée à se fier également au statut d'un Titulaire de compte déterminé par cette autre Institution financière déclarante, jusqu'à ce qu'elle découvre ou ait tout lieu de savoir que ce statut est inexact ou qu'un changement de circonstances survient (voir le paragraphe 17 des Commentaires sur la section III).

Commentaires sur la section IX
concernant une mise en oeuvre effective

1.   Le but de cette section est de faire en sorte que la Norme commune de déclaration soit effectivement mise en œuvre par les Juridictions partenaires, qu'elle soit respectée et ne soit pas contournée. À cette fin, les juridictions doivent mettre en place certaines règles et procédures administratives. Ces règles peuvent prendre la forme de lois ou de règlements, souvent complétés par des orientations. Les procédures administratives peuvent être définies dans des manuels ou d'autres documents communiqués aux vérificateurs ou à d'autres autorités concernées.

2.   Selon la section IX, une juridiction doit mettre en place les règles et procédures administratives requises pour garantir la mise en œuvre effective et le respect des procédures de déclaration et de diligence raisonnable décrites dans la Norme commune de déclaration. Pour considérer que la Norme est effectivement mise en œuvre, elle doit être adoptée de bonne foi et en tenant compte de ses Commentaires qui visent à promouvoir son application cohérente entre juridictions. Étant donné que l'application de la NCD nécessite sa transcription dans le droit national, des différences de mise en œuvre peuvent surgir d'un pays à l'autre. C'est pourquoi, dans le contexte international, il convient de faire référence au droit de la juridiction qui applique la Norme. Par exemple, la question peut se poser de savoir si une Entité particulière qui est résidente d'une Juridiction partenaire et qui détient un Compte financier dans une autre Juridiction partenaire répond à la définition d'une « Institution financière ». L'Entité peut satisfaire le critère de « la part substantielle » de ses activités pour être un Établissement conservateur dans une Juridiction partenaire, mais l'utilisation de techniques de mesure différentes du bénéfice brut peut avoir pour effet que l'Entité ne réponde pas à ce critère dans une autre Juridiction partenaire. En pareil cas, la classification de l'Entité doit être tranchée en appliquant la législation de la Juridiction partenaire dans laquelle l'Entité est résidente.

3.   Les alinéas A(1) et (2) disposent qu'une juridiction doit être dotée des règles suivantes :

- règles empêchant les Institutions financières, personnes ou intermédiaires d'adopter des pratiques destinées à contourner la Norme commune de déclaration ;

- règles obligeant les Institutions financières déclarantes à conserver des registres des actions engagées et des éléments probants utilisés en vue d'assurer l'exécution des procédures de diligence raisonnable définies dans la Norme ; et

- règles imposant des mesures adéquates en vue de se procurer les registres décrits ci-dessus.

4.   La première règle décrite à l'alinéa A(1) renvoie à ce qui est généralement qualifié de règle anti-évasion. Une règle anti-évasion peut prendre différentes formes. De nombreux pays ont adopté une règle générale anti-évasion dans leur législation fiscale, qui peut être complétée par des règles spécifiques. Dans d'autres pays, la législation peut inclure uniquement des règles spécifiques. La rédaction précise de la règle anti-évasion pour la NCD dépendra de l'approche générale suivie par les pays pour lutter contre l'évasion fiscale et pour mettre en œuvre la Norme. Par exemple, une règle générale anti-évasion peut couvrir les obligations de déclaration et de diligence raisonnable. La forme de la règle proprement dite n'importe pas dès lors qu'elle empêche efficacement de contourner les obligations déclaratives et les procédures de diligence raisonnable.

5.   Voici des exemples de situations dans lesquelles une règle anti-évasion est censée s'appliquer :

- Exemple 1 (transfert de la gestion d'un compte) : Une Institution financière déclarante conseille à un client de conserver un compte auprès d'une Entité liée dans une Juridiction non partenaire qui permet à cette Institution de se soustraire à ses obligations déclaratives tout en proposant des services et en conservant des relations avec son client comme si le compte était géré par l'Institution financière déclarante elle-même. En pareil cas, on doit considérer que l'Institution gère le compte et est soumise aux obligations de déclaration et de diligence raisonnable qui en résultent.

- Exemple 2 (soldes de fin d'exercice) : Des Institutions financières, des individus, des Entités ou des intermédiaires manipulent des soldes de fin d'exercice, comme des soldes de compte, pour éviter de devoir les déclarer ou de faire l'objet de déclarations.

- Exemple 3 (placement d'argent auprès d'émetteurs de cartes de crédit homologués) : Des Entités ou des personnes physiques placent des soldes d'autres comptes déclarables auprès d'émetteurs de cartes de crédit homologués pendant une courte période à la fin de l'année afin d'éviter leurs obligations déclaratives.

- Exemple 4 (registres électroniques et systèmes informatisés) : Une Institution financière déclarante omet délibérément de créer des registres électroniques (de sorte qu'une recherche dans ces registres n'aboutit à aucun résultat) ou dissocie artificiellement des systèmes informatisés (pour éviter les règles d'agrégation de comptes).

6. Pour accroître la fiabilité des auto-certifications, les juridictions sont tenues d'inclure une disposition spécifique en leur droit interne qui impose des sanctions si un faux certificat est signé (ou validé de toute autre manière).

7. L'alinéa A(2) demande aux juridictions d'adopter des règles obligeant les Institutions financières déclarantes à conserver des registres des actions engagées et des éléments probants utilisés en vue d'assurer l'exécution des procédures de diligence raisonnable définies dans la Norme. Ces registres doivent être disponibles pendant une période suffisamment longue et qui ne doit pas être inférieure à 5 ans après la fin de la période durant laquelle l'Institution est tenue de communiquer les renseignements visés par la Norme.

8. Les pièces justificatives sont définies à l'alinéa E(6) de la section VIII et sont pertinentes pour appliquer, par exemple, le test de l'adresse de résidence prévu à l'alinéa B(1) de la section III et la procédure de conciliation visée à l'alinéa B(6) de la section III. Comme l'indique le paragraphe 157 des Commentaires sur la section VIII, la pièce justificative conservée par une Institution financière déclarante ne doit pas forcément être l'original et peut être une copie certifiée, une photocopie ou, au minimum, une notation du type de document examiné, de la date de cet examen et du numéro d'identification du document (éventuel).

9. Dans certains cas, par exemple celui visé au paragraphe 13 des Commentaires sur la section I relatif aux efforts raisonnables à déployer pour se procurer un NIF concernant des Comptes préexistants, un manuel de procédure décrivant les « efforts raisonnables adéquats » peut être un registre décrivant les mesures prises, à condition qu'il contienne aussi des renseignements sur la façon dont ces politiques et procédures sont suivies. Par exemple, dans le cas d'un publipostage, une Institution financière déclarante ne serait pas tenue de conserver les copies des lettres envoyées, mais de produire sur demande le document qui contient les informations identiques dans chaque version, ainsi que le fichier de données où les informations uniques sont stockées.

10. L'alinéa A(2) dispose également qu'une juridiction doit se doter des mesures adéquates en vue de se procurer les registres auprès des Institutions

financières déclarantes. La plupart des juridictions ont mis en place des règles qui contraignent le contribuable ou un tiers à produire les documents nécessaires pour appliquer leur droit fiscal interne. Ces règles s'appliquent aussi, en général, pour se procurer des informations en réponse à une demande de renseignements émanant d'un partenaire ayant conclu un accord d'échange de renseignements. Certaines juridictions, notamment celles qui ne prélèvent pas d'impôt sur le revenu, peuvent avoir des règles qui portent spécifiquement sur les procédures à suivre pour se procurer des informations en vertu d'un instrument d'échange de renseignements.

11.   Les alinéas A(3) et (4) disposent que les juridictions doivent mettre en place les procédures administratives appropriées pour :

- vérifier que les Institutions financières déclarantes appliquent bien les procédures de déclaration et de diligence raisonnable définies dans la NCD ;

- effectuer un suivi auprès d'une Institution financière déclarante lorsque des comptes non documentés sont signalés ; et

- faire en sorte que les Entités et les comptes définis en droit interne en tant qu'Institutions financières non déclarantes et Comptes exclus continuent de présenter un faible risque d'être utilisés dans un but de fraude fiscale.

12.   Les juridictions doivent se doter de procédures leur permettant de vérifier périodiquement que les Institutions financières déclarantes respectent la Norme. Elles peuvent appliquer ces procédures dans le cadre d'un contrôle fiscal de routine ou à l'occasion d'une demande de renseignements ou d'un examen distinct.

13.   Une juridiction doit également établir des procédures afin d'effectuer un suivi auprès d'une Institution financière déclarante lorsque des comptes non documentés sont signalés. Un « compte non documenté » correspond généralement à une situation dans laquelle une Institution financière déclarante est incapable de se procurer des informations auprès d'un Titulaire de compte concernant un Compte préexistant (voir les paragraphes 28 et 29, 45 et 48 des Commentaires sur la section III). Cela peut être la conséquence de procédures inadaptées suivies par une Institution financière déclarante pour se procurer les informations nécessaires, ou du fait que le Titulaire de compte ne respecte pas ses obligations. C'est un motif d'inquiétude dans les deux cas.

14.   Une juridiction est censée effectuer un suivi lorsqu'une Institution financière déclarante signale un compte non documenté. Lorsque les comptes non documentés sont peu nombreux, une simple demande de renseignements auprès de l'Institution peut suffire. Néanmoins, si l'Institution signale un

nombre de comptes non documentés supérieur à la moyenne une année donnée ou si ce nombre continue d'augmenter, une vérification complète des procédures de diligence raisonnable suivies par l'Institution peut se justifier. Dans ce cas, la juridiction peut, dans la mesure du possible, être amenée à en informer les autorités chargées de la lutte contre le blanchiment d'argent, conformément au droit interne.

15.   Comme mentionné précédemment, une juridiction doit être dotée de procédures destinées à faire en sorte que les Institutions financières non déclarantes et les Comptes exclus définis en droit interne continuent de présenter un faible risque d'être utilisés dans un but de fraude fiscale. Cela peut concerner des Entités particulières ou des types d'Entité particuliers. Ces procédures doivent prévoir un réexamen périodique de ce statut, dans le cadre d'un contrôle fiscal de routine ou à l'occasion d'une demande de renseignements ou d'un examen distinct.

16.   Une juridiction doit réévaluer le bien-fondé de cette définition d'une Entité ou d'un compte lorsque, par exemple, une Entité change d'activité ou un Compte financier change de nature.

17.   Si une juridiction détermine qu'un type d'Entité ou qu'un compte ne présente plus un faible risque d'être utilisé dans un but de fraude fiscale, elle doit prendre sans délai toutes les mesures nécessaires pour supprimer cette Entité ou ce compte de la liste des Institutions financières non déclarantes ou des Comptes exclus en son droit interne. Elle doit également informer ses partenaires d'échange de renseignements du changement de statut de l'Entité ou du compte. Voir également le paragraphe 2 de la section 7 du Modèle AAC lorsque le fait de définir des Entités ou des comptes en tant qu'Institutions financières non déclarantes ou que Comptes exclus en allant à l'encontre des objectifs de la Norme constituerait un manquement grave susceptible de conduire à une suspension du Modèle AAC par le partenaire.

18.   L'alinéa A(5) prévoit qu'une juridiction doit adopter des mesures coercitives appropriées pour remédier aux cas de non-respect. Dans certains cas, la règle anti-évasion décrite à l'alinéa A(1) peut être suffisamment large pour couvrir les mesures coercitives. Dans d'autres cas, il peut exister des règles distinctes ou plus spécifiques qui ciblent de manière plus étroite certains aspects liés aux mesures coercitives. Par exemple, une juridiction peut être dotée de règles qui prévoient l'imposition d'amendes ou d'autres sanctions lorsqu'une personne omet de communiquer les renseignements demandés par l'autorité fiscale. En outre, l'obtention d'une auto-certification pour de Nouveaux comptes étant une condition essentielle pour veiller à la bonne application de la Norme, les juridictions sont censées avoir mis en place des mesures rigoureuses pour garantir que des auto-certifications valides sont systématiquement obtenues pour les Nouveaux comptes. Un moyen efficace d'y parvenir serait d'adopter une législation qui conditionne

l'ouverture d'un nouveau compte à la réception d'une auto-certification valide lors des procédures d'ouverture de compte. D'autres juridictions peuvent opter pour des méthodes différentes, par exemple : infliger de lourdes sanctions aux Titulaires de compte qui négligent de remettre une auto-certification, ou aux Institutions financières déclarantes qui ne prennent pas les mesures adéquates pour se procurer une auto-certification lors de l'ouverture d'un compte.

Annexes

Annexe 1

Modèle d'accord entre autorités compétentes – Modèle multilatéral

1.   Ce document est une version multilatérale du Modèle d'accord entre autorités compétentes. Sa base juridique est l'article 6 de la Convention concernant l'assistance administrative mutuelle en matière fiscale qui dispose expressément que deux Parties ou plus peuvent convenir mutuellement de s'échanger automatiquement des renseignements. L'échange des renseignements proprement dit s'effectue sur une base bilatérale.

2.   Les principales modifications visant à adapter le Modèle AAC bilatéral à un modèle multilatéral sont des ajouts au préambule, des définitions génériques du terme Juridiction et de l'expression « Norme commune de déclaration », la date d'entrée en vigueur au paragraphe 1 de la section 7 prévoyant une procédure permettant aux juridictions de rejoindre l'Accord une fois celui-ci en vigueur, et l'envoi de notifications au Secrétariat de l'Organe de coordination de la Convention. En outre, le modèle multilatéral prévoit la possibilité que les juridictions participent à la fois sur une base réciproque et non réciproque (voir le paragraphe 1 de la section 2). Les juridictions qui transmettent des renseignements mais qui n'en reçoivent pas figureraient dans l'Annexe A.

MODÈLE D'ACCORD CONCERNANT L'ÉCHANGE AUTOMATIQUE DE RENSEIGNEMENTS RELATIFS AUX COMPTES FINANCIERS EN VUE D'AMÉLIORER LE RESPECT DES OBLIGATIONS FISCALES INTERNATIONALES

Considérant que les Juridictions sont des Parties à la Convention concernant l'assistance administrative mutuelle en matière fiscale (la « Convention ») ou des territoires couverts par cette Convention, qu'elles entretiennent de longue date une relation concernant l'assistance mutuelle en matière fiscale et qu'elles désirent améliorer le respect des obligations fiscales à l'échelle internationale en approfondissant cette relation ;

Considérant que les lois de leurs juridictions respectives [devraient imposer]/[imposent]/[imposent ou devraient imposer] aux institutions financières de communiquer des informations concernant certains comptes et de suivre les procédures de diligence raisonnable qui s'y rattachent, conformément à la portée des échanges définie à la section 2 du présent Accord et aux procédures de déclaration et de diligence raisonnable établies dans la Norme commune de déclaration ;

Considérant que la législation des Juridictions devrait être périodiquement modifiée afin de tenir compte des mises à jour de la Norme commune de déclaration, et qu'une fois ces modifications promulguées par une Juridiction, la définition de la « Norme commune de déclaration » sera réputée faire référence à la version mise à jour pour cette Juridiction ;

Considérant que le chapitre III de la Convention autorise l'échange de renseignements à des fins fiscales, y compris de manière automatique, et autorise les autorités compétentes des Juridictions (les « Autorités compétentes ») à définir la portée et les modalités de ces échanges automatiques ;

Considérant que l'article 6 de la Convention prévoit que deux Parties ou plusieurs peuvent convenir mutuellement d'échanger automatiquement des renseignements, et que l'échange effectif des renseignements s'effectuera sur une base bilatérale entre Autorités compétentes ;

Considérant que les Autorités compétentes des Juridictions ou territoires énumérés à l'Annexe A du présent Accord communiqueront des renseignements au titre de la section 2, mais que les Autorités compétentes ne recevront pas ces renseignements ;

Considérant que les Juridictions ont mis en place *(i)* les protections adéquates pour faire en sorte que les renseignements reçus conformément au présent Accord restent confidentiels et soient utilisés uniquement aux fins prévues par la Convention, et *(ii)* les infrastructures nécessaires à un échange efficace (y compris les processus garantissant un échange de renseignements en temps voulu, exact et confidentiel, des communications efficaces et fiables, et les moyens permettant de résoudre rapidement les questions et préoccupations relatives aux échanges ou aux demandes d'échanges et d'appliquer les dispositions de la section 4 du présent Accord);

Considérant que les Autorités compétentes des juridictions ont l'intention de conclure un accord afin d'améliorer le respect des obligations fiscales à l'échelle internationale sur la base d'échanges automatiques en application de la Convention, sous réserve de la confidentialité et des garanties prévues par la Convention, y compris les dispositions qui limitent l'utilisation des renseignements échangés en vertu de celle-ci;

Les Autorités compétentes sont convenues des dispositions suivantes :

SECTION 1

Définitions

1.   Aux fins du présent accord (« Accord »), les termes et expressions suivants ont le sens défini ci-après :

a) Le terme « **Juridiction** » désigne une juridiction qui est une Partie à la Convention un ou territoire couvert par la Convention, ainsi que l'Autorité compétente qui est signataire du présent Accord.

b) L'expression « **Autorité compétente** » désigne, pour chaque Juridiction respective, les personnes et autorités énumérées à l'Annexe B de la Convention.

c) L'expression « **Institution financière de la Juridiction** » désigne, pour chaque Juridiction respective, *(i)* toute Institution financière résidente de la Juridiction, à l'exception de toute succursale de cette Institution financière établie en dehors de la Juridiction, et *(ii)* toute succursale d'une Institution financière non résidente de la Juridiction si cette succursale est établie dans la Juridiction.

d) L'expression « **Institution financière déclarante** » désigne toute Institution financière de la Juridiction qui n'est pas une Institution financière non déclarante.

e) L'expression « **Compte déclarable** » désigne un Compte financier ouvert auprès d'une Institution financière déclarante et qui, conformément aux procédures de diligence raisonnable prévues par la Norme commune de déclaration, a été identifié en tant que compte détenu par une ou plusieurs Personnes devant faire l'objet d'une déclaration vis-à-vis d'une autre Juridiction, ou par une ENF passive dont une ou plusieurs Personnes qui en détiennent le contrôle sont des Personnes devant faire l'objet d'une déclaration vis-à-vis d'une autre Juridiction.

f) L'expression « **Norme commune de déclaration** » désigne la norme d'échange automatique de renseignements sur les comptes financiers élaborée par l'OCDE aux côtés des pays du G20, présentée aux dirigeants du G20 en 2014 et publiée sur le site Internet de l'OCDE.

g) L'expression « **Secrétariat de l'OC** » désigne le Secrétariat de l'OCDE qui, conformément au paragraphe 3 de l'article 24 de la Convention, appuie l'organe de coordination composé de représentants des autorités compétentes des Parties à la Convention.

2.   Tout terme en majuscule qui n'est pas défini dans le présent Accord a le sens que lui attribue au moment considéré la législation de la Juridiction qui applique l'Accord, cette définition étant conforme à celle figurant dans la Norme commune de déclaration. Tout terme qui n'est pas défini dans le présent Accord ou dans la Norme commune de déclaration a, sauf si le contexte exige une interprétation différente ou si les Autorités compétentes s'entendent sur une signification commune (comme le prévoit le droit national), le sens que lui attribue au moment considéré la législation de la Juridiction qui applique le présent Accord, toute définition figurant dans la législation fiscale applicable de cette Juridiction l'emportant sur une définition contenue dans une autre législation de la même Juridiction.

SECTION 2

Échange de renseignements concernant des Comptes déclarables

1.   Conformément aux dispositions des articles 6 et 22 de la Convention et sous réserve des règles applicables en matière de déclaration et de diligence raisonnable définies dans la Norme commune de déclaration, chaque Autorité compétente échangera chaque année avec les autres Autorités compétentes, de manière automatique, les renseignements obtenus conformément à ces règles et précisés dans le paragraphe 2. Nonobstant la phrase précédente, les Autorités compétentes des Juridictions énumérées à l'Annexe A transmettront, mais ne recevront pas, les renseignements spécifiés dans le paragraphe 2. Les Juridictions qui ne figurent pas à l'Annexe A recevront systématiquement les renseignements indiqués dans le paragraphe 2, mais ne les échangeront pas avec les Juridictions énumérées à l'Annexe A.

2.   Les renseignements qui doivent être échangés, concernant chaque Compte déclarable d'une autre Juridiction, sont les suivants :

a) les nom, adresse, NIF et date et lieu de naissance (dans le cas d'une personne physique) de chaque Personne devant faire l'objet d'une déclaration qui est un Titulaire de ce compte et, dans le cas d'une Entité qui est Titulaire de ce compte et pour laquelle, après application des procédures de diligence raisonnable définies dans la Norme commune de déclaration, il apparaît qu'une ou plusieurs Personnes qui en détiennent le contrôle sont des Personnes devant faire l'objet d'une déclaration, le nom, l'adresse et le NIF de cette Entité ainsi que les nom, adresse, NIF et date et lieu de naissance de chacune de ces Personnes devant faire l'objet d'une déclaration ;

b) le numéro de compte (ou son équivalent fonctionnel en l'absence de numéro de compte) ;

c) le nom et le numéro d'identification (éventuel) de l'Institution financière déclarante ;

d) le solde ou la valeur portée sur le compte (y compris, dans le cas d'un Contrat d'assurance avec valeur de rachat ou d'un Contrat de rente, la Valeur de rachat) à la fin de l'année civile considérée ou d'une autre période de référence adéquate ou, si le compte a été clos au cours de l'année ou de la période en question, la clôture du compte ;

e) dans le cas d'un Compte conservateur :

(1) le montant brut total des intérêts, le montant brut total des dividendes et le montant brut total des autres revenus produits par les actifs détenus sur le compte, versés ou crédités sur le compte (ou au titre du compte) au cours de l'année civile ou d'une autre période de référence adéquate ; et

(2) le produit brut total de la vente ou du rachat d'un bien versé ou crédité sur le compte au cours de l'année civile ou d'une autre période de référence adéquate au titre de laquelle l'Institution financière déclarante a agi en tant que dépositaire, courtier, prête-nom ou représentant du Titulaire du compte ;

f) dans le cas d'un Compte de dépôt, le montant brut total des intérêts versés ou crédités sur le compte au cours de l'année civile ou d'une autre période de référence adéquate ; et

g) dans le cas d'un compte qui n'est pas visé aux alinéas 2(e) ou (f), le montant brut total versé au Titulaire du compte ou porté à son crédit au titre de ce compte au cours de l'année civile ou d'une autre période de référence adéquate, dont l'Institution financière déclarante est la débitrice, y compris le montant total de toutes les sommes remboursées au Titulaire du compte au cours de l'année civile ou d'une autre période de référence adéquate.

SECTION 3

Calendrier et modalités des échanges de renseignements

1.   Aux fins de l'échange de renseignements prévu à la section 2, le montant et la qualification des versements effectués au titre d'un Compte déclarable peuvent être déterminés conformément aux principes de la législation fiscale de la Juridiction qui procède à l'échange.

2.   Aux fins de l'échange de renseignements prévu à la section 2, les renseignements échangés indiquent la monnaie dans laquelle chaque montant concerné est libellé.

3.   S'agissant du paragraphe 2 de la section 2, les renseignements à échanger pour [xxxx] et toutes les années suivantes sont échangés dans les neuf mois qui suivent la fin de l'année civile à laquelle ils se rapportent. Nonobstant la phrase précédente, l'obligation d'échanger les renseignements pour une année civile s'applique uniquement si les deux juridictions sont dotées d'une législation qui prévoit la communication d'informations pour cette année civile conforme à la portée de l'échange définie à la section 2 et aux procédures de déclaration et de diligence raisonnable stipulées dans la Norme commune de déclaration.

4.   Nonobstant le paragraphe 3, les renseignements à échanger pour [xxxx] sont ceux décrits au paragraphe 2 de la section 2, à l'exception des produits bruts décrits à l'alinéa 2(e)(2) de la section 2.

5.   Les Autorités compétentes échangent automatiquement les informations décrites à la section 2 selon le schéma de la Norme commune de déclaration en langage XML.

6.   Les Autorités compétentes élaborent et adoptent d'un commun accord sur une ou plusieurs méthodes de transmission de données, y compris sur des normes de cryptage.

SECTION 4

Collaboration en matière d'application et de mise en œuvre de l'Accord

Une Autorité compétente transmet une notification à l'Autorité compétente de l'autre partie lorsque la première Autorité compétente a des raisons de croire qu'une erreur peut avoir eu pour conséquence la communication de renseignements erronés ou incomplets ou qu'une Institution financière déclarante ne respecte pas les obligations déclaratives en vigueur et les procédures de diligence raisonnable définies dans la Norme commune de déclaration. L'Autorité compétente ainsi informée applique toutes les dispositions appropriées de son droit interne pour corriger ces erreurs ou remédier aux manquements décrits dans la notification.

SECTION 5

Confidentialité et protection des données

1.   Tous les renseignements échangés sont soumis aux obligations de confidentialité et autres protections prévues par la Convention, y compris les dispositions qui limitent l'utilisation des renseignements échangés et, dans la mesure où cela est nécessaire pour garantir le degré requis de protection des données personnelles, conformément aux protections qui peuvent être exigées par l'Autorité compétente qui communique les données en vertu de son droit interne.

2.   Chaque Autorité compétente informe immédiatement le Secrétariat de l'OC toute violation de l'obligation de confidentialité ou des protections et l'informe de toute sanction et action corrective qui en résultent.

SECTION 6

Consultations et modifications

1.   En cas de difficulté dans l'application ou l'interprétation du présent Accord, chaque Autorité compétente peut solliciter des consultations avec une ou plusieurs Autorités compétentes en vue d'élaborer des mesures appropriées pour garantir l'exécution du présent Accord. L'Autorité compétente qui a demandé les consultations doit veiller, s'il y a lieu, à ce que le Secrétariat de l'OC soit informé de toutes mesures ainsi élaborées, et le Secrétariat de l'OC en informe l'ensemble des Autorités compétentes, même celles qui n'ont pas pris part aux consultations, de toute mesure élaborée.

2.   Le présent Accord peut être modifié, par consensus, par accord écrit de toutes les Autorités compétentes. Sauf disposition contraire, une telle modification entre en vigueur le premier jour du mois suivant l'expiration d'une période d'un mois après la date de la dernière signature d'un tel accord écrit.

SECTION 7

Durée de l'Accord

1. Le présent Accord entre en vigueur à la date à laquelle deux Autorités compétentes ou plus adressent une notification au Secrétariat de l'OC, et à laquelle celui-ci la reçoit, l'informant que sa Juridiction s'est dotée de la législation nécessaire pour mettre en œuvre l'Accord. Après la date d'entrée en vigueur, une Autorité compétente peut demander de signer l'Accord. Nonobstant la phrase précédente, une Autorité compétente qui veut signer l'Accord avant son entrée en vigueur, mais après sa signature par un groupe d'Autorités compétentes qui en sont les premiers signataires, doit formuler une demande à cette fin.

2. La décision d'inviter une Autorité compétente, et de la faire figurer à l'Annexe A, est prise par consensus par les Autorités compétentes qui ont signé l'Accord. Après signature, l'Autorité compétente doit informer le Secrétariat de l'OC que sa Juridiction s'est dotée de la législation nécessaire pour mettre en œuvre l'Accord. En ce qui concerne l'Autorité compétente qui adresse la notification, l'Accord entre en vigueur à la date à laquelle le Secrétariat de l'OC reçoit cette notification.

3. Une Autorité compétente peut suspendre l'échange de renseignements visé par le présent Accord moyennant préavis écrit adressé à une autre Autorité compétente indiquant que cette dernière commet ou a commis un manquement grave au présent Accord. Cette suspension est à effet immédiat. Aux fins du présent paragraphe, l'expression « manquement grave » désigne notamment le non-respect des obligations de confidentialité et des dispositions relatives à la protection des données du présent Accord et de la Convention, le fait pour l'Autorité compétente de ne pas communiquer des renseignements appropriés ou en temps voulu comme le prévoit le présent Accord, ou de qualifier des Entités ou des comptes d'Institutions financières non déclarantes et de Comptes exclus en allant à l'encontre des objectifs de la Norme commune de déclaration.

4. Une Autorité compétente peut dénoncer sa participation au présent Accord ou à l'égard d'une Autorité compétente donnée moyennant préavis écrit adressé au Secrétariat de l'OC. Cette dénonciation prend effet le premier jour du mois suivant l'expiration d'un délai de douze mois à compter de la date du préavis. En cas de dénonciation, tous les renseignements déjà reçus au titre du présent Accord restent confidentiels et soumis aux dispositions de la Convention.

SECTION 8

Notifications reçues par le Secrétariat de l'OC

Sauf disposition contraire de l'Accord, le Secrétariat de l'OC informe l'ensemble des Autorités compétentes de toute notification qu'elle reçoit au titre du présent Accord.

Signé à […] le […]   Signé à […] le […]

AUTORITÉ COMPÉTENTE   AUTORITÉ COMPÉTENTE
DE LA [Juridiction] :   DE LA [Juridiction] :

ANNEXE A : LISTE DES JURIDICTIONS

[Juridiction]   [Juridiction]

Annexe 2

Modèle d'accord entre autorités compétentes – Modèle non réciproque

1.   Dans certaines situations, il n'est pas nécessaire que l'échange automatique de renseignements sur les comptes financiers soit réciproque (l'une des juridictions n'applique pas d'impôt sur le revenu, par exemple). En pareils cas, les renseignements seraient transmis uniquement par la [Juridiction A] à la [Juridiction B], mais pas par la [Juridiction B] à la [Juridiction A].

2.   Un accord non réciproque serait pour l'essentiel basé sur le Modèle d'accord entre autorités compétentes, sous réserve d'apporter certaines modifications visant à refléter le fait qu'il est non réciproque. Par exemple, la définition de l'expression « Institution financière déclarante » devrait être modifiée afin que seules les Institutions financières de la [Juridiction A] puissent être des Institutions financières déclarantes.

3.   La liste complète des dispositions qui devraient être soit modifiées, soit supprimées est la suivante :

- Dispositions à modifier : les deuxième, quatrième et cinquième paragraphes du préambule ; les aliméas 1(f), (g) et (h) de la section 1 ; les paragraphes 1 et 2 (en conservant ses sous-paragraphes inchangés) de la section 2 ; le paragraphe 5 de la section 3 ; sections 4 et 5 ; et le paragraphe 1 de la section 7 ;

- Dispositions à supprimer : alinéas 1(e), (h), (j) et (m) de la section 1 ; et la deuxième phrase du paragraphe 3 de la section 3.

4.   Ces modifications sont intégrées dans le Modèle d'accord non réciproque entre autorités compétentes qui suit :

MODÈLE D'ACCORD ENTRE LES AUTORITÉS COMPÉTENTES DE LA [JURIDICTION A] ET LA [JURIDICTION B] CONCERNANT L'ÉCHANGE AUTOMATIQUE DE RENSEIGNEMENTS RELATIFS AUX COMPTES FINANCIERS EN VUE D'AMÉLIORER LE RESPECT DES OBLIGATIONS FISCALES INTERNATIONALES

Considérant que le Gouvernement de la [Juridiction A] et le Gouvernement de la [Juridiction B] entretiennent de longue date une relation concernant l'assistance mutuelle en matière fiscale et désirent améliorer le respect des obligations fiscales à l'échelle internationale en approfondissant cette relation ;

Considérant que les lois de la [Juridiction A] [devraient imposer]/ [imposent] aux institutions financières de communiquer des informations concernant certains comptes et de suivre des procédures de diligence raisonnable qui s'y rattachent, conformément à la portée des échanges définie à la section 2 du présent Accord et aux procédures de déclaration et de diligence raisonnable établies dans la Norme commune de déclaration ;

Considérant que [l'article [...] de la Convention fiscale conclue entre la [Juridiction A] et la [Juridiction B]/[l'article 6 de la Convention concernant l'assistance administrative mutuelle en matière fiscale] (la « Convention »)]/ [un autre instrument juridique applicable (l'« Instrument »)] autorise l'échange de renseignements à des fins fiscales, y compris de manière automatique, et autorise les autorités compétentes de la [Juridiction A] et de la [Juridiction B] (les « Autorités compétentes ») à définir la portée et les modalités de ces échanges automatiques ;

Considérant que la [Juridiction B] a mis en place *(i)* les protections adéquates pour faire en sorte que les renseignements reçus conformément au présent Accord restent confidentiels et soient utilisés uniquement aux fins prévues par la [Convention]/l'[Instrument], et *(ii)* les infrastructures nécessaires à un échange efficace (y compris les processus garantissant un échange de renseignements en temps voulu, exact et confidentiel, des communications efficaces et fiables, et les moyens permettant de résoudre rapidement les questions et préoccupations relatives aux échanges ou aux demandes d'échanges et d'appliquer les dispositions de la section 4 du présent Accord) ;

Considérant que les Autorités compétentes souhaitent conclure un accord afin d'améliorer le respect des obligations fiscales à l'échelle internationale sur la base d'échanges automatiques non réciproques en application de la [Convention]/l'[Instrument], sous réserve de la confidentialité et des garanties prévues par [la Convention]/[l'Instrument], y compris les dispositions qui limitent l'utilisation des renseignements échangés en vertu de celle-ci ;

Les Autorités compétentes sont convenues des dispositions suivantes :

SECTION 1

Définitions

1.   Aux fins du présent accord (« Accord »), les termes et expressions suivants ont le sens défini ci-après :

a)   Le terme « **[Juridiction A]** » désigne […].

b)   Le terme « **[Juridiction B]** » désigne […].

c)   L'expression « **Autorité compétente** » désigne :

(1)   dans le cas de la [Juridiction A], […] ; et

(2)   dans le cas de la [Juridiction B], […].

d)   L'expression « **Institution financière de la [Juridiction A]** » désigne *(i)* toute Institution financière résidente de la [Juridiction A], à l'exception de toute succursale de cette Institution financière établie en dehors de la [Juridiction A], et *(ii)* toute succursale d'une Institution financière non résidente de la [Juridiction A] si cette succursale est établie dans la [Juridiction A].

e)   L'expression « **Institution financière déclarante** » désigne toute Institution financière de la [Juridiction A] qui n'est pas une Institution financière non déclarante.

f)   L'expression « **Compte déclarable** » désigne un Compte déclarable de la [Juridiction B], à condition d'avoir été identifié en tant que tel selon les procédures de diligence raisonnable, conformément à la Norme commune de déclaration, en vigueur dans la [Juridiction A].

g)   L'expression « **Compte déclarable de la [Juridiction B]** » désigne un Compte financier ouvert auprès d'une Institution financière déclarante de la [Juridiction A] et détenu par une ou plusieurs personnes de la [Juridiction B] qui sont des Personnes devant faire l'objet d'une déclaration ou par une ENF passive dont une ou plusieurs Personnes qui en détiennent le contrôle sont des Personnes devant faire l'objet d'une déclaration de la [Juridiction B].

h)   L'expression « **[Personne de la Juridiction B]** » désigne une personne physique ou une Entité identifiée par une Institution financière déclarante de la [Juridiction A] comme résidente de la [Juridiction B] conformément aux procédures de diligence raisonnable prévues dans la Norme commune de déclaration, ou la succession d'un défunt qui était résident de la [Juridiction B].

i) Le terme « **NIF** » désigne un NIF (numéro d'identification fiscale) de la [Juridiction B].

j) L'expression « **NIF de la [Juridiction B]** » désigne un […].

k) L'expression « **Norme commune de déclaration** » désigne la norme d'échange automatique de renseignements sur les comptes financiers élaborée par l'OCDE aux côtés des pays du G20, présentée aux dirigeants du G20 en 2014 et publiée sur le site Internet de l'OCDE.

2.   Tout terme en majuscule qui n'est pas défini dans le présent Accord a le sens que lui attribue au moment considéré la législation de la Juridiction qui applique l'Accord, cette définition étant conforme à celle figurant dans la Norme commune de déclaration. Tout terme qui n'est pas défini dans le présent Accord ou dans la Norme commune de déclaration a, sauf si le contexte exige une interprétation différente ou si les Autorités compétentes s'entendent sur une signification commune (comme le prévoit le droit national), le sens que lui attribue au moment considéré la législation de la juridiction qui applique le présent Accord, toute définition figurant dans la législation fiscale applicable de cette Juridiction l'emportant sur une définition contenue dans une autre législation de la même Juridiction.

SECTION 2

Échange de renseignements concernant des Comptes déclarables

1.   Conformément aux dispositions de l'article […] de la [Convention]/ l'[Instrument] et sous réserve des règles applicables en matière de déclaration et de diligence raisonnable définies dans la Norme commune de déclaration, l'Autorité compétente de la [Juridiction A] échange chaque année avec l'Autorité compétente de la [Juridiction B], de manière automatique, les renseignements obtenus conformément à ces règles et précisés dans le paragraphe 2.

2.   Les renseignements qui doivent être échangés concernant chaque Compte déclarable de la [Juridiction B] sont les suivants :

a) les nom, adresse, NIF et date et lieu de naissance (dans le cas d'une personne physique) de chaque Personne devant faire l'objet d'une déclaration qui est un Titulaire de ce compte et, dans le cas d'une Entité qui est Titulaire de ce compte et pour laquelle, après application des diligences raisonnables décrites dans la Norme commune de déclaration, il apparaît qu'une ou plusieurs Personnes qui en détiennent le contrôle sont des Personnes devant faire l'objet d'une déclaration, le nom, l'adresse et le NIF de cette Entité ainsi que les nom, adresse, NIF et date et lieu de naissance de chacune de ces Personnes devant faire l'objet d'une déclaration ;

b) le numéro de compte (ou son équivalent fonctionnel en l'absence de numéro de compte) ;

c) le nom et le numéro d'identification (éventuel) de l'Institution financière déclarante ;

d) le solde ou la valeur portée sur le compte (y compris, dans le cas d'un Contrat d'assurance avec valeur de rachat ou d'un Contrat de rente, la Valeur de rachat) à la fin de l'année civile considérée ou d'une autre période de référence adéquate ou, si le compte a été clos au cours de l'année ou de la période en question, la clôture du compte ;

e) dans le cas d'un Compte conservateur :

(1) le montant brut total des intérêts, le montant brut total des dividendes et le montant brut total des autres revenus produits par les actifs détenus sur le compte, versés ou crédités sur le compte (ou au titre du compte) au cours de l'année civile ou d'une autre période de référence adéquate ; et

(2) le produit brut total de la vente ou du rachat d'un bien versé ou crédité sur le compte au cours de l'année civile ou d'une autre période de référence adéquate au titre de laquelle l'Institution financière déclarante a agi en tant que dépositaire, courtier, prête-nom ou représentant du Titulaire du compte ;

f) dans le cas d'un Compte de dépôt, le montant brut total des intérêts versés ou crédités sur le compte au cours de l'année civile ou d'une autre période de référence adéquate ; et

g) dans le cas d'un compte qui n'est pas visé aux alinéas 2(e) ou (f), le montant brut total versé au Titulaire du compte ou porté à son crédit au titre de ce compte au cours de l'année civile ou d'une autre période de référence adéquate, dont l'Institution financière déclarante est la débitrice, y compris le montant total de toutes les sommes remboursées au Titulaire du compte au cours de l'année civile ou d'une autre période de référence adéquate.

SECTION 3

Calendrier et modalités des échanges de renseignements

1.   Aux fins de l'échange de renseignements prévu à la section 2, le montant et la qualification des versements effectués au titre d'un Compte déclarable peuvent être déterminés conformément aux principes de la législation fiscale de la Juridiction qui procède à l'échange.

2.   Aux fins de l'échange de renseignements prévu à la section 2, les renseignements échangés indiquent la monnaie dans laquelle chaque montant concerné est libellé.

3.   S'agissant du paragraphe 2 de la section 2, les renseignements à échanger pour [xxxx] et toutes les années suivantes sont échangés dans les neuf mois qui suivent la fin de l'année civile à laquelle ils se rapportent.

4.   Nonobstant le paragraphe 3, les renseignements à échanger pour [xxxx] sont ceux décrits au paragraphe 2 de la section 2, à l'exception des produits bruts décrits à l'alinéa 2(e)(2) de la section 2.

5.   Les Autorités compétentes de la [Juridiction A] échangent automatiquement les renseignements décrits à la section 2 selon le schéma de la Norme commune de déclaration en langage XML.

6.   Les Autorités compétentes élaborent et adoptent d'un commun accord sur une ou plusieurs méthodes de transmission de données, y compris sur des normes de cryptage.

SECTION 4

Collaboration en matière d'application et de mise en œuvre de l'Accord

L'Autorité compétente de la [Juridiction B] transmet une notification à l'Autorité compétente de la [Juridiction A] lorsque la première Autorité a des raisons de croire qu'une erreur peut avoir eu pour conséquence la communication de renseignements erronés ou incomplets ou qu'une Institution financière déclarante ne respecte pas les obligations déclaratives en vigueur et les procédures de diligence raisonnable définies dans la Norme commune de déclaration. L'Autorité compétente de la [Juridiction A] applique toutes les dispositions appropriées de son droit interne pour corriger ces erreurs ou remédier aux manquements décrits dans la notification.

SECTION 5

Confidentialité et protection des données

1.   Tous les renseignements échangés sont soumis aux obligations de confidentialité et autres protections prévues par la [Convention]/l'[Instrument], y compris les dispositions qui limitent l'utilisation des renseignements échangés et, dans la mesure où cela est nécessaire pour garantir le degré requis de protection des données personnelles, conformément aux protections

qui peuvent être exigées par l'Autorité compétente de la [Juridiction A] qui communique les données en vertu de son droit interne.

2.   L'Autorité compétente de la [Juridiction B] informe immédiatement l'Autorité compétente de la [Juridiction A] de toute violation de l'obligation de confidentialité ou des protections ainsi que de toute sanction et action corrective qui en résultent.

SECTION 6

Consultations et modifications

1.   En cas de difficulté dans l'application du présent Accord, chaque Autorité compétente peut solliciter des consultations en vue d'élaborer des mesures appropriées pour garantir l'exécution du présent Accord.

2.   Le présent Accord peut être modifié par accord écrit des Autorités compétentes. Sauf disposition contraire, une telle modification prend effet le premier jour du mois suivant l'expiration d'une période d'un mois après la date de la dernière signature de cet accord écrit ou de la dernière notification échangée aux fins de cet accord écrit.

SECTION 7

Durée de l'Accord

1.   Le présent Accord prend effet […]/[à la date de la notification adressée par l'Autorité compétente de la [Juridiction A] indiquant que sa juridiction a adopté la législation nécessaire pour mettre en œuvre l'Accord].

2.   Une Autorité compétente peut suspendre l'échange de renseignements visé par le présent Accord moyennant préavis écrit adressé à l'Autorité compétente de l'autre partie indiquant que cette dernière commet ou a commis un manquement grave au présent Accord. Cette suspension est à effet immédiat. Aux fins du présent paragraphe, l'expression « manquement grave » désigne notamment le non-respect des obligations de confidentialité et des dispositions relatives à la protection des données du présent Accord et de la [Convention]/l'[Instrument], le fait pour l'Autorité compétente de ne pas communiquer des renseignements appropriés ou en temps voulu comme le prévoit le présent Accord, ou de qualifier des Entités ou des comptes d'Institutions financières non déclarantes et de Comptes exclus en allant à l'encontre des objectifs de la Norme commune de déclaration.

3.   Chacune des Autorités compétentes peut dénoncer le présent Accord moyennant préavis écrit adressé à l'Autorité compétente de l'autre

partie. Cette dénonciation prend effet le premier jour du mois suivant l'expiration d'un délai de douze mois à compter de la date du préavis. En cas de dénonciation, tous les renseignements déjà reçus au titre du présent Accord restent confidentiels et soumis aux dispositions de la [Convention]/l'[Instrument].

Signé en double exemplaire à […] le […].

AUTORITÉ COMPÉTENTE
DE LA [Juridiction A] :

AUTORITÉ COMPÉTENTE
DE LA [Juridiction B] :

Annexe 3

Guide de l'utilisateur de la norme commune de déclaration

Version 1.0

Introduction

L'OCDE, en collaboration avec les pays du G20, a élaboré une norme commune pour la déclaration, la diligence raisonnable et l'échange de renseignements relatifs aux comptes financiers. En vertu de cette norme, les juridictions peuvent se procurer auprès des institutions financières et, en suivant des règles définies, échangent automatiquement avec les partenaires d'échange sur une base annuelle, des informations financières concernant tous les comptes devant faire l'objet d'une déclaration identifiés par les institutions financières, en application de règles communes de déclaration et de diligence raisonnable.

L'un des éléments de la solution technique retenue pour structurer cette norme commune est un schéma, qui s'accompagne d'un ensemble d'instructions.

Un schéma est une structure de données permettant de stocker et de transmettre électroniquement des informations et en blocs. Le langage couramment utilisé à cette fin est le XML (« eXtensible Markup Language »). C'est le cas par exemple du Format de transmission normalisé (FTN et en anglais STF) de l'OCDE ou du format Fisc 153, utilisé pour l'échange de renseignements dans le cadre de la Directive européenne sur la fiscalité des revenus de l'épargne.

Le présent Guide de l'utilisateur détaille les informations qui doivent figurer dans chaque élément de données en norme NCD dans le cadre du Schéma XML NCD v. 1.0. Il explique également comment entrer des corrections dans un fichier susceptible d'être traité automatiquement.

Comment le Guide de l'utilisateur de la NCD s'articule avec le schéma de la NCD

Le présent Guide est divisé en sections qui correspondent aux différentes sections du schéma et contient des explications sur les différents éléments de données et, le cas échéant, les attributs qui les décrivent.

Les sections du schéma NCD sont les suivantes :

I   Message Header (en-tête du message) contenant l'expéditeur, le destinataire, le type de message, la période couverte par la déclaration

II   Controlling Person ou Account Holder (Personne détenant le compte ou Titulaire du compte) s'il s'agit d'une personne physique

III Account Holder (Titulaire du compte) s'il s'agit d'une Entité

IV   CRS Body (Corps de la NCD) ; Reporting FI (IF déclarante) et Reporting Group (Groupe déclarant) et Account details

Les numéros des diagrammes dans l'Appendice A correspondent à ceux des sections.

Le Schéma XML de la NDC est conçu pour l'échange automatique de renseignements relatifs aux comptes financiers entre Autorités compétentes (AC). En outre, la NCD peut également être utilisée au niveau national par les Institutions financières (IF) pour leurs déclarations aux autorités fiscales nationales. Les éléments qui concernent uniquement les déclarations au niveau national figurent [*entre crochets*].

Le Schéma de la NCD reprend certains éléments du schéma FATCA et certains éléments du FTN ; par conséquent, certains éléments du Schéma NCD ne sont pas pertinents pour les déclarations et les échanges de renseignements dans la norme NCD (par exemple Déclaration collective et Nationalité). Ces éléments figurent dans le Guide de l'utilisateur comme facultatifs, suivis de la mention « *non-CRS* » (non-NCD).

La mention « *non-CRS* » apparaît aussi dans certains diagrammes de l'Appendice A.

Le Schéma XML de la NCD et son Guide de l'utilisateur contiennent également des éléments qui sont spécifiques à la NCD, par exemple les comptes non documentés et comptes clôturés.

Le champ « Requis » pour chaque élément de donné et son attribut indique si l'élément est dit « Validation » ou « Facultatif » dans le schéma. Chaque élément est soit l'un, soit l'autre.

Les éléments « Validation » doivent IMPERATIVEMENT être présents pour TOUS les enregistrements d'un fichier, et une vérification automatique de validation peut être effectuée. L'Expéditeur doit effectuer une vérification technique du fichier de données à l'aide d'outils XML et s'assurer que tous les éléments « Validation » sont présents pour, si ce n'est pas le cas, corriger le fichier. Le Destinataire peut faire de même et s'il y a lieu, il peut refuser le fichier. Lorsqu'un élément validation « parent » présente un choix entre deux éléments validation mutuellement exclusifs, il porte la mention « Validation (choix) ». Si les éléments appartiennent à un « parent » facultatif, ils apparaissent également comme facultatifs.

Pour certains éléments qui apparaissent comme Facultatifs dans le schéma, différentes règles de traitement peuvent exister :

- Certains champs facultatifs portent la mention « (Facultatif) Obligatoire » – il s'agit d'éléments facultatifs qui sont **obligatoires** pour les déclarations NCD en vertu des exigences en matière de déclaration, en fonction de la disponibilité des informations en question ou en fonction de certains critères juridiques. Certains champs sont obligatoires mais ne peuvent pas être renseignés dans tous les cas. Un processus de validation purement informatisé ne peut donc pas convenir pour les vérifier. (Par exemple, la NCD prévoit qu'une IF déclarante doit impérativement déclarer le NIF du Titulaire du compte, seulement si la juridiction de résidence/ le lieu de naissance émet des NIF et s'il est obligatoire de les conserver et de les déclarer dans des dossiers interrogeables numériquement).

- Certains éléments facultatifs peuvent présenter un choix entre deux types dont un seul doit être utilisé (par exemple le choix entre AddressFix ou AddressFree). Ils ont le statut « Facultatif ».

- Un élément peut n'être obligatoire ni pour la validation dans le schéma ni pour la NCD. Un tel élément n'est pas impérativement renseigné dans un fichier « NCD seulement », et porte donc la mention « Facultatif (non NCD) ».

L'Appendice A au Guide de l'utilisateur montre une représentation sous forme de diagramme du Schéma XML de la NCD avec tous ses éléments. Les numéros qui figurent à côté des rubriques renvoient aux sections correspondantes dans le texte du Guide de l'utilisateur. Les encadrés de commentaires contiennent des précisions.

L'Appendice B au Guide de l'Utilisateur contient un Glossaire des espaces de noms du Schéma XML de la NCD.

Informations contenues dans le schéma Norme commune de déclaration

I. Message Header (En-tête du message)

L'en-tête du message contient l'identifiant de l'Administration fiscale expéditrice du message. Elle précise la date de création du message, la période (généralement un an) couverte par la déclaration, ainsi que la nature de la déclaration (originale, correction, supplément, etc.)

Élément	Attribut	Taille	Type de donnée	Requis
SendingCompanyIN		Illimitée	xsd:string	Facultatif

[L'élément d'information Numéro d'identification de la Société expéditrice n'est pas utilisé pour les échanges entre Autorités compétentes dans la NCD. En revanche pour les déclarations nationales, le Numéro d'identification de la société expéditrice serait Obligatoire et identifierait l'Institution financière déclarante pour l'authorité fiscale éxpeditrice, par son NIF (ou par son NI)]

Élément	Attribut	Taille	Type de donnée	Requis
TransmittingCountry		2 caractères	iso:CountryCode_Type	Validation

Cet élément de données identifie la juridiction dans laquelle est tenu le Compte financier déclaré, ou bien la juridiction dans laquelle le paiement déclaré est effectué par l'IF déclarante. Si l'expéditeur est une Administration fiscale, le pays émetteur est la juridiction de l'Administration fiscale. Cet élément de données utilise les codes pays à 2 lettres et la liste des noms de pays[1] basée sur la norme ISO 3166-1 Alpha 2.

[Pour les déclarations nationales, cet élément serait le Code du pays national].

Élément	Attribut	Taille	Type de donnée	Requis
ReceivingCountry		2 caractères	iso:CountryCode_Type	Validation

Cet élément de données identifie la juridiction de l'administration fiscale (l'Autorité compétente) destinatrice du message. Cet élément de données

---

1. La note d'avertissement qui suit s'applique à tous les cas d'utilisation du code pays ISO dans le schéma NCD : *Pour des raisons d'ordre pratique, cette liste se base la liste de pays ISO 3166-1 actuellement utilisée par des banques et autres institutions financières, et donc par les administrations fiscales. L'utilisation de cette liste ne saurait être interprétée comme l'expression par l'OCDE d'une opinion, quelle qu'elle soit, sur le statut juridique des territoires cités. Son contenu est sans préjudice du statut de tout territoire, de la souveraineté s'exerçant sur ce dernier, du tracé des frontières et limites internationales, et du nom de tout territoire, ville ou région.*

utilise un code pays alphabétique à 2 caractères issu de la norme ISO 3166-1 Alpha 2.

[Pour les déclarations nationales, cet élément serait le Code du pays national].

Élément	Attribut	Taille	Type de donnée	Requis
MessageType		2 caractères	crs:MessageType_EnumType	Validation

Cet élément de données précise le type du message envoyé. La seule valeur possible dans ce champ pour l'échange automatique de renseignements est « CRS ».

Élément	Attribut	Taille	Type de donnée	Requis
Warning			xsd:string	Facultatif

Cet élément de données est un champ de texte libre qui permet d'entrer des recommandations spéciales concernant l'utilisation du contenu du message NCD, par exemple l'Instrument ou la Convention dont procède l'échange de données. Si les données déclarées ne correspondent pas à une année pleine de déclaration, cela peut être expliqué sous forme de texte libre en anglais, par exemple « ten month period » (« période de dix mois »).

Élément	Attribut	Taille	Type de donnée	Requis
Contact			xsd:string	Facultatif

Cet élément de données est un champ de texte libre permettant la saisie d'informations de contact spécifiques concernant l'expéditeur du message. [*Peut contenir les informations de contact de l'IF ou d'un tiers pour les déclarations nationales uniquement*]

Élément	Attribut	Taille	Type de donnée	Requis
MessageRefID			xsd:string	Validation

Cet élément de données est un champ de texte libre contenant le numéro d'identification unique du message expédié, créé par l'expéditeur. Cet identifiant permet ultérieurement tant à l'expéditeur qu'au destinataire d'identifier le message si des questions se posent ou si des corrections doivent être apportées. Pour les échanges entre Autorités compétentes, la première partie doit être le Code pays de la juridiction expéditrice, la deuxième partie doit être l'année à laquelle se rapportent les données et la troisième partie le code du pays destinataire, suivi d'un identifiant unique créé par la juridiction expéditrice (la partie « nationale »).

[*Si le schéma NCD est utilisé pour les déclarations nationales, la pratique optimale consiste à ce que l'IF ajoute son numéro d'identification d'IF dans l'élément MessageRefID au début de l'identifiant unique qu'elle crée.*]

Élément	Attribut	Taille	Type de donnée	Statut
MessageTypeIndic			crs:CrsMessageTypeIndic_EnumType	Facultatif

Cet élément de données permet à l'expéditeur de définir le type de message envoyé. Il s'agit d'un élément Facultatif, car il est également indiqué dans le champ DocTypeIndic s'il s'agit de données nouvelles ou corrigées (voir les instructions sur le processus de correction ci-dessous). Les messages doivent contenir toutes les données nouvelles ou toutes les données corrigées [*ou il doit être signalé au niveau national qu'il n'y a pas de données à déclarer*].

[*L'élément MessageTypeIndic peut être utilisé au niveau national pour indiquer que l'Institution financière a effectué les vérifications appropriées sur les données de son client mais qu'il n'y a pas de données à déclarer (équivalent à la mention « néant »). Dans ce cas et dans ce cas uniquement, il n'est pas nécessaire de remplir l'élément Account Report*]

Les valeurs possibles sont les suivantes :

CRS701= Le message contient des renseignements nouveaux

CRS702= Le message contient des corrections à des renseignements envoyés antérieurement

CRS703= Le message indique qu'il n'y a pas de données à déclarer

Élément	Attribut	Taille	Type de donnée	Requis
CorrMessageRefID			xsd:string	Facultatif

Cet élément de données est un champ en texte libre contenant un numéro d'identification unique (attribué par l'expéditeur) indiquant que le message envoyé est un message corrigé. Cet élément de données DOIT IMPERATIVEMENT faire référence à l'identifiant créé pour le message d'origine. Des instructions sur le processus de correction figurent ci-dessous pour expliquer que ceci est à utiliser uniquement dans la NCD pour annuler un précédent message.

Élément	Attribut	Taille	Type de donnée	Requis
ReportingPeriod			xsd:date	Validation

Cet élément de données contient le dernier jour de la période de déclaration (habituellement une année fiscale) à laquelle le message se rapporte, au format AAAA-MM-JJ. Par exemple, si les informations déclarées sur les comptes ou les paiements effectués pendant l'année civile 2014, le champ contiendra la valeur « 2014-12-31 ». Si exceptionnellement, la période de déclaration ne correspond pas à une année, indiquer la durée de la période de déclaration dans le champ Warning (avertissement).

Élément	Attribut	Taille	Type de donnée	Requis
Timestamp			xsd:dateTime	Validation

Cet élément de données contient la date et l'heure auxquelles le message a été généré. On peut supposer que cet élément sera renseigné automatiquement par le système hôte. Le format à utiliser est AAAA-MM-JJ'hhh:mm:ss. Cet horodatage ne va pas jusqu'aux fractions de secondes. Exemple : 2015-03-15T09:45:30.

II. PersonParty_Type

Les éléments de données contenus dans cette section sont utilisés pour les Titulaires de comptes individuels ou Personnes détenant le contrôle d'ENF passives. Ce type complexe se compose des éléments de données suivants :

Élément	Attribut	Taille	Type de donnée	Requis
ResCountryCode		2 caractères	iso:CountryCode_Type	Validation

Élément	Attribut	Taille	Type de donnée	Requis
TIN			cfc:TIN_Type	(Facultatif) Obligatoire

Élément	Attribut	Taille	Type de donnée	Requis
Name			crs:NamePerson_Type	Validation

Élément	Attribut	Taille	Type de donnée	Requis
Address			cfc:Address_Type	Validation

Élément	Attribut	Taille	Type de donnée	Requis
Nationality			iso:CountryCode_Type	Facultatif (Non NCD)

Élément	Attribut	Taille	Type de donnée	Requis
BirthInfo				(Facultatif) Obligatoire

IIa. ResCountryCode (Code du pays de résidence)

Élément	Attribut	Taille	Type de donnée	Requis
ResCountryCode		2 caractères	iso:CountryCode_Type	Validation

Cet élément de données contient le(s) code(s) du (des) pays dans le(s) quel(s) la Personne qui fait l'objet de la déclaration a sa résidence fiscale et doit figurer dans tous les enregistrements à la norme NCD d'échange automatique de renseignements entre Autorités compétentes.

S'il existe plus d'une juridiction de résidence, une déclaration séparée doit être faite pour chaque juridiction de résidence de la Personne devant faire l'objet d'une déclaration – y compris pour les Personnes détenant le contrôle d'une Entité et qui sont aussi des Personnes devant faire l'objet d'une déclaration ; ces déclarations doivent être accompagnées des détails relatifs à l'Entité en question.

[*Pour les déclarations nationales, si la personne physique est certifiée comme résidente fiscal ou traitée comme tel dans plus d'une juridiction, cet élément peut être répété et les données doivent être envoyées à l'autorité fiscale. Il serait aussi recommandable de rendre obligatoire l'utilisation du code du pays pour les comptes non documentés, qui ne feront pas l'objet d'échange entre Autorités compétentes*]

Le jeu complet de données, comprenant notamment tous les codes de pays de résidence dont il est établi qu'ils concernent la Personne devant faire l'objet d'une déclaration, peut être envoyé à toutes les Autorités compétentes d'une juridiction de résidence, afin d'attirer l'attention sur l'existence éventuelle d'un statut de double résidence ou d'un autre type de problème lié aux cas de déclarations multiples, nécessitant d'être étudié au cas par cas. Il est recommandé que l'Autorité compétente envoie à chacune des juridictions de résidence un enregistrement indiquant toutes les juridictions qui doivent faire l'objet d'une déclaration.

Il se peut aussi, dans certaines circonstances, que la juridiction expéditrice décide que les données qu'elle envoie à chacune des juridictions destinataires portent uniquement le code de pays de la juridiction destinataire et qu'elle ait recours à une méthode différente pour échanger des renseignements concernant les multiples juridictions de résidence, conformément à l'instrument (ou aux instruments) applicables(s), si et quand cela est nécessaire.

IIb. TIN_Type (NIF)

Élément	Attribut	Taille	Type de donnée	Requis
TIN		Min 1 caractère	cfc:TIN_Type	(Facultatif) Obligatoire

Cet élément de données correspond au Numéro d'identification fiscale (NIF) utilisé par l'administration fiscale réceptrice pour identifier le Titulaire du compte. Le NIF (s'il existe) doit être fourni conformément à la NCD.

Élément	Attribut	Taille	Type de donnée	Requis
TIN	IssuedBy	2 caractères	iso:CountryCode_Type	(Facultatif) Obligatoire

Cet attribut indique quelle juridiction a émis le NIF. Si la juridiction émettrice n'est pas connue, ce champ peut n'être pas renseigné.

IIc. NamePerson_Type (Nom de la personne physique)

Élément	Attribut	Taille	Type de donnée	Requis
NamePerson_Type	NameType		stf:OECDNomType_EnumType	Facultatif

Cet élément de données permet à l'IF de déclarer le nom de naissance et le nom de mariage.

OECDNameType_EnumType

Il est possible dans la NCD qu'une personne physique ou une Entité ait plusieurs noms. Un qualificatif indique le type de nom dont il s'agit, par exemple un surnom (« nick »), un nom commercial (« dba ») un nom plus court pour désigner l'Entité ou un nom utilisé publiquement à la place de la raison sociale, etc.

Les valeurs possibles sont les suivantes :

- OECD201=SMFAliasOrOther (pas utilisé pour la NCD)
- OECD202=indiv
- OECD203=alias
- OECD204=nick
- OECD205=aka
- OECD206=dba
- OECD207=legal
- OECD208=atbirth

Élément	Attribut	Taille	Type de donnée	Requis
PrecedingTitle			xsd:string	Facultatif

Élément	Attribut	Taille	Type de donnée	Requis
Title			xsd:String	Facultatif

Élément	Attribut	Taille	Type de donnée	Requis
FirstName			xsd:string	Validation

L'élément de données « Prénom » est obligatoire dans les déclarations NCD. Si l'IF déclarante ou l'administration fiscale émettrice du message ne possède pas le prénom complet de la personne physique Titulaire du compte ou de la Personne détenant le contrôle de l'Entité, une initiale ou la mention NFN (« No First Name », absence de prénom) peuvent être utilisées ici.

Élément	Attribut	Taille	Type de donnée	Requis
FirstName	xnlNameType		xsd:string	Facultatif

Élément	Attribut	Taille	Type de donnée	Requis
MiddleName			xsd:string	Facultatif

Cet élément de données permet de saisir le deuxième prénom. Cette donnée est facultative dans les déclarations NCD. Si l'IF déclarante possède un deuxième prénom ou une initiale, ces éléments peuvent être entrés ici.

Élément	Attribut	Taille	Type de donnée	Requis
MiddleName	xnlNameType		xsd:string	Facultatif

Élément	Attribut	Taille	Type de donnée	Requis
NamePrefix			xsd:string	Facultatif

Élément	Attribut	Taille	Type de donnée	Requis
NamePrefix	xnlNametype		xsd:string	Facultatif

Élément	Attribut	Taille	Type de donnée	Requis
LastName			xsd:string	Validation

Cet élément de données est obligatoire dans les déclarations NCD. L'IF déclarante ou l'administration fiscale qui transmet le message doit impérativement fournir le nom patronymique de la personne physique Titulaire du compte. Ce champ peut inclure les éventuels préfixes ou suffixes utilisés officiellement par le Titulaire du compte.

Comme le format de cet élément est une chaîne de caractères, il peut être utilisé pour entrer un nom au format libre ou deux noms patronymiques. Mais dans tous les cas où c'est possible, la structure prénom et nom patronymique doit être utilisée.

Élément	Attribut	Taille	Type de donnée	Requis
LastName	xnlNameType		xsd:string	Facultatif

Élément	Attribut	Taille	Type de donnée	Requis
GenerationIdentifier			xsd:string	Facultatif

Élément	Attribut	Taille	Type de donnée	Requis
Suffix			xsd:string	Facultatif

Élément	Attribut	Taille	Type de donnée	Requis
GeneralSuffix			xsd:string	Facultatif

IId. Address_Type (Adresse)

Deux options sont possibles pour renseigner l'adresse dans le schéma : AddressFix et AddressFree. AddressFix doit être utilisé pour toutes les déclarations NCD, sauf si l'IF déclarante ou l'administration fiscale qui émet le message n'est pas en mesure d'identifier les différents éléments de l'adresse du Titulaire du compte.

Cet élément de données est l'adresse de résidence permanente (par exemple de la personne physique Titulaire du compte). Si l'IF déclarante ou l'administration fiscale ne dispose pas de l'adresse de résidence permanente de la personne physique dans son dossier, alors l'adresse à entrer est l'adresse postale utilisée par l'Institution financière pour communiquer avec le Titulaire du compte au moment de la constitution de la déclaration.

Élément	Attribut	Taille	Type de donnée	Requis
CountryCode		2 caractères	iso:CountryCode_Type	Validation

Cet élément de données contient le code du pays associé à l'adresse du Titulaire du compte. [*Pour les comptes non documentés, le code national du pays peut être utilisé puisqu'aucune adresse n'est disponible. Comme le champ adresse nécessite un autre élément pour être validé, la mention « Undocumented » peut être utilisée en lieu et place d'une adresse.*]

Élément	Attribut	Taille	Type de donnée	Requis
AddressFree			xsd:string	Facultatif*

Cet élément de données permet de saisir les informations d'adresse en texte libre. Si l'utilisateur choisit de saisir les données demandées de manière moins structurée au format « AddressFree » tous les éléments disponibles de l'adresse doivent être présentés sous forme d'une chaîne de caractères d'octets, en utilisant un espace, une barre oblique (« / ») ou un retour chariot pour délimiter les différents éléments. *Cette option ne doit être utilisée que si les données ne peuvent pas être présentées au format AddressFix.

NOTE : Si l'IF déclarante ou l'administration fiscale qui émet le message opte pour le format AddressFix, elle peut saisir toute l'adresse postale du Titulaire du compte dans l'élément AddressFree, plutôt que d'utiliser les éléments fixes correspondants. Dans ce cas, la ville, subdivision et le code postal doivent tout de même être renseignés dans les champs correspondants de l'adresse structurée.

Élément	Attribut	Taille	Type de donnée	Requis
AddressType	legalAddressType		stf:OECDLegalAddressType_EnumType	Facultatif

OECDLegalAddressType_EnumType

Cet élément de données est un attribut de l'adresse. Il indique le statut légal de l'adresse (résidentielle ou professionnelle, résidentielle, professionnelle, siège, non précisé).

Les valeurs possibles sont les suivantes :

- OECD301=residentialOrBusiness
- OECD302=residential
- OECD303=business
- OECD304=registeredOffice
- OECD305=unspecified

Élément	Attribut	Taille	Type de donnée	Requis
Street			xsd:string	Facultatif

Élément	Attribut	Taille	Type de donnée	Requis
BuildingIdentifier			xsd:string	Facultatif

Élément	Attribut	Taille	Type de donnée	Requis
SuiteIdentifier			xsd:string	Facultatif

Élément	Attribut	Taille	Type de donnée	Requis
FloorIdentifier			xsd:string	Facultatif

Élément	Attribut	Taille	Type de donnée	Requis
DistrictName			xsd:string	Facultatif

Élément	Attribut	Taille	Type de donnée	Requis
POB			xsd:string	Facultatif

Élément	Attribut	Taille	Type de donnée	Requis
PostCode			xsd:string	Facultatif

Élément	Attribut	Taille	Type de donnée	Requis
City			xsd:string	Validation

Élément	Attribut	Taille	Type de donnée	Requis
CountrySubendtity			xsd:string	Facultatif

Les éléments de données ci-dessus constituent le type AddressFix. L'élément « City » est obligatoire pour la validation du schéma. L'élément « PostCode » doit toujours être précisé s'il existe. Les informations de l'adresse postale (rue) peuvent être entrés ici ou dans l'élément de données « AddressFree ».

IIe. Nationality (Nationalité)

Élément	Attribut	Taille	Type de donnée	Requis
Nationality		2 caractères	iso:CountryCode_Type	Facultatif (non-CRS)

Cet élément de données n'est pas requis pour la NCD et ne doit pas impérativement être renseigné.

IIf. BirthInfo (Informations de naissance)

Élément	Attribut	Taille	Type de donnée	Requis
BirthDate			xsd:date	(Facultatif) Obligatoire

Cet élément de données contient la date de naissance de la personne physique Titulaire du compte. Il n'est pas impératif de renseigner la date de naissance lorsque la NCD ne l'impose pas (ce qui peut être le cas pour les Comptes préexistants si la date de naissance n'est pas disponible dans les dossiers de l'IF déclarante et que la loi nationale n'impose pas que l'IF déclarante la collecte).

Cet élément doit être au format suivant : AAAA-MM-JJ.

Les trois éléments de données ci-dessous s'appliquent spécifiquement au lieu de naissance et peuvent être renseignés conformément aux orientations de la NCD si le droit national impose que l'IF obtienne et déclare cette information, et qu'elle est disponible dans ses dossiers interrogeables numériquement.

Élément	Attribut	Taille	Type de donnée	Requis
City			xsd:string	Facultatif

Élément	Attribut	Taille	Type de donnée	Requis
CitySubentity			xsd:string	Facultatif

Élément	Attribut	Taille	Type de donnée	Requis
CountryInfo				Facultatif

Cet élément de données permet de choisir entre une juridiction actuelle (identifiée par son code pays à 2 caractères) et une juridiction ancienne (identifiée par son nom). L'une ou l'autre doit être renseignée si le lieu de naissance est renseigné, ainsi que la Ville, ou la Ville et la Subdivision de la ville.

Élément	Attribut	Taille	Type de donnée	Requis
CountryCode		2 caractères	iso:CountryCode_Type	Facultatif

Élément	Attribut	Taille	Type de donnée	**Requis**
FormerCountryName			xsd:string	Facultatif

III. OrganisationParty_Type

Ce type complexe contient le nom du Titulaire de compte lorsque c'est une Entité (et non une personne physique).

Il se compose des quatre éléments de données suivants :

Élément	Attribut	Taille	Type de donnée	Requis
ResCountryCode		2 caractères	iso:CountryCode_Type	(Facultatif) Obligatoire

Élément	Attribut	Taille	Type de donnée	Requis
IN		1 caractère minimum	crs:OrganisationIN_Type	(Facultatif) Obligatoire

Élément	Attribut	Taille	Type de donnée	Requis
Name			cfc:NameOrganisation_Type	Validation

Élément	Attribut	Taille	Type de donnée	Requis
Address			cfc:Address_Type	Validation

IIIa. ResCountryCode

Élément	Attribut	Taille	Type de donnée	Requis
ResCountryCode		2 caractères	iso:CountryCode_Type	(Facultatif) Obligatoire

Cet élément de données donne le code pays du pays de résidence fiscale de l'organisation déclarante ou devant faire l'objet d'une déclaration.

IIIb. Entity IN (OrganisationIN_Type)

Élément	Attribut	Taille	Type de donnée	Requis
IN		Min 1 caractère	crs:OrganisationIN_Type	(Facultatif) Obligatoire

Cet élément de données contient le numéro d'identification (NI) utilisé par l'administration fiscale expéditrice ou destinataire pour désigner l'Entité Titulaire du compte. Dans la NCD cela peut être le GIIN pour les États-Unis, ou un NIF, le numéro d'immatriculation de la société, le numéro d'identification mondial d'entités (EIN) ou un autre numéro d'identification similaire spécifié par l'administration fiscale.

Cet élément de données peut être répété s'il existe un deuxième IN.

Élément	Attribut	Taille	Type de donnée	Requis
IN	issuedBy	2 caractères	iso:CountryCode_Type	Facultatif

Cet attribut désigne la juridiction émettrice du NI. Si la juridiction émettrice n'est pas connue, ce champ peut être non renseigné.

Élément	Attribut	Taille	Type de donnée	Requis
IN	INType		xsd:string	Facultatif

Cet attribut définit le type de numéro d'identification envoyé (ex : US GIIN, EIN, NIF, TIN). Les valeurs possibles doivent être normalement définies en accord entre les Autorités compétentes.

IIIc. OrganisationParty_Type

Élément	Attribut	Taille	Type de donnée	Requis
Name			cfc:NameOrganisation_Type	Validation

Raison sociale de l'Entité déclarante ou devant faire l'objet d'une déclaration.

Élément	Attribut	Taille	Type de donnée	Requis
Name	NameType		stf:OECDNameType_EnumType	Facultatif

IV. CRS Body (Corps de la NCD)

Le corps de la NCD se compose de l'IF déclarante et du Groupe déclarant.

IVa. Reporting FI (Institution financière déclarante)

Identifie l'Institution financière qui tient le Compte financier déclaré ou qui effectue le paiement déclaré.

L'IF déclarante ou l'administration fiscale utilise le type OrganisationParty_Type pour entrer les informations d'identification.

Élément	Attribut	Taille	Type de donnée	Requis
ReportingFI			crs:CorrectableOrganisationParty_Type	Validation

Élément	Attribut	Taille	Type de donnée	Requis
DocSpec			stf:DocSpec_Type	Validation

DocSpec identifie l'enregistrement spécifique au sein du message NCD transmis. Il permet de signaler les enregistrements qui nécessitent une correction. (voir aussi le guide relatif aux corrections ci-dessous).

IVb. ReportingGroup (Groupe déclarant)

Cet élément de données contient des détails spécifiques concernant la déclaration NCD envoyée par l'IF déclarante ou par l'administration fiscale qui transmet le message.

Cet élément est répétable dans le schéma, mais pour la NCD, le CRS Body ne doit comporter qu'un seul Groupe déclarant. Le champ AccountReport doit être répété si nécessaire.

Élément	Attribut	Taille	Type de donnée	Requis
ReportingGroup				Validation

Le champ ReportingGroup est constitué des quatre éléments de données suivants :

Élément	Attribut	Taille	Type de donnée	Requis
Sponsor			crs:CorrectableOrganisationParty_Type	Facultatif (non-CRS)

Lorsqu'une Institution financière utilise un tiers pour soumettre des informations en son nom dans la norme NCD, cet élément n'est pas utilisé mais ses informations de contact peuvent être fournies dans l'élément « Contact ».

Élément	Attribut	Taille	Type de donnée	Requis
Intermediary			crs:CorrectableOrganisationParty_Type	Facultatif (non-CRS)

IVc. Account Report (déclaration sur le compte)

Élément	Attribut	Taille	Type de donnée	Requis
AccountReport			crs:CorrectableAccountReport_Type	(Facultatif) Obligatoire

AccountReport est un élément obligatoire dans la NCD *(sauf quand le MessageTypeIndic CRS703 est utilisé au niveau national pour indiquer qu'il n'y a pas de données à déclarer)*. Dans tous les autres cas, l'élément AccountReport doit impérativement être renseigné. AccountReport se compose des éléments de données suivants dans le type CorrectableAccountReport_Type :

Élément	Attribut	Taille	Type de donnée	Requis
DocSpec			stf:DocSpec_Type	Validation

DocSpec identifie l'élément spécifique du message NCD transmis. Il permet d'identifier les éléments nécessitant une correction (Voir les instructions relatives aux Corrections pour une description de l'élément DocSpec Type).

IVd. Account Number (numéro de compte)

Élément	Attribut	Taille	Type de donnée	Requis
AccountNumber			crs:FIAccountNumber_Type	Validation

Entrer le numéro de compte utilisé par l'Institution financière pour identifier le compte. Si l'Institution financière ne possède pas de numéro de compte, entrer un identifiant unique fonctionnellement équivalent utilisé par l'Institution financière pour identifier le compte.

Obligatoire pour les Institutions financières qui possèdent un numéro de compte (y compris des identifiants alphanumériques).

Par exemple : Le numéro de compte peut être : *i)* le numéro de compte d'un Compte conservateur ou d'un Compte de dépôt ; *ii)* le code (ISIN ou autre) d'une obligation ou d'un titre de participation (s'il n'est pas détenu dans un Compte conservateur) ; ou *iii)* le code d'identification d'un Contrat d'assurance avec valeur de rachat ou d'un Contrat de rente.

Si exceptionnellement, il n'y a pas de système de numérotation des comptes, utiliser la mention NANUM (en anglais « no account number ») qui signale l'absence de numéro, car il s'agit d'un élément Validation.

Ce format pour de numéro de compte est le même que dans le système FATCA et peut être utilisé pour les numéros de comptes structurés aussi bien qu'en format libre ; ce peut être un identifiant de compte non standard ou un numéro de contrat d'assurance.

Élément	Attribut	Taille	Type de donnée	Requis
AccountNumber	AcctNumberType		cfc:AcctNumberType_EnumType	Facultatif

Il est possible d'inclure des informations sur le type de numéro de compte sous forme d'énumération. Les valeurs possibles sont les suivantes :

- OECD601 – IBAN   Numéro de compte bancaire international (suit une structure connue)

- OECD602 – OBAN   Other bank account number (autre numéro de compte bancaire)

- OECD603 – ISIN   International Securities Information Number (numéro international des valeurs mobilières) (suit une structure connue)

- OECD604 – OSIN   Other Securities Information Number (autre numéro de valeur mobilière)

- OECD605 – Other   (tout autre type de numéro de compte, par exemple un contrat d'assurance).

Lorsqu'un numéro IBAN ou ISIN est disponible, il doit impérativement être fourni, de même que les informations appropriées sur le type de numéro de compte.

Élément	Attribut	Taille	Type de donnée	Requis
AccountNumber	UndocumentedAccount		xsd:boolean	(Facultatif) Obligatoire

[*Cet attribut doit être utilisé dans les déclarations NCD nationales pour indiquer qu'il s'agit d'un compte non documenté*]

Élément	Attribut	Taille	Type de donnée	Requis
AccountNumber	ClosedAccount		xsd:boolean	(Facultatif) Obligatoire

Cet attribut doit être utilisé dans les déclarations NCD pour indiquer qu'il s'agit d'un compte cloturé.

Élément	Attribut	Taille	Type de donnée	Requis
AccountNumber	DormantAccount		xsd:boolean	Facultatif

Cet attribut peut être utilisé dans les déclarations NCD pour indiquer qu'il s'agit d'un compte dormant.

IVe. Account Holder

Élément	Attribut	Taille	Type de donnée	Requis
AccountHolder			crs:AccountHolder_Type	Validation

Pour la NCD, cet élément de données peut identifier une Entité Titulaire de compte qui est :

- Une ENF passive contrôlée par une ou plusieurs Personne(s) devant faire l'objet d'une déclaration.

- Une Personne devant faire l'objet d'une déclaration NCD.

Comme il existe un choix entre une personne physique et une organisation (avec AcctHolderType) et et qu'il faut entrer soit l'un soit l'autre comme Titulaire du compte, ces éléments ont le statut Validation (choix) dans les tableaux ci-dessous.

Élément	Attribut	Taille	Type de donnée	Requis
Individual			crs:PersonParty_Type	Validation (choix)

Si le Titulaire du compte sur lequel porte la déclaration est une personne physique, ses informations d'identification doivent être entrées ici.

Élément	Attribut	Taille	Type de donnée	Requis
Organisation			crs:OrganisationParty_Type	Validation (choix)

Si le Titulaire du compte qui fait l'objet de la déclaration n'est pas une personne physique mais une Entité, les informations d'identification de cette dernière doivent être déclarées ici.

Élément	Attribut	Taille	Type de donnée	Requis
AcctHolderType			crs:CrsAcctHolderType_EnumType	Validation (choix)

Cet élément de données identifie une Entité Titulaire de compte qui est

- Une ENF passive contrôlée par une ou plusieurs Personne(s) devant faire l'objet d'une déclaration.
- Une Personne devant faire l'objet d'une déclaration dans la NCD.
- Une ENF passive qui est une Personne devant faire l'objet d'une déclaration dans la NCD.

Renseigner ce champ uniquement si le Compte financier faisant l'objet de la déclaration est détenu par une Entité ou si le paiement faisant l'objet de la déclaration a été effectué au profit d'une Entité décrite ci-dessus. Valeurs possibles dans la NCD :

- CRS101= Entité non financière passive pour laquelle une ou plusieurs Personne(s) devant faire l'objet d'une déclaration est ou sont Personne(s) détenant le contrôle.
- CRS102= Personne devant faire l'objet d'une déclaration dans la NCD
- CRS103= Entité non financière passive qui est une Personne devant faire l'objet d'une déclaration dans la NCD

IVf. Controlling Person (Personne détenant le contrôle)

Élément	Attribut	Taille	Type de donnée	Requis
ControllingPerson			crs:ControllingPerson_Type	(Facultatif) Obligatoire

Le nom de toute Personne détenant le contrôle d'une ENF passive qui est une Personne devant faire l'objet d'une déclaration doit être communiqué. Obligatoire seulement si l'Entité Titulaire du compte est une ENF passive contrôlée par une ou plusieurs Personne(s) devant faire l'objet d'une déclaration. Si l'ENF passive est contrôlée par plus d'une Personne devant faire l'objet d'une déclaration, les noms de toutes ces Personnes devant faire l'objet d'une déclaration doivent être communiqués.

Une déclaration séparée doit être créée pour chaque Juridiction devant faire l'objet d'une déclaration identifiée comme juridiction de résidence des Personnes détenant le contrôle qui sont des Personnes devant faire l'objet d'une déclaration. Toutefois, la déclaration doit contenir uniquement des informations concernant les Personnes devant faire l'objet d'une déclaration dans la juridiction correspondante (y compris des informations sur l'ENF passive et autres données associées).

Lorsque l'Entité Titulaire de compte est une Personne devant faire l'objet d'une déclaration et est également une ENF passive, avec une (plusieurs) Personne(s) qui en détiennent le contrôle, que cette (ces) personne(s) est (sont) une (des) Personne(s) devant faire l'objet d'une déclaration, et que l'Entité et la (les) Personne(s) détenant le contrôle est (sont) résidente(s) dans la même Juridiction devant faire l'objet d'une déclaration, les renseignements relatifs à ce compte peuvent être déclarés *(i)* comme compte d'une Entité qui est une ENF passive, avec une Personne détenant le contrôle qui est une Personne devant faire l'objet d'une déclaration, ou *(ii)* en tant que tel et que compte d'une Entité qui est une Personne devant faire l'objet d'une déclaration (c'est-à-dire comme s'il s'agissait de renseignements relatifs à deux comptes).

Si aucune des Personnes en détenant le contrôle n'est résidente de la même Juridiction devant faire l'objet d'une déclaration que l'Entité, les renseignements relatifs au compte doivent tout de même être déclarés en tant que compte d'une Entité qui est une Personne devant faire l'objet d'une déclaration.

Élément	Attribut	Taille	Type de donnée	Requis
Individual			crs:PersonParty_Type	Validation

Définit une Personne détenant le contrôle avec ses nom, adresse, pays de résidence.

Élément	Attribut	Taille	Type de donnée	Requis
CtrlgPersonType			crs:CrsCtrlgPersonType_EnumType	(Facultatif) Obligatoire

Cet élément de données permet de caractériser le type de chaque Personne détenant le contrôle (« CP ») lorsque cette identification est disponible, à l'aide de l'attribut « ControllingPersonType » accompagné les options suivantes :

a) CP de la personne morale – propriétaire

b) CP de la personne morale – autres liens

c) CP de la personne morale – dirigeant

d) CP de la structure juridique – trust – constituant

e) CP de la structure juridique – trust – fiduciaire

f) CP de la structure juridique – trust – protrecteur

g) CP de la structure juridique – trust – bénéficiaire

h) CP de la structure juridique – trust – autre

i) CP de la structure juridique – autre – constituant-équivalent

j) CP de la structure juridique – autre – fiduciaire-équivalent

k) CP de la structure juridique – autre – protecteur-équivalent

l) CP de la structure juridique – autre – bénéficiaire-equivalent

m) CP de la structure juridique – autre – autre-équivalent

Valeurs possibles dans la NCD :

- CRS801= CP de la personne morale – propriété
- CRS802= CP de la personne morale – autres moyens
- CRS803= CP de la personne morale – dirigeant
- CRS804= CP de la structure juridique – trust – constituant
- CRS805= CP de la structure juridique – trust – fiduciaire
- CRS806= CP de la structure juridique – trust – protecteur
- CRS807= CP de la structure juridique – trust – bénéficiaire
- CRS808= CP de la structure juridique – trust – autre
- CRS809= CP de la structure juridique – autre – constituant-équivalent
- CRS810= CP de la structure juridique – autre – fiduciaire-équivalent
- CRS811= CP de la structure juridique – autre – protecteur-équivalent
- CRS812= CP de la structure juridique – autre – bénéficiaire-équivalent
- CRS813= CP de la structure juridique – autre – autre-équivalent

IVg. Account Balance (Solde du compte)

Élément	Attribut	Taille	Type de donnée	Requis
AccountBalance			cfc:MonAmnt_Type	Validation

Communiquer le solde ou la valeur du Compte financier faisant l'objet de la déclaration.

- Comptes de dépôt et Comptes conservateurs. Le solde ou la valeur du compte doit être conforme à la norme NCD.

- Contrats avec valeur de rachat et Contrats de rente. Le Contrat d'assurance avec valeur de rachat ou le Contrat de rente est le solde ou la valeur du compte.

- Titres de participation. Le solde du compte est la valeur des titres de participation ou de créance que le Titulaire du compte détient auprès de l'Institution financière.

- Entrer Zéro si le compte a été clôturé, ainsi que l'attribut « compte clôturé » (closed account).

- Caractères numériques (chiffres). Le solde doit être entré dans la monnaie en question jusqu'à la deuxième décimale. Par exemple, mille dollars s'écrivent 1000.00.

Élément	Attribut	Taille	Type de donnée	Requis
AccountBalance	currCode	3 caractères	iso :currCode_Type	Validation

Tous les montants doivent s'accompagner du code de la monnaie à 3 caractères[2] dans la norme Alpha 3 ISO 4217.

IVh. Payment (Paiement)

Élément	Attribut	Taille	Type de donnée	Requis
Payment			crs:Payment_Type	Facultatif

---

2. La note d'avertissement qui suit s'applique à tous les cas d'utilisation du code ISO des monnaies dans le schéma NCD : *Pour des raisons d'ordre pratique, cette liste se base la liste de monnaies 4217 Alpha 3 actuellement utilisée par les banques et autres institutions financières, et donc par les administrations fiscales. L'utilisation de cette liste ne saurait être interprétée comme l'expression par l'OCDE d'une opinion, quelle qu'elle soit, sur le statut juridique des territoires cités. Son contenu est sans préjudice du statut de tout territoire, de la souveraineté s'exerçant sur ce dernier, du tracé des frontières et limites internationales, et du nom de tout territoire, ville ou région.*

Communiquer des renseignements sur le paiement effectué au profit du Compte financier faisant l'objet de la déclaration pendant la période considérée.

Les renseignements sur le paiement sont répétables, dans le cas où il y a plus d'un type de paiement à déclarer.

Les types de paiement peuvent par exemple s'appliquer à :

Des Comptes de dépôt :

- Le montant brut cumulé des intérêts versés ou crédités sur le compte pendant l'année civile.

Des Comptes conservateurs :

- Le montant brut cumulé des dividendes payés ou crédités sur le compte au cours de l'année civile (ou de la période de référence considérée) ;

- Le montant brut cumulé des intérêts payés ou crédités sur le compte au cours de l'année civile (ou de la période de référence considérée) :

- Le produit brut de la vente ou du rachat d'un bien versé ou crédité sur le compte au cours de l'année civile ou d'une autre période de référence adéquate au titre de laquelle l'Institution financière a agi en tant que dépositaire, courtier, prête-nom ou représentant du Titulaire du compte et ;

- Le montant brut cumulé de toutes les autres sommes payées ou créditées sur le compte au cours de l'année civile (ou de la période de référence considérée) :

Des Titres de participation :

- Le montant brut cumulé des sommes versées ou créditées au profit du compte au cours de l'année civile (ou de la période de référence considérée), y compris au titre de rachats de contrats.

Des comptes de Contrats d'assurance avec valeur de rachat et de Contrats de rente :

- Le montant brut cumulé des sommes payées ou créditées sur le compte au cours de l'année civile (ou de la période de référence considérée), y compris au titre de rachats de contrats.

Élément	Attribut	Taille	Type de donnée	Requis
Type			crs:CrsPaymentType_EnumType	Validation

Sélectionner le code correspondant au type de paiement. Les catégories de paiements sont les suivantes :

- CRS501 = Dividendes

- CRS502 = Intérêts

- CRS503 = Produit brut de ventes/rachats

- CRS504 = Autres – CRS. (Exemple : autres revenus produits par les actifs détenus dans le compte)

Élément	Attribut	Taille	Type de donnée	Requis
PaymentAmnt			cfc:MonAmnt_Type	Validation

Le montant des paiements doit être saisi dans la monnaie en question jusqu'à la deuxième décimale. Par exemple mille dollars s'écrivent 1000.00.

Élément	Attribut	Taille	Type de donnée	Requis
PaymentAmnt	currCode	3 caractères	iso :currCode_Type	Validation

Tous les montants doivent être accompagnés du code à 3 caractères de la norme ISO 4217 Alpha 3.

IVi. Pool Report (Déclaration collective)

Élément	Attribut	Taille	Type de donnée	Requis
PoolReport			ftc :CorrectablePoolReport_Type	Facultatif (Non-CRS)

La déclaration collective n'existe pas dans la NCD.

Translitération

Lorsque la juridiction expéditrice et la juridiction destinataire n'utilisent pas le même alphabet et qu'une translitération est nécessaire, les Autorités compétentes peuvent s'accorder sur les règles de translitération. S'il n'existe pas d'accord en la matière, la jurisdiction expéditrice doit, si cela lui est demandé, procéder à une translitération ou à une transcription en alphabet Latin depuis son alphabet conformément à des règles de translitération internationalement reconnues (par exemple celles de la norme ISO 8859). La juridiction expéditrice peut, si elle le souhaite, envoyer les données de désignation (comme le nom ou l'adresse) à la fois dans l'alphabet ou l'écriture du pays et en alphabet latin pour chaque compte. La juridiction destinataire doit aussi être en mesure de procéder à une translitération entre l'alphabet latin et l'alphabet ou l'écriture nationale.

Instructions concernant le processus de correction dans la Norme commune de déclaration

1.   Dans le cadre de l'échange automatique de renseignements relatifs aux comptes financiers, la juridiction expéditrice peut être amenée à corriger certains éléments de données envoyés antérieurement. La section qui suit explique comment procéder automatiquement à ces corrections par l'envoi d'un fichier de données corrigées qui peut être traité dans les mêmes systèmes que les données reçues à l'origine. Dans cette section, le terme de « correction » inclut également la suppression d'éléments de données.

2.   Si la totalité du fichier de données doit être remplacé, on peut procéder à l'annulation du premier message, puis à l'envoi d'un nouveau message contenant un fichier de données nouvelles, sans lien avec les précédents enregistrements, hormis dans l'en-tête du message « cancel and replace » (annule et remplace) non « correct » (rectificatif).

(L'Autorité compétente peut conserver le fichier d'origine pour chercher à établir les raisons qui ont entraîné les erreurs de données nécessitant l'annulation et la création d'un fichier de remplacement.)

Recommandations techniques

3.   Pour identifier les éléments à corriger, les éléments de niveau supérieur, à savoir Reporting FI ou Account Report, comprennent un élément de type DocSpec, qui contient les informations nécessaires pour procéder aux corrections.

DocSpec Type (Indicateur de l'enregistrement)

Élément	Attribut	Taille	Type de donnée	Statut
DocSpec			stf:DocSpec_Type	Validation

DocSpec identifie l'enregistrement spécifique au sein du message NCD transmis. Il permet d'identifier les enregistrements qui nécessitent ou peuvent nécessiter une correction. DocSpec_Type se compose des éléments suivants :

Élément	Attribut	Taille	Type de donnée	Statut
DocTypeIndic			stf:OECDDocTypeIndic_EnumType	Validation

Cet élément précise le type de données qui sont envoyées. Les options possibles sont les suivantes :

- OECD0 = Resend Data (Renvoi de données, non utilisé dans les déclarations NCD)

- OECD1 = New Data (Nouvelles données)

- OECD2 = Corrected Data (Données corrigées)

- OECD3 = Deletion of Data (Suppression de données)

- OECD10 = Resend Test Data (Renvoi données de test – non utilisé dans les déclarations NCD)

- OECD11 = New Test Data (Nouvelles données de test)

- OECD12 = Corrected Test Data (Données de test corrigées)

- OECD13 = Deletion of Test Data (Suppression des données de test)

4.   Un message peut contenir soit de nouveaux enregistrements (OECD1) soit des corrections/suppressions (OECD2 et OECD3), mais ne peut pas contenir un mélange des deux. Les codes OECD10 à OECD13 ne doivent être utilisés qu'à l'occasion de périodes de test dûment décidées au préalable entre les deux parties. Il importe en effet d'empêcher que des données de test soient mélangées à de « vraies » données.

Élément	Attribut	Taille	Type de donnée	Statut
DocRefID		Minimum 1 caractère	xsd:string	Validation

Un identifiant unique pour ce document (c'est-à-dire un enregistrement et tous les éléments de données qui font partie de sa descendance).

Une correction (ou une suppression) doit avoir un nouveau DocRefID unique, pour servir de référence par la suite.

Élément	Attribut	Taille	Type de donnée	Statut
CorrDocRefID		Minimum 1 caractère	xsd:string	Facultatif

Le type CorrDocRefID permet de référencer le DocRefID de l'élément à corriger ou à supprimer. Il doit toujours renvoyer à la dernière référence expédiée de cet Account-report (DocRefID).

Ainsi, une série de corrections ou de modifications peut être traitée, puisque chaque correction remplace complètement la version antérieure. Les exemples de corrections ci-dessous dans la norme NCD illustrent la manière dont fonctionne cette opération en pratique.

Élément	Attribut	Taille	Type de donnée	Statut
CorrMessageRefID		Minimum 1 caractère	xsd:string	Facultatif (Non-CRS)

Comme l'élément DocRefID est unique dans l'espace et dans le temps, cet élément n'est pas utilisé dans la NCD au niveau DocSpec.

Unicité des éléments MessageRefID et DocRefID

5.   Pour qu'un message et qu'un enregistrement puissent être identifiés et corrigés, les éléments MessageRefID et DocRefID doivent être uniques dans l'espace et dans le temps (c'est-à-dire qu'il ne doit exister aucun autre message ou aucun autre enregistrement qui porte le même identifiant de référence).

6.   L'identifiant peut contenir tout type d'information que l'expéditeur utilise pour permettre l'identification de la déclaration en question mais doit toujours commencer par le code du pays expéditeur, qui doit être le premier élément pour les transmissions d'Autorité compétente à Autorité compétente. Doit figurer ensuite l'année à laquelle les données font référence, puis le code du pays destinataire, et enfin un identifiant unique.

Ex : FR2013CA123456789

7.   L'identifiant unique contenu dans l'élément DocRefID peut être la référence utilisée par l'IF pour les déclarations au niveau national, ou une autre référence unique créée par l'administration fiscale expéditrice, mais doit dans tous les cas commencer par le code du pays de la juridiction expéditrice.

Ex : FRFI286abc123xyz

ou FRabc123xyz

8.   [*Si le schéma NCD est utilisé pour les déclarations au niveau national, l'IF peut également intégrer un numéro d'identification qui lui est propre à la fois dans l'élément MessageRefID et dans l'élément DocRefID. C'est d'ailleurs une bonne pratique recommandée pour garantir leur unicité dans le temps et de l'espace, et permet d'associer plus facilement les requêtes avec les données source.*]

MessageSpec et Corrections

9.   Les messages de correction doivent avoir leur propre identifiant MessageRefID unique, ce qui permettra éventuellement de pouvoir les corriger par la suite. Il n'existe pas d'équivalent à DocTypeIndic pour les messages entiers.

10.   Pour annuler un message entier, on peut utiliser MessageSpec. CorrMessageRefID. Précisons que cela ne doit être que fait qu'en cas d'erreur majeure, par exemple d'erreur de traitement. Dans ce cas, tous les documents contenus dans ces messages doivent être placés en quarantaine.

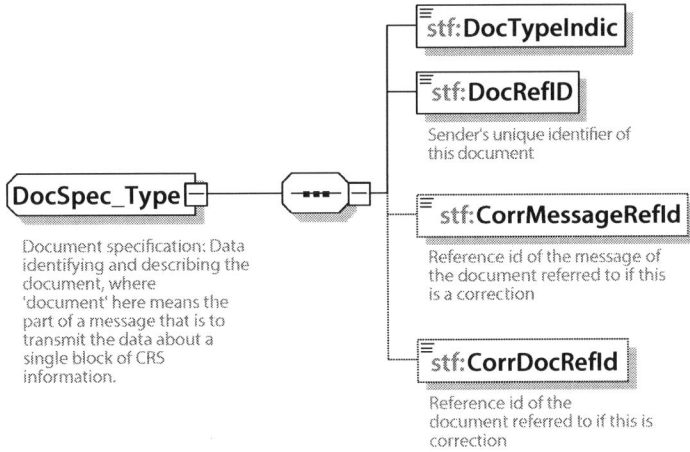

DocSpec_Type — Document specification: Data identifying and describing the document, where 'document' here means the part of a message that is to transmit the data about a single block of CRS information.

stf:DocTypeIndic

stf:DocRefID — Sender's unique identifier of this document

stf:CorrMessageRefId — Reference id of the message of the document referred to if this is a correction

stf:CorrDocRefId — Reference id of the document referred to if this is correction

11.   Les trois exemples qui suivent illustrent la manière dont les éléments DocSpec_Type sont utilisés pour corriger un ou plusieurs éléments de donnés envoyés antérieurement.

Exemples de corrections dans la Norme commune de déclaration

Premier exemple : une correction est apportée au montant d'un Paiement. Le fichier de correction est envoyé par la France au Canada (il contient uniquement des corrections, et non un mélange de données nouvelles et de données corrigées).

MessageRefID : FR2013CAFranceNationalPart00001

Pour effectuer la correction, la déclaration de compte (AccountReport) doit être réexpédiée avec toutes les données qui l'accompagnent (AccountNumber, AccountHolder, ControllingPerson, AccountBalance, Payment) (numéro de compte, titulaire du compte, personne détenant le contrôle, paiement).

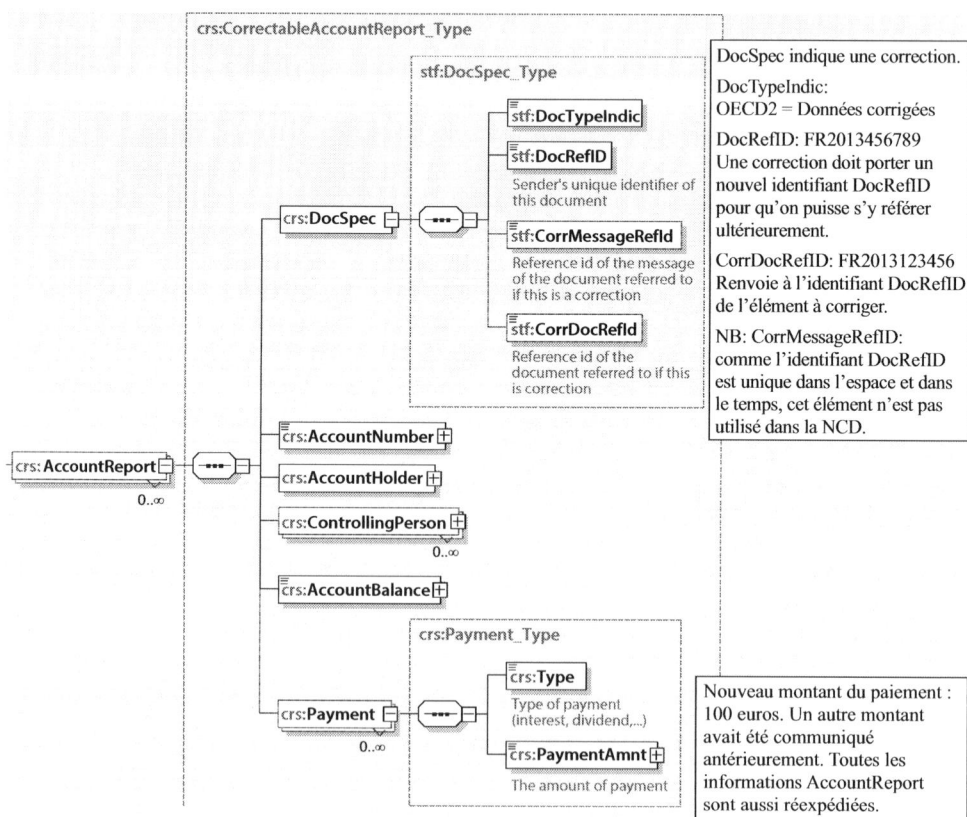

Deuxième exemple : une correction est apportée à plusieurs éléments : le nom, l'adresse et le montant du paiement. La correction est apportée à une correction antérieure (elle doit donc citer en référence le dernier DocRefID : FR2013456789)

MessageRefID : FR2013CAFranceNationalPart00002

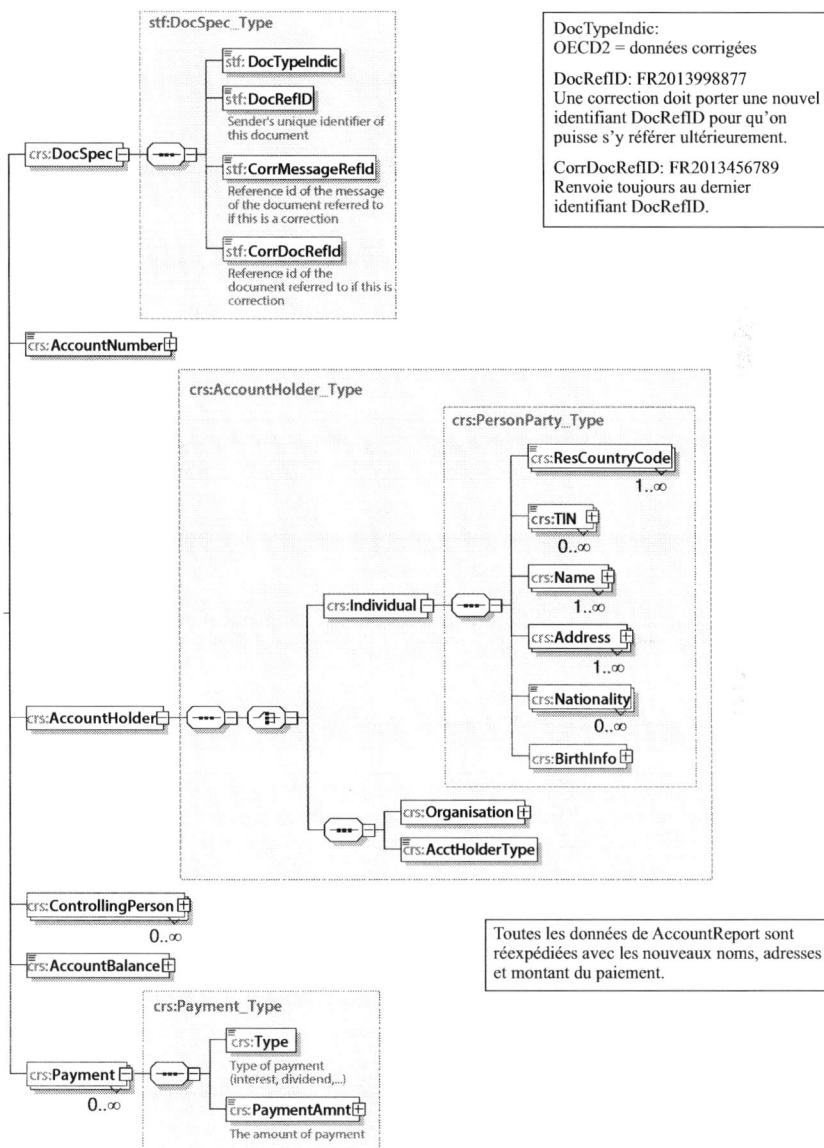

DocTypeIndic:
OECD2 = données corrigées

DocRefID: FR2013998877
Une correction doit porter une nouvel identifiant DocRefID pour qu'on puisse s'y référer ultérieurement.

CorrDocRefID: FR2013456789
Renvoie toujours au dernier identifiant DocRefID.

Toutes les données de AccountReport sont réexpédiées avec les nouveaux noms, adresses et montant du paiement.

Troisième exemple : une correction est apportée à l'IF déclarante, il n'y a pas de correction à l'élément Account Report. La correction doit faire référence à l'IF déclarante à corriger, désignée par son identifiant DocRefID (dans cet exemple, le DocRefID de l'ancienne IF déclarante était FR2013FI007)

MessageRefID : FR2013CAFranceNationalPart00003

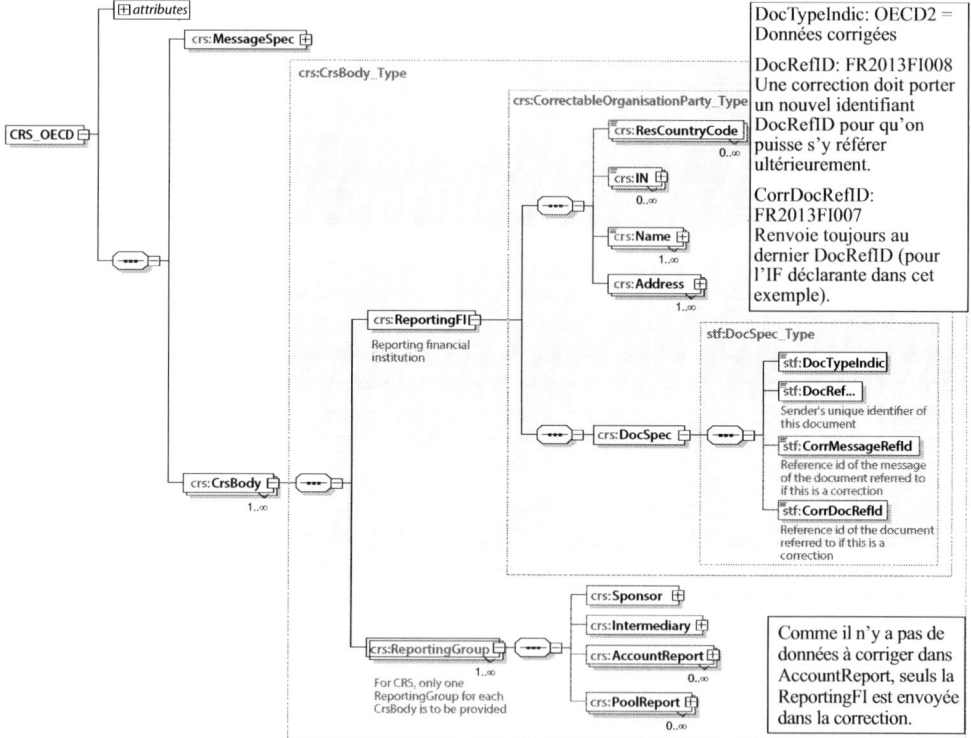

Appendice A

Diagrammes du schéma XML de la NCD v1.0

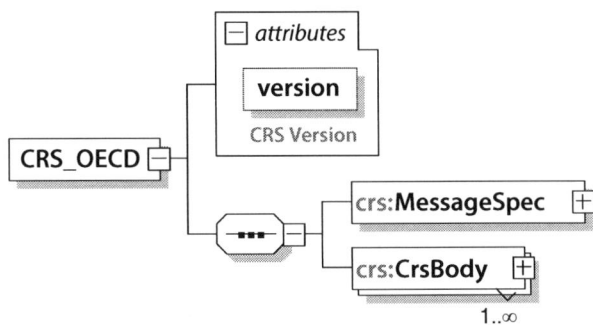

Message Header (Section I) (En-tête du message)

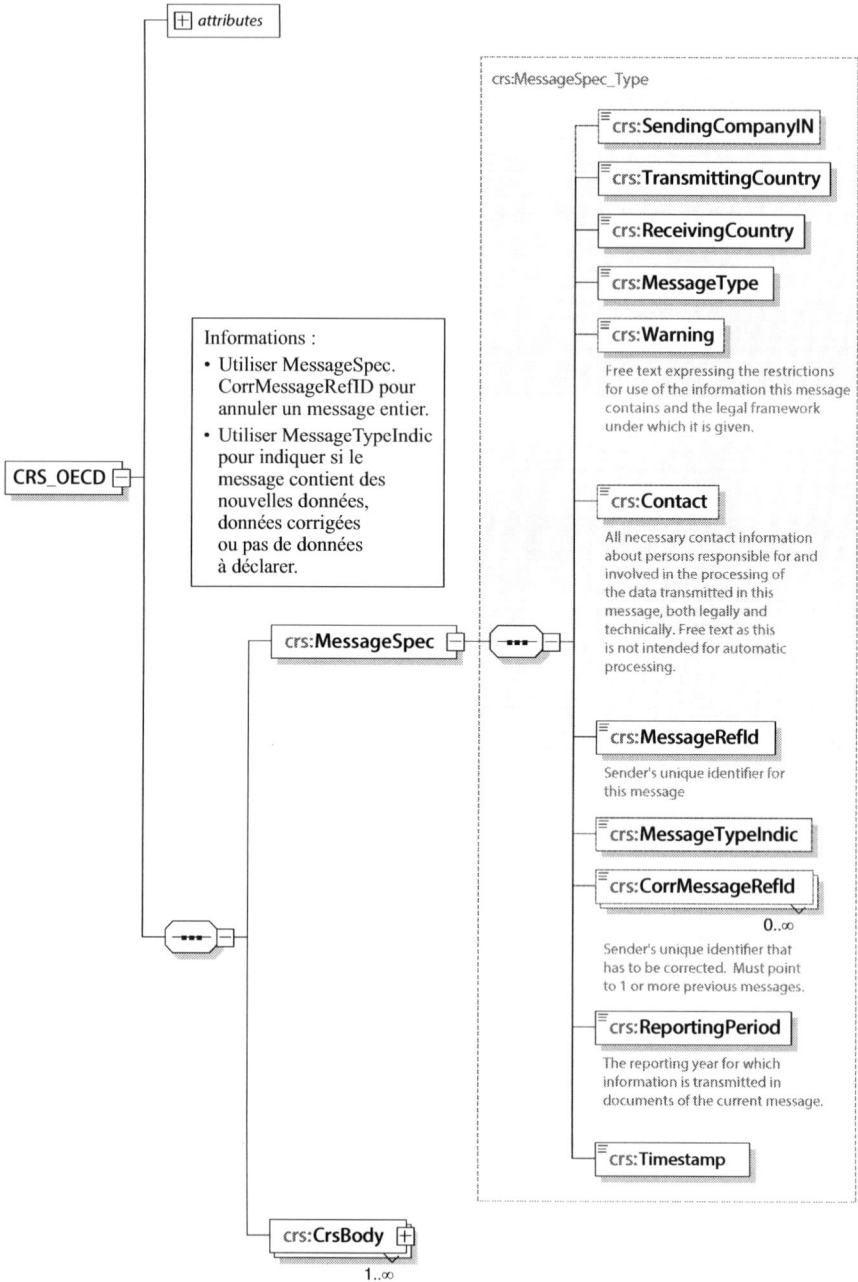

attributes

crs:MessageSpec_Type

crs:**SendingCompanyIN**

crs:**TransmittingCountry**

crs:**ReceivingCountry**

crs:**MessageType**

crs:**Warning**

Free text expressing the restrictions for use of the information this message contains and the legal framework under which it is given.

crs:**Contact**

All necessary contact information about persons responsible for and involved in the processing of the data transmitted in this message, both legally and technically. Free text as this is not intended for automatic processing.

crs:**MessageRefId**

Sender's unique identifier for this message

crs:**MessageTypeIndic**

crs:**CorrMessageRefId**

0..∞

Sender's unique identifier that has to be corrected. Must point to 1 or more previous messages.

crs:**ReportingPeriod**

The reporting year for which information is transmitted in documents of the current message.

crs:**Timestamp**

Informations :
- Utiliser MessageSpec. CorrMessageRefID pour annuler un message entier.
- Utiliser MessageTypeIndic pour indiquer si le message contient des nouvelles données, données corrigées ou pas de données à déclarer.

CRS_OECD

crs:**MessageSpec**

crs:**CrsBody**

1..∞

CRS Body (Section IV) (Corps de la NCD)

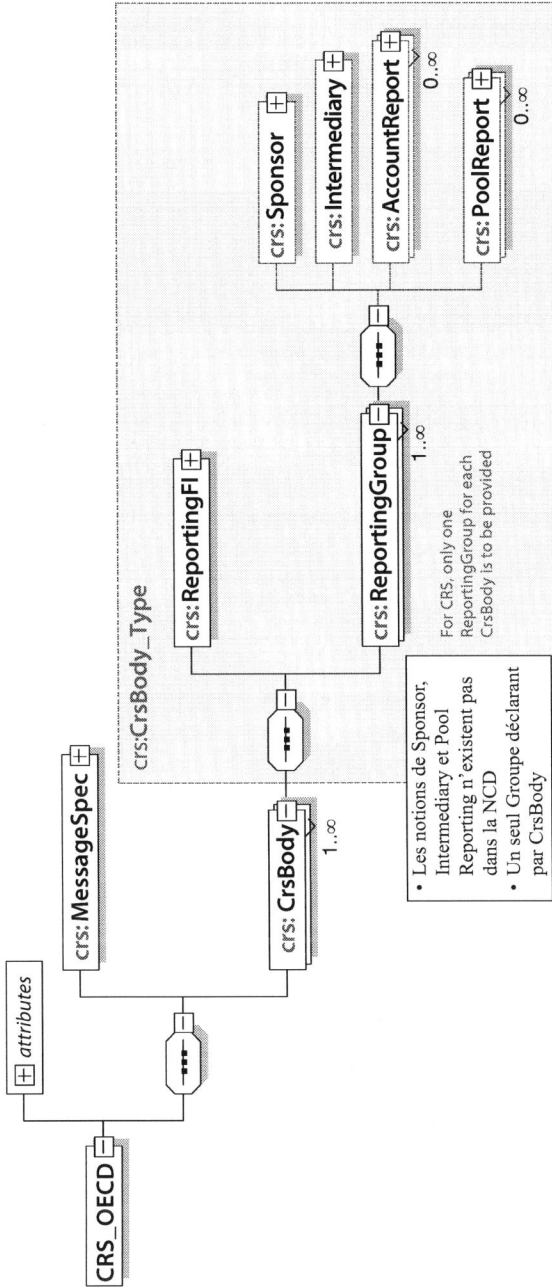

- Les notions de Sponsor, Intermediary et Pool Reporting n'existent pas dans la NCD
- Un seul Groupe déclarant par CrsBody

For CRS, only one ReportingGroup for each CrsBody is to be provided

crs:CrsBody_Type

CRS_OECD

attributes

crs:MessageSpec

crs:CrsBody

crs:ReportingFI

crs:ReportingGroup

crs:Sponsor

crs:Intermediary

crs:AccountReport

crs:PoolReport

Reporting FI (Section IVa) (IF déclarante)

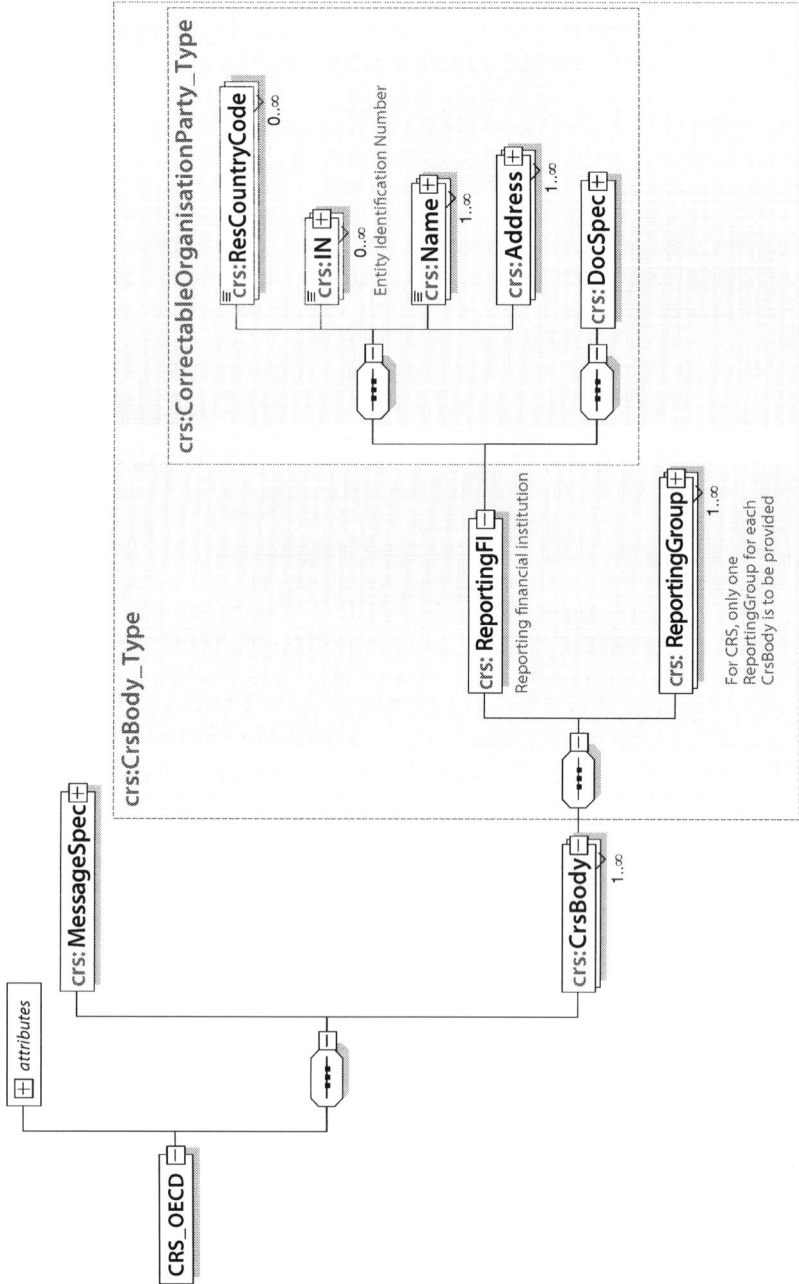

Reporting Group (Section IVb) (Groupe déclarant)

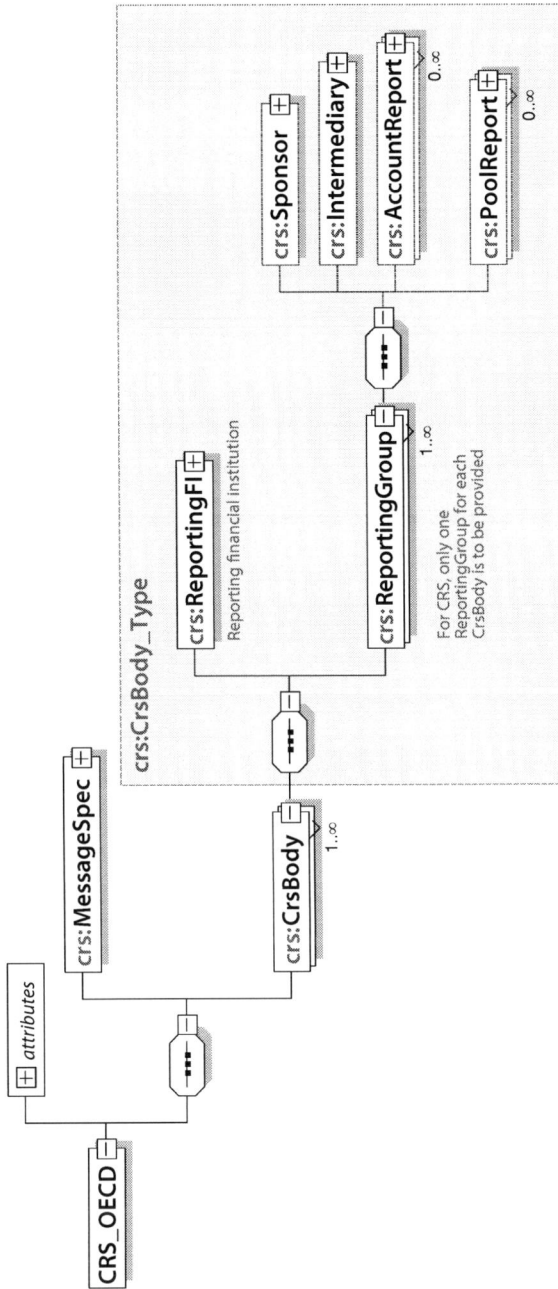

Account Report (Section IVc) (Déclaration du compte)

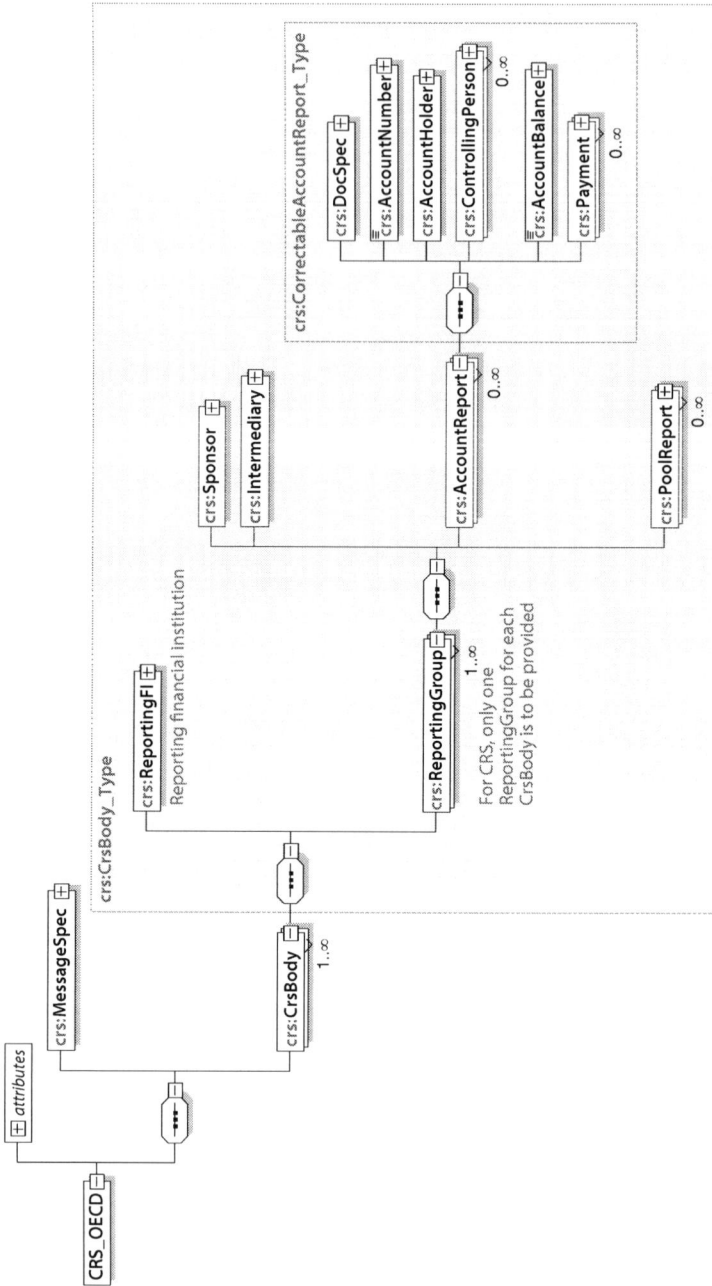

Account Number type (Section IVd) (Type Numéro du compte)

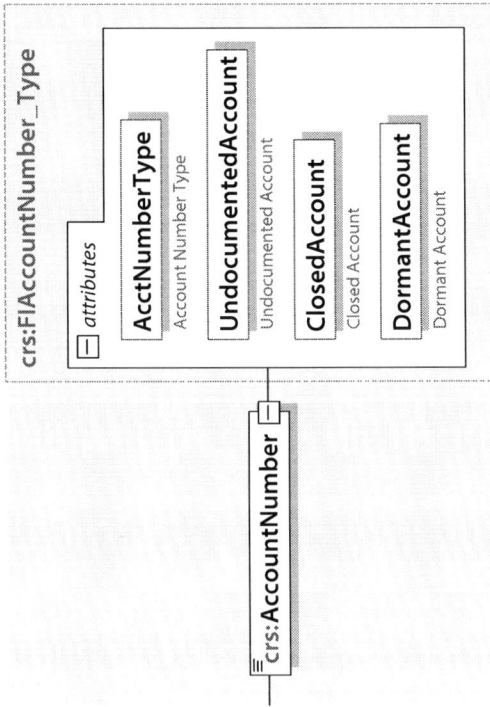

crs:FIAccountNumber_Type

attributes

AcctNumberType
Account Number Type

UndocumentedAccount
Undocumented Account

ClosedAccount
Closed Account

DormantAccount
Dormant Account

crs:AccountNumber

Account Holder (Section IVe) (Titulaire du compte)

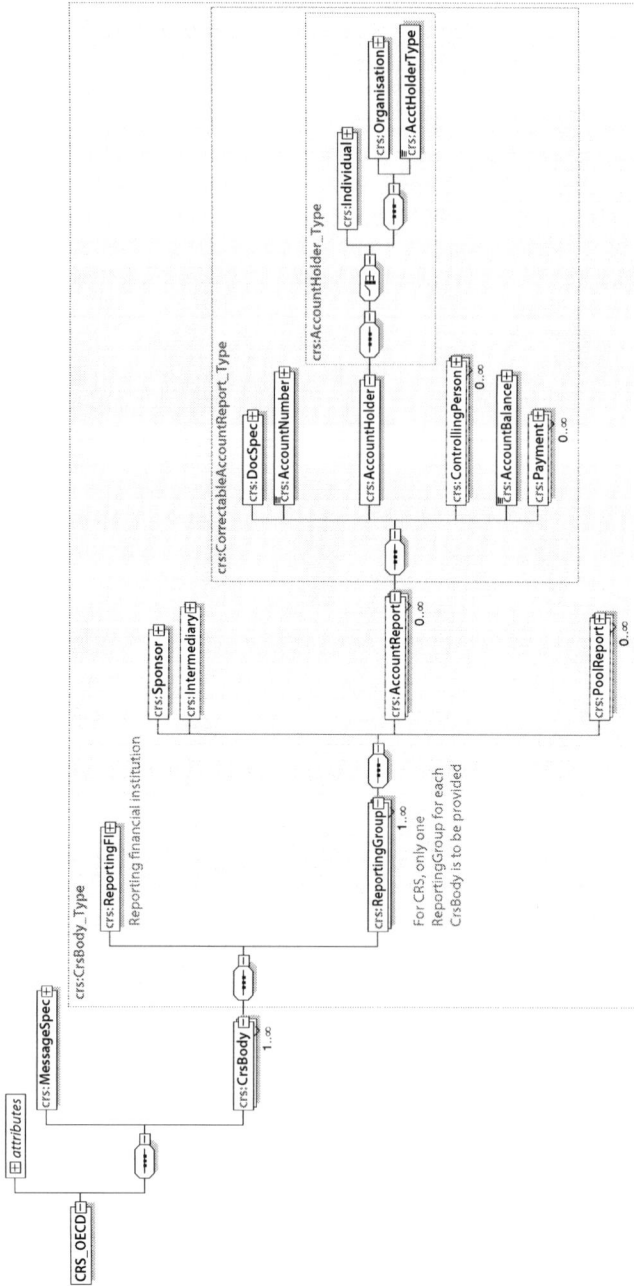

Individual/Organisation Account Holders (Section IVe) (Personne physique/organisation Titulaires du compte)

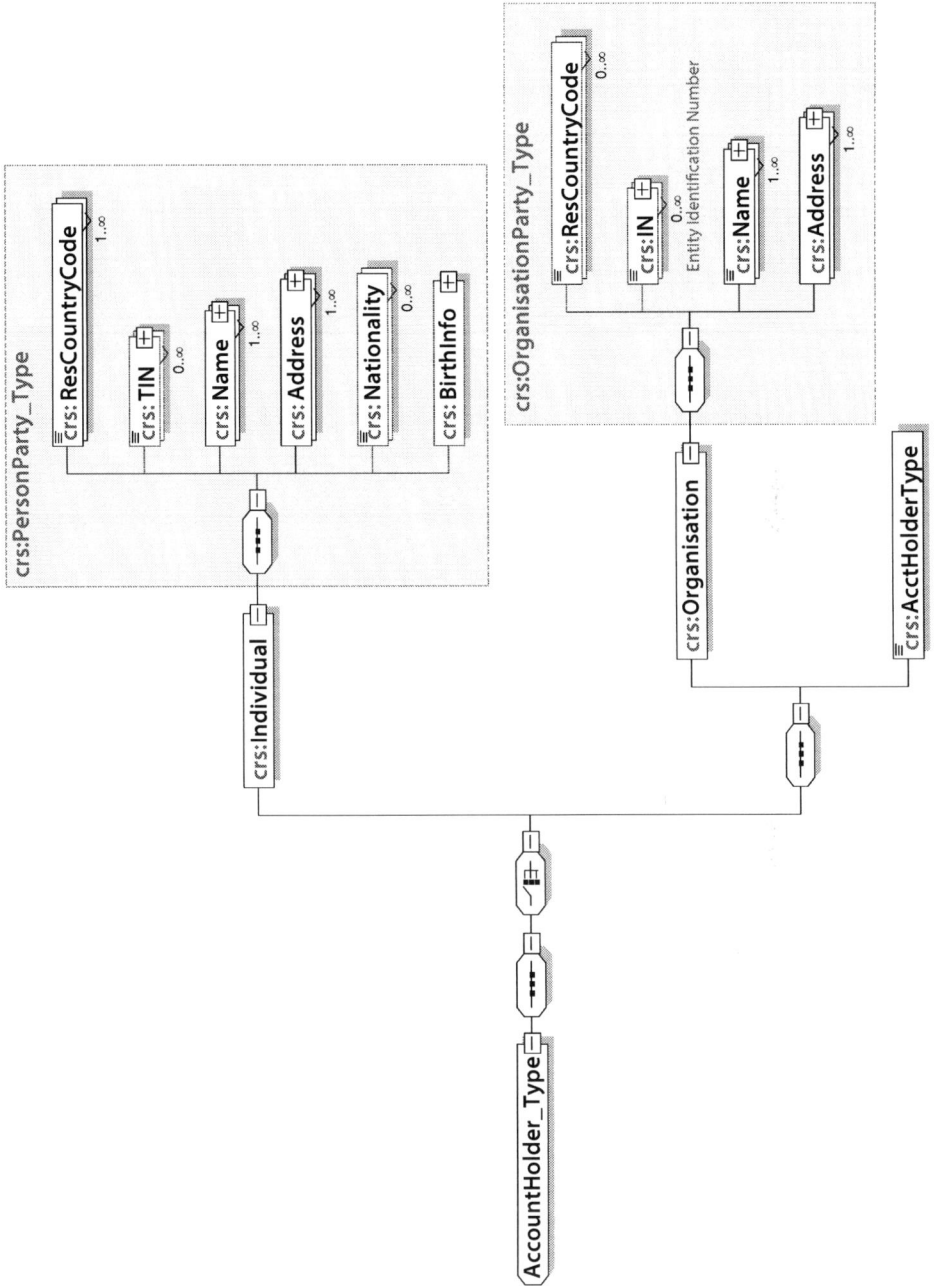

crs:PersonParty_Type

Crs:ResCountryCode 1..∞

Crs: TIN 0..∞

Crs: Name 1..∞

Crs: Address 1..∞

Crs: Nationality 0..∞

Crs: BirthInfo

crs:Individual

crs:OrganisationParty_Type

Crs:ResCountryCode 0..∞

Crs:IN 0..∞
Entity Identification Number

Crs:Name 1..∞

Crs:Address 1..∞

crs:Organisation

crs:AcctHolderType

AccountHolder_Type

Controlling Person (Section IVf) (personne détenant le contrôle)

Payment type (Section IVh) (type de paiement)

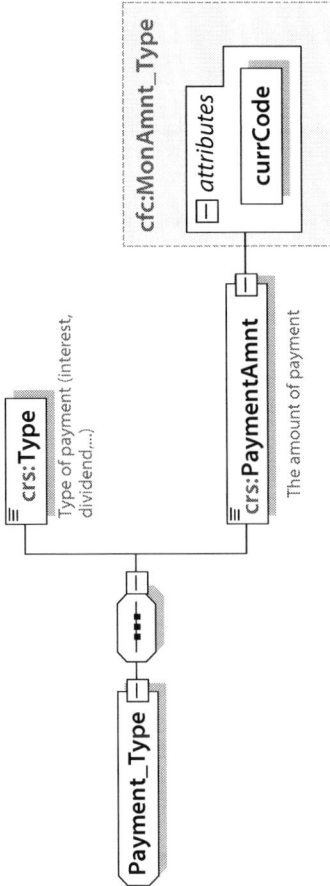

crs:**Type**

Type of payment (interest, dividend,...)

Payment_Type

crs:**PaymentAmnt**

The amount of payment

cfc:**MonAmnt_Type**

attributes

currCode

Pour des raisons pratiques, la liste des codes monnaies (CurrencyCode) reprend la liste des codes monnaies ISO 4217 actuellement utilisée par les banques et les autres institutions financières, et donc par les administrations fiscales. L'utilisation de cette liste n'implique pas l'expression par l'OCDE d'une opinion, quelle qu'elle soit, sur le statut juridique des territoires concernés. Son contenu est sans préjudice du statut de tout territoire, de la souveraineté s'exerçant sur ce dernier, du tracé des frontières et limites internationales, et du nom de tout territoire, ville ou région.

Person Party Type (Section II) (Type Personne)

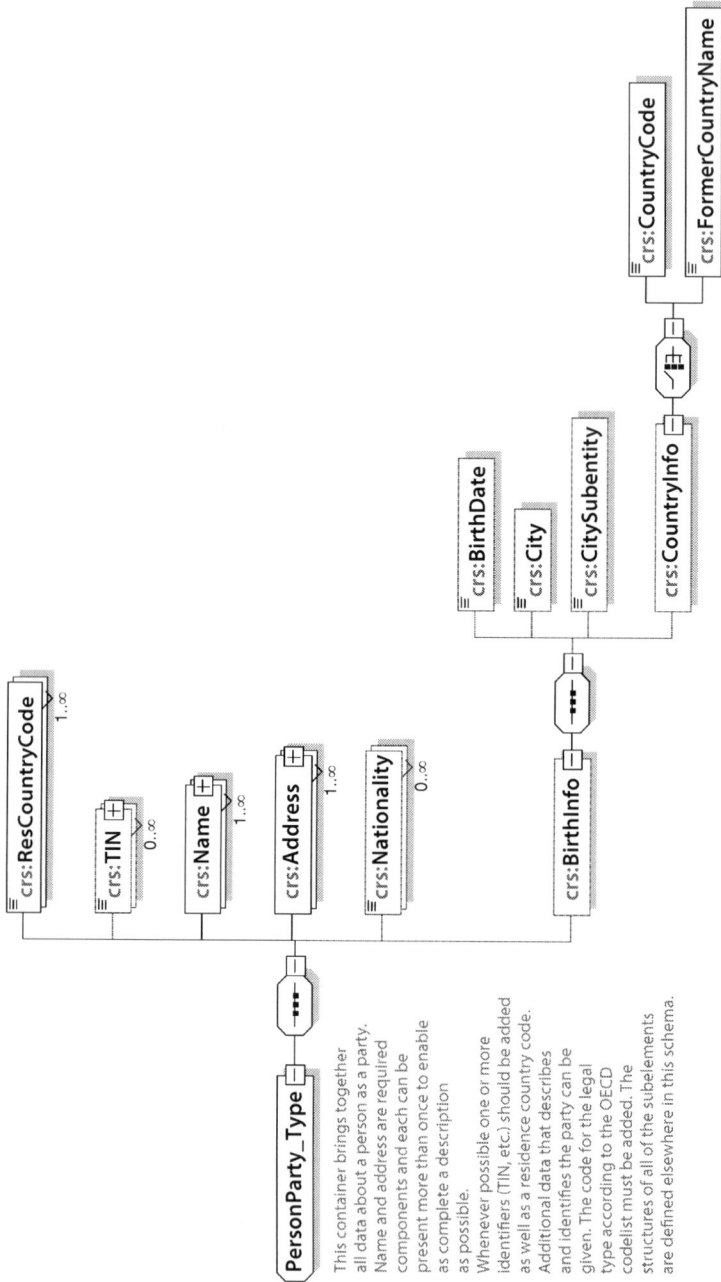

PersonParty_Type

- crs:ResCountryCode 1..∞
- crs:TIN 0..∞
- crs:Name 1..∞
- crs:Address 1..∞
- crs:Nationality 0..∞
- crs:BirthInfo
  - crs:BirthDate
  - crs:City
  - crs:CitySubentity
  - crs:CountryInfo
    - crs:CountryCode
    - crs:FormerCountryName

This container brings together all data about a person as a party. Name and address are required components and each can be present more than once to enable as complete a description as possible. Whenever possible one or more identifiers (TIN, etc.) should be added as well as a residence country code. Additional data that describes and identifies the party can be given. The code for the legal type according to the OECD codelist must be added. The structures of all of the subelements are defined elsewhere in this schema.

Pour des raisons pratiques, la liste des codes des pays de résidence (ResCountryCode) reprend la liste des codes pays ISO 3166-1 actuellement utilisée par les banques et les autres institutions financières, et donc par les administrations fiscales. L'utilisation de cette liste n'implique pas l'expression par l'OCDE d'une opinion, quelle qu'elle soit, sur le statut juridique des territoires concernés. Son contenu est sans préjudice du statut de tout territoire, de la souveraineté s'exerçant sur ce dernier, du tracé des frontières et limites internationales, et du nom de tout territoire, ville ou région.

Person Name Type (Type Nom de la personne)

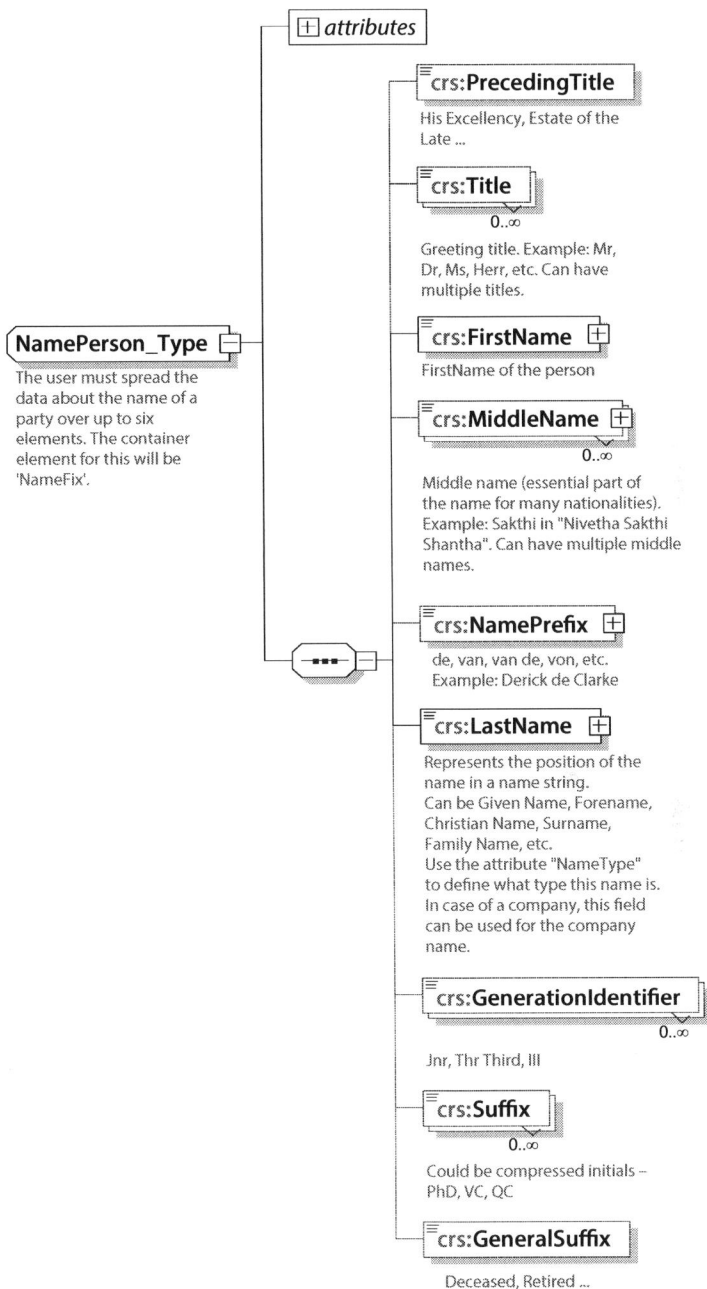

NamePerson_Type

The user must spread the data about the name of a party over up to six elements. The container element for this will be 'NameFix'.

⊞ *attributes*

crs:PrecedingTitle

His Excellency, Estate of the Late ...

crs:Title
0..∞

Greeting title. Example: Mr, Dr, Ms, Herr, etc. Can have multiple titles.

crs:FirstName ⊞

FirstName of the person

crs:MiddleName ⊞
0..∞

Middle name (essential part of the name for many nationalities). Example: Sakthi in "Nivetha Sakthi Shantha". Can have multiple middle names.

crs:NamePrefix ⊞

de, van, van de, von, etc. Example: Derick de Clarke

crs:LastName ⊞

Represents the position of the name in a name string.
Can be Given Name, Forename, Christian Name, Surname, Family Name, etc.
Use the attribute "NameType" to define what type this name is.
In case of a company, this field can be used for the company name.

crs:GenerationIdentifier
0..∞

Jnr, Thr Third, III

crs:Suffix
0..∞

Could be compressed initials – PhD, VC, QC

crs:GeneralSuffix

Deceased, Retired ...

Address Type (Type Adresse)

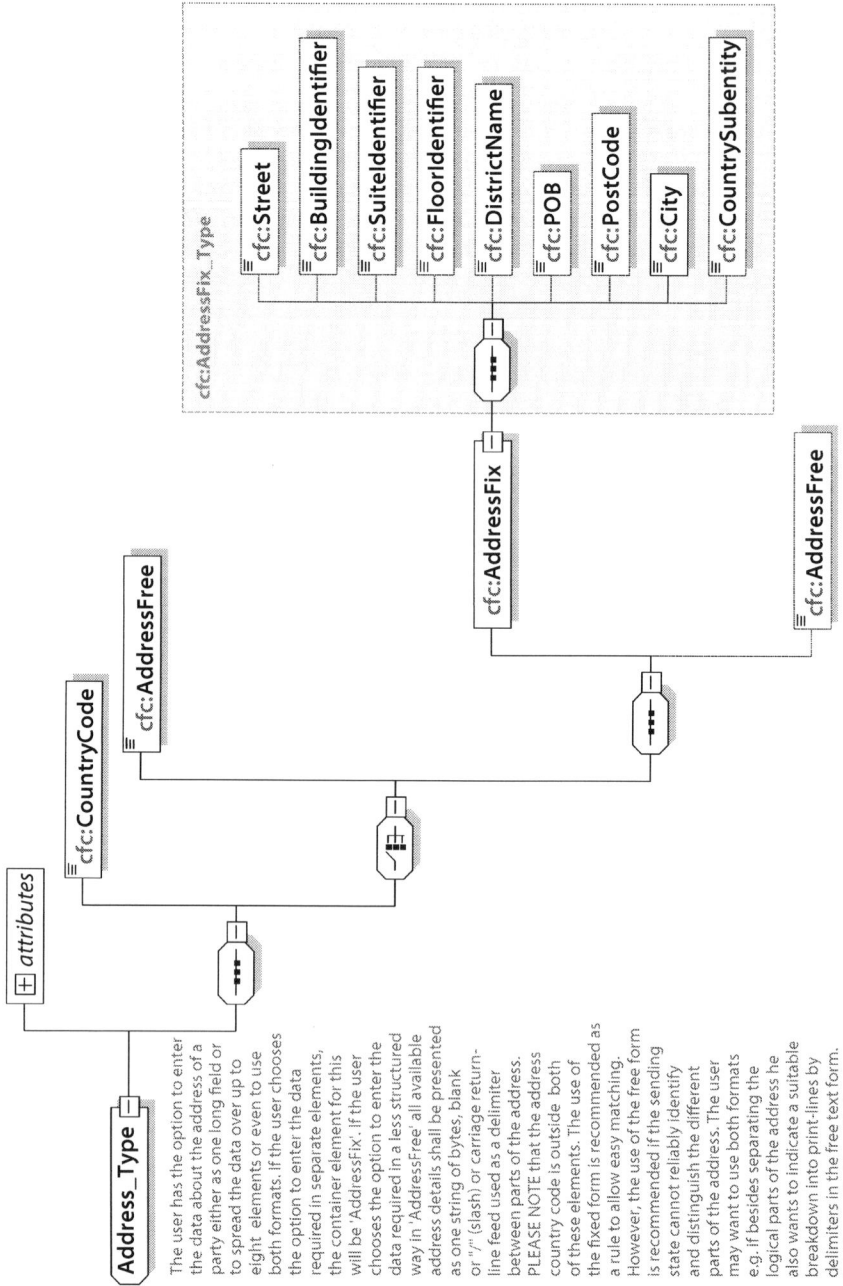

The user has the option to enter the data about the address of a party either as one long field or to spread the data over up to eight elements or even to use both formats. If the user chooses the option to enter the data required in separate elements, the container element for this will be 'AddressFix'. If the user chooses the option to enter the data required in a less structured way in 'AddressFree' all available address details shall be presented as one string of bytes, blank or "/" (slash) or carriage return-line feed used as a delimiter between parts of the address. PLEASE NOTE that the address country code is outside both of these elements. The use of the fixed form is recommended as a rule to allow easy matching. However, the use of the free form is recommended if the sending state cannot reliably identify and distinguish the different parts of the address. The user may want to use both formats e.g. if besides separating the logical parts of the address he also wants to indicate a suitable breakdown into print-lines by delimiters in the free text form. In this case 'AddressFix' has to precede 'AddressFree'.

Organisation Party Type (Section III) (Type Organisation)

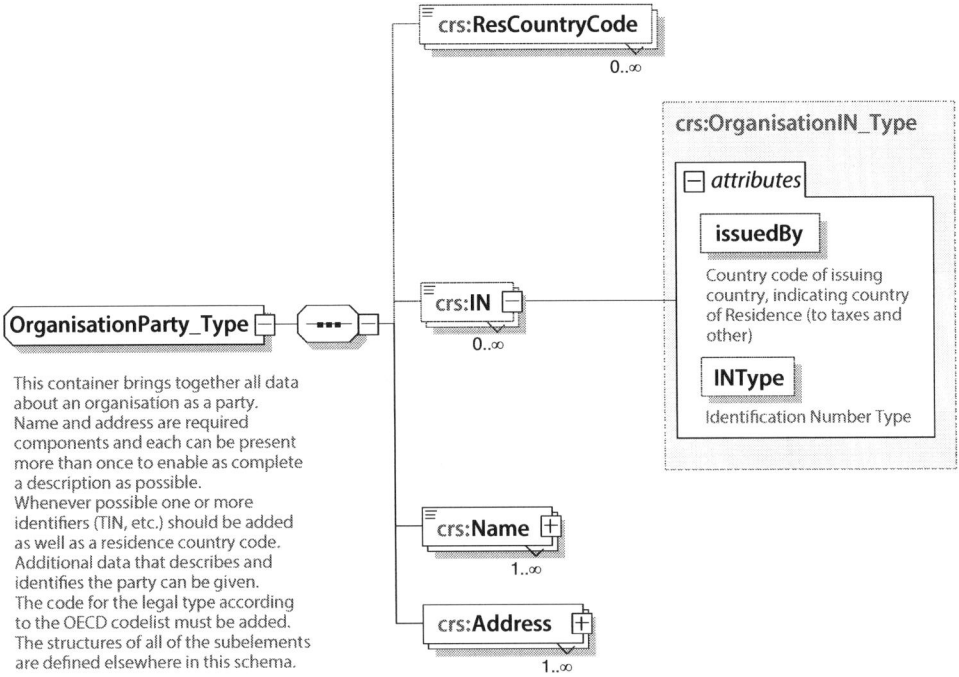

Pour des raisons pratiques, la liste des codes des pays de résidence (ResCountryCode) reprend la liste des codes pays ISO 3166-1 actuellement utilisée par les banques et les autres institutions financières, et donc par les administrations fiscales. L'utilisation de cette liste n'implique pas l'expression par l'OCDE d'une opinion, quelle qu'elle soit, sur le statut juridique des territoires concernés. Son contenu est sans préjudice du statut de tout territoire, de la souveraineté s'exerçant sur ce dernier, du tracé des frontières et limites internationales, et du nom de tout territoire, ville ou région.

Pool Report (Non-CRS) (Section IVi) (Déclaration groupée)

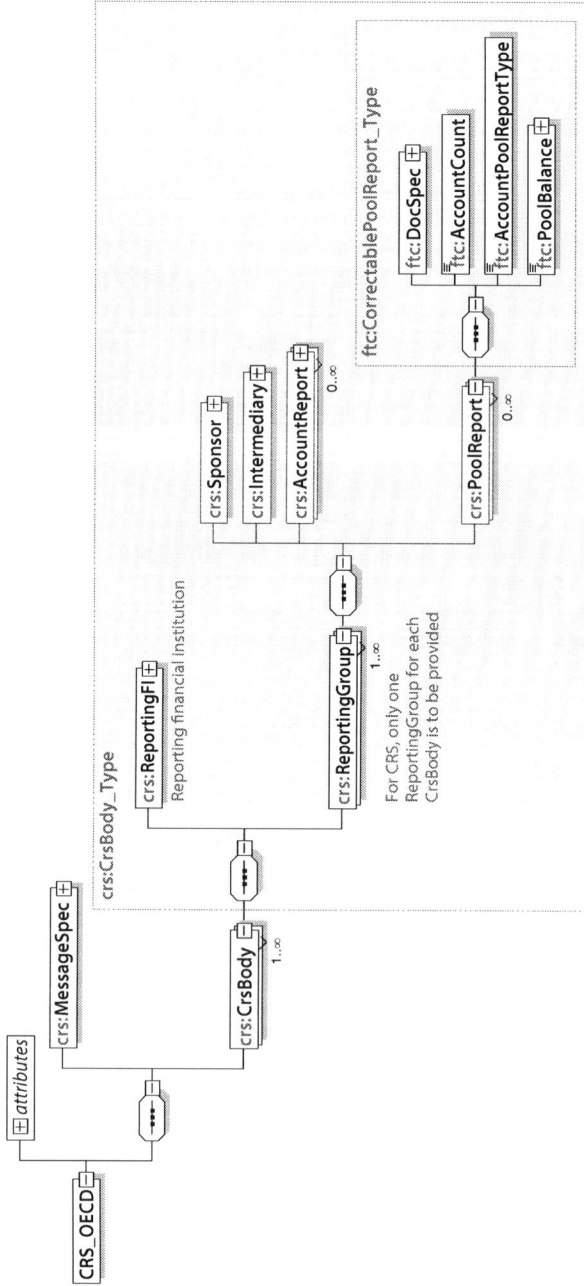

Sponsor & Intermediary (n'existe pas dans la NCD)

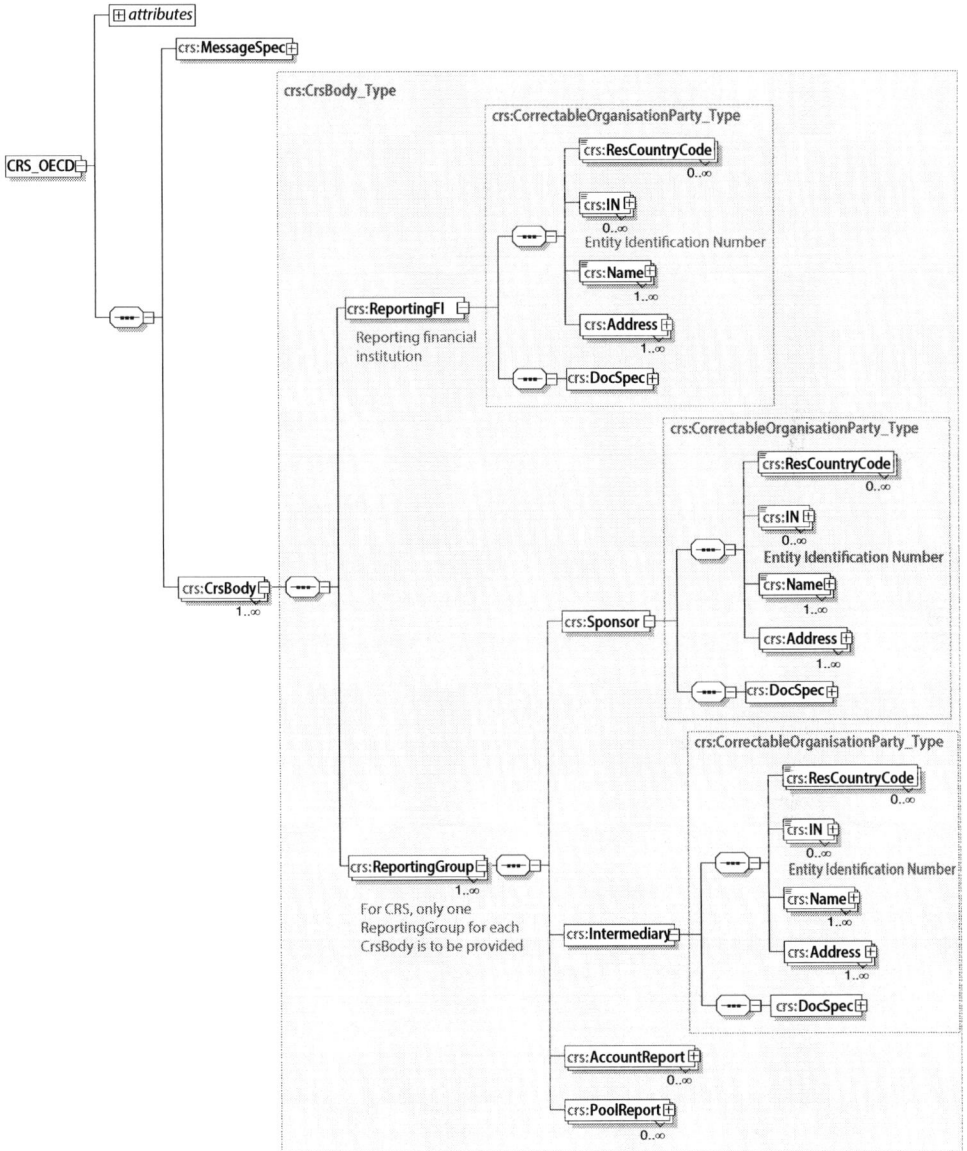

Appendice B

Glossaire des espaces de noms

Espaces de noms de la NCD

Espaces de noms	Description	Nom de fichier
crs	Types spécifiques à la NCD	CrsXML_v1.0.xsd
cfc	Types communs à FATCA et à la NCD	CommonTypesFatcaCrs_v1.1.xsd
ftc	Types spécifiques à FATCA	FatcaTypes_v1.1.xsd
stf	Types communs OCDE	OECDTypes_v4.1.xsd
iso	Types ISO (Codes pays et monnaie)	isocrstypes_v1.0.xsd

Annexe 4

Exemple de questionnaire

1. Cadre juridique

Le cadre juridique doit garantir la confidentialité des renseignements fiscaux échangés et limiter leur utilisation. Les deux composantes de ce cadre sont : les modalités du traité applicable, – accord d'échange de renseignements fiscaux (TIEA) ou tout autre accord bilatéral prévoyant des échanges de renseignements – et en droit interne de la juridiction.

1.1. Conventions fiscales, TIEA & autres accords d'échanges	
Points à vérifier en priorité	• Disposition des conventions fiscales, accords TIEA (accords d'échange de renseignements fiscaux) et autres accords internationaux, imposant la confidentialité des renseignements et limitant leur utilisation aux finalités prévues.
Comment les dispositions en matière d'échange de renseignements de vos conventions fiscales, accords TIEA, ou autres accords d'échanges garantissent-elles la confidentialité des renseignements communiqués à d'autres États et reçus d'autres États en réponse à une demande de renseignements, et comment contrôlent-elles l'utilisation de ces renseignements ?	

1.2. Droit interne	
Points à vérifier en priorité	• Le droit interne doit prévoir des mesures de sauvegarde pour les renseignements relatifs aux contribuables échangés en application d'un traité, accord d'échange de renseignements fiscaux ou autre accord international, traiter ces accords d'échange de renseignements comme ayant force obligatoire, contrôler l'accès aux données et sanctionner tout manquement aux règles.
Comment la législation et la réglementation en vigueur dans votre pays protège-t-elle les renseignements échangés à des fins fiscales en application de conventions fiscales, d'accords TIEA ou d'autres instruments d'échange et contrôle-t-elle leur utilisation ? Par quelles mesures l'administration fiscale empêche-t-elle que des informations confidentielles soient utilisées à mauvais escient et interdit-elle le transfert par les autorités fiscales d'informations fiscales à des organes gouvernementaux non fiscaux ?	

2. Gestion de la sécurité de l'information

Les systèmes de gestion de la sécurité de l'information utilisés par l'administration fiscale de chaque pays doivent observer des règles de protection pour les données confidentielles relatives aux contribuables. Par exemple, il doit exister un processus pour vérifier les antécédents des agents qui ont accès aux informations, des règles qui définissent qui peut accéder aux renseignements, et des systèmes pour détecter et suivre toute divulgation non autorisée. Les normes reconnues internationalement en matière de sécurité informatique font l'objet de la suite ISO/IEC 27000. Comme expliqué en détail ultérieurement, une administration fiscale doit être en mesure de démontrer qu'elle est bien en conformité avec les standards de la suite ISO/IEC 27000 ou avec un cadre de sécurité informatique équivalent qui protège les informations obtenues en vertu d'un accord d'échange.

2.1.1. Vérification des antécédents et contrats	
Points à vérifier en priorité	• Vérifications des antécédents et enquêtes sur le personnel et les sous-traitants • Processus de recrutement et contrats d'engagement • Points de Contact **responsables**
Quelles procédures votre administration fiscale applique-t-elle pour vérifier les antécédents du personnel et des sous-traitants qui ont accès à des données reçues au titre de l'échange de renseignements, qui les utilisent, ou qui sont chargés de leur protection ? Ces procédures sont-elles publiquement accessibles ? Si oui, veuillez en indiquer les références. Si non, veuillez les décrire brièvement.	

2.1.2 Formation et sensibilisation	
Points à vérifier en priorité	• Formation initiale et actions périodiques de sensibilisation sur les attributions, les risques de sécurité et les lois applicables
Quelle formation votre administration fiscale assure-t-elle à son personnel et à ses sous-traitants concernant les renseignements confidentiels, notamment en provenance de partenaires de l'échange de renseignements ? Existe-t-il une version publique des impératifs de formation ? Si oui, veuillez en indiquer la référence. Sinon veuillez expliquer brièvement en quoi consistent ces impératifs.	

2.1.3. Dispositions concernant les employés quittant l'administration	
Points à vérifier en priorité	• Dispositions destinées à résilier les droits d'accès aux données confidentielles
Quelles procédures votre administration fiscale applique-t-elle pour résilier le droit d'accès aux informations confidentielles de ses agents et consultants qui quittent l'administration ? Ces procédures sont-elles accessibles publiquement ? Si oui, veuillez en indiquer la référence. Sinon, merci de décrire brièvement en quoi elles consistent.	

2.2.1 Dispositions physiques de sécurité : accès aux locaux	
Points à vérifier en priorité	• Mesures de sécurité concernant l'accès aux locaux : gardes de sécurité, règles, procédures d'entrée

Quelles procédures votre administration fiscale applique-t-elle pour organiser l'accès du personnel, des consultants et des visiteurs aux locaux où sont stockées les informations confidentielles au format papier ou électronique ? Ces procédures sont-elles accessibles publiquement ? Si oui, veuillez indiquer la référence. Sinon, veuillez expliquer brièvement en quoi consistent ces procédures.

2.2.2. Dispositions physiques de sécurité : stockage physique des documents	
Points à vérifier en priorité	• Sécurisation du stockage physique des documents confidentiels : règles et procédures

Quelles procédures sont appliquées par votre administration fiscale pour recevoir, traiter, archiver, récupérer et détruire les exemplaires imprimés des données confidentielles reçues des contribuables ou des partenaires de l'échange de renseignements ? Votre administration fiscale impose-t-elle au personnel de suivre des procédures particulières avant de quitter le lieu de travail en fin de journée ? Ces procédures sont-elles accessibles publiquement ? Si oui, veuillez indiquer la référence. Sinon, veuillez les décrire brièvement.

Votre administration fiscale applique-t-elle une classification des données par niveau de confidentialité ? Si oui, veuillez expliquer en quoi les procédures de stockage des documents diffèrent selon les niveaux de confidentialité. Ces procédures sont-elles accessibles publiquement ? Si oui, veuillez indiquer la référence. Sinon, veuillez les décrire brièvement.

2.3. Planification	
Points à vérifier en priorité	• Documentation relative à la planification du développement, de l'actualisation et de la mise en œuvre des systèmes de sécurité de l'information.

Quelles sont les procédures appliquées par votre administration fiscale pour développer, documenter, actualiser et mettre à jour les règles de sécurité applicables aux systèmes d'information utilisés pour recevoir, traiter, archiver et consulter des informations confidentielles ? Ces procédures sont-elles accessibles publiquement ? Si oui, veuillez citer les références. Sinon veuillez expliquer brièvement en quoi elles consistent.

Quelles sont les procédures appliquées par votre administration fiscale pour procéder aux mises à jour périodiques du plan de sécurité de l'information afin de suivre les évolutions de l'environnement informatique, et de quelle manière les problèmes et les risques sont-ils traités dans l'application des plans de sécurité informatique ? Ces procédures sont-elles accessibles publiquement ? Si oui, veuillez citer les références. Sinon, veuillez expliquer brièvement en quoi elles consistent.

2.4. Gestion de la configuration	
Points à vérifier en priorité	• Gestion de la configuration et des contrôles de sécurité

Quelles pratiques votre administration fiscale suit-elle pour réguler la configuration des systèmes et les mises à jour ? Ces informations sont-elles accessibles publiquement ? Si oui, veuillez citer les références. Sinon, veuillez expliquer brièvement en quoi elles consistent.

2.5. Contrôle de l'accès	
Points à vérifier en priorité	• Règles et procédures en matière de contrôle de l'accès : personnel autorisé et échanges internationaux de renseignements
Quelles sont les règles appliquées par votre administration fiscale pour limiter aux seuls utilisateurs autorisés l'accès au système et protéger les données transmises au cours de leur réception et de leur stockage? Veuillez décrire la manière dont les règles d'autorisation et de transmission sont appliquées aux données reçues dans le cadre d'échanges de renseignement en application d'un traité, d'un TIEA ou d'un autre accord d'échange. Si oui, veuillez citer les références. Si non, veuillez en donner une brève description	

2.6. Identification et authentification	
Points à vérifier en priorité	• Authentification des utilisateurs et des appareils qui demandent l'accès aux systèmes d'information.
Quelles sont les règles et les procédures appliquées par votre administration fiscale pour chaque système informatique connecté à des données confidentielles? Ces règles et ces procédures sont-elles accessibles publiquement? Si oui, veuillez indiquer une référence. Sinon, veuillez en donner une brève description.	
Quelles sont les règles et les procédures qui régissent l'authentification des utilisateurs autorisés par l'administration fiscale sur les systèmes informatiques connectés à des données confidentielles? Ces règles et ces procédures sont-elles accessibles publiquement? Si oui, veuillez indiquer une référence. Sinon, veuillez en donner une brève description.	

2.7. Audit et responsabilité	
Points à vérifier en priorité	• Traçabilité des actions électroniques au sein des systèmes • Procédure d'audit des systèmes : suivi, analyse, investigation et signalement des utilisations illicites/non autorisées
Quelles sont les règles et les procédures appliquées par votre administration fiscale pour assurer que des audits soient effectués sur les systèmes et qu'ils permettent de détecter les accès non autorisés? Ces règles et procédures sont-elles accessibles publiquement? Si oui, veuillez indiquer la référence. Sinon, veuillez en donner une brève description.	

2.8. Maintenance	
Points à vérifier en priorité	• Maintenance périodique et interventions ponctuelles sur les systèmes • Contrôles effectués sur : outils, procédures et mécanismes pour la maintenance du système et l'utilisation par le personnel
Quelles sont les règles en vigueur dans votre administration fiscale en matière d'interventions ponctuelles de maintenance périodique? Ces règles sont-elles accessibles publiquement? Si oui, veuillez indiquer une référence. Sinon, veuillez en donner une brève description.	
Quelles sont les procédures qui régissent la résolution des défaillances du système découvertes par l'administration fiscale? Ces procédures sont-elles accessibles publiquement? Si oui, veuillez indiquer une référence. Sinon, veuillez en donner une brève description.	

2.9. Protection du système et des communications

Points à vérifier en priorité	• Procédures visant à suivre, contrôler et protéger les communications en direction et en provenance des systèmes informatiques

Quelles sont les règles et procédures appliquées par l'administration fiscale pour la transmission et la réception par voie électronique de données confidentielles ? Veuillez décrire les impératifs contenus dans ces règles en matière de sécurité et de cryptage. Ces règles et procédures sont-elles accessibles publiquement ? Si oui, veuillez indiquer une référence. Sinon veuillez en faire une brève description.

2.10. Intégrité des systèmes et de l'information

Points à vérifier en priorité	• Procédures visant à découvrir des points de défaillance du système informatique, les signaler et y remédier rapidement • Protection contre les logiciels malveillants et surveillance des alertes de sécurité système.

Quelles sont les procédures appliquées par votre administration fiscale pour découvrir les points de défaillance, les signaler et y remédier rapidement ? Veuillez décrire ce qui est prévu dans ces procédures pour la protection des systèmes informatiques contre les logiciels malveillants qui portent atteinte à l'intégrité des données. Ces procédures sont-elles accessibles publiquement ? Si oui, veuillez indiquer une référence. Sinon, veuillez en donner une brève description.

2.11. Évaluations de la sécurité

Points à vérifier en priorité	• Procédures de test, de validation et d'autorisation des contrôles de sécurité concernant le traitement des données, la correction des déficiences et la réduction des failles de sécurité

Quelles sont les procédures appliquées et régulièrement actualisées par votre administration fiscale pour l'examen des modalités de traitement, de validation et d'autorisation d'un plan de contrôle de la sécurité ? Ces règles et procédures sont-elles accessibles publiquement ? Si oui, veuillez indiquer une référence. Si non, veuillez en faire une brève description.

2.12. Planification d'urgence

Points à vérifier en priorité	• Plans d'urgence, interventions de sauvegarde et récupération des systèmes informatiques après des catastrophes

Quels sont les plans et les procédures d'urgence mis en place par votre administration fiscale pour réduire l'impact d'une divulgation indue ou d'une perte irrécupérable de données ? Les plans et les procédures sont-ils accessibles publiquement ? Si oui, veuillez indiquer une référence. Sinon, veuillez les décrire brièvement.

2.13. Évaluation du risque	
Points à vérifier en priorité	• Risque potentiel d'accès non autorisés aux informations fiscales des contribuables • Risque et ampleur des dommages en cas d'utilisation ou de divulgation non autorisées, ou de panne des systèmes informatiques des services fiscaux. • Procédures en vigueur pour actualiser les méthodes d'évaluation du risque.
Votre administration fiscale procède-t-elle à des évaluations du risque pour cerner ces risques et l'impact potentiel d'un accès, d'une utilisation et d'une divulgation non autorisées d'informations, ou de la destruction de systèmes informatiques ? Quelles procédures votre administration fiscale applique-t-elle pour actualiser les méthodes d'évaluation du risque ? Les méthodes et les règles d'évaluation du risque sont-elles accessibles publiquement ? Si oui, veuillez indiquer une référence. Sinon, veuillez les décrire brièvement.	

2.14. Acquisition de systèmes et de services informatiques	
Points à vérifier en priorité	• Méthodes et procédures pour s'assurer que les fournisseurs externes de systèmes et de services informatiques jouant un rôle dans le traitement, le stockage et la transmission de données confidentielles observent les règles appropriées de sécurité informatique.
Quelles sont les procédures appliquées par votre administration fiscale pour s'assurer que les fournisseurs externes observent les contrôles de sécurité adaptés, dans le respect des règles de sécurité informatique applicables aux informations confidentielles ? Ces procédures sont-elles accessibles publiquement ? Si oui, veuillez indiquer une référence. Sinon, veuillez en donner une brève description.	

2.15. Protection des supports d'information	
Points à vérifier en priorité	• Procédures visant à protéger les données sur support papier ou numérique • Mesures de sécurité visant à limiter l'accès aux supports d'information aux seuls utilisateurs autorisés • Méthodes employées pour le nettoyage des supports informatiques avant leur réutilisation ou pour leur destruction avant élimination
Quelles sont les procédures appliquées par votre administration fiscale pour assurer le stockage et limiter l'accès aux informations confidentielles sur support papier ou numérique dès leur réception, quelle que soit leur provenance ? Comment votre administration fiscale pour sécurise-t-elle la destruction de supports contenant des informations confidentielles avant élimination ? Ces procédures sont-elles accessibles publiquement ? Si oui, veuillez indiquer une référence. Sinon, veuillez en donner une description.	

2.16. Protection des données échangées en application d'un traité	
Points à vérifier en priorité	• Procédures régissant la sauvegarde des fichiers échangés en application d'un traité et leur identification claire • Méthodes de classification des fichiers échangés en application d'un traité

Quelles sont les règles et les procédures appliquées par votre administration fiscale pour stocker les informations confidentielles et les identifier clairement comme des données provenant d'un échange de renseignements en application d'un traité une fois reçues d'Autorités compétentes étrangères ? Ces règles et procédures sont-elles accessibles publiquement ? Si oui, veuillez indiquer une référence. Sinon, veuillez en décrire le contenu.

2.17. Règles de suppression des données	
Points à vérifier en priorité	• Procédures d'élimination de fichiers au format papier ou électronique

Quelles sont les procédures appliquées par votre administration fiscale pour l'élimination des renseignements confidentiels ? Ces procédures s'appliquent-elles aux renseignements issus d'échanges avec des Autorités compétentes étrangères ? Ces procédures sont-elles accessibles publiquement ? Si oui, veuillez indiquer une référence. Sinon, veuillez décrire en quoi elles consistent.

3. Surveillance et sanctions

Outre préserver la confidentialité des informations provenant de renseignements, l'administration fiscale doit veiller à ce que leur utilisation soit limitée aux finalités définies par l'accord applicable d'échange de renseignements. L'observance d'un cadre acceptable de sécurité de l'information ne suffit donc pas à protéger les données fiscales obtenues en vertu d'un traité. En outre, le droit national doit prévoir des pénalités ou des sanctions en cas de divulgation ou d'utilisation non autorisées de renseignements fiscaux. Pour que leur application soit effective, les lois en question doivent s'appuyer sur des ressources et des procédures administratives adéquates.

3.1. Pénalités et sanctions	
Points à vérifier en priorité	• Pénalités imposées en cas de divulgation non autorisée • Pratiques visant à atténuer les risques

Votre administration fiscale est-elle compétente pour imposer des sanctions en cas de divulgation non autorisée d'informations confidentielles ? Ces pénalités s'appliquent-elles en cas de divulgation de renseignements confidentiels issus d'un échange avec une partie à un traité ou un TIEA ? Le barème des pénalités est-il accessible publiquement ? Si oui, veuillez indiquer une référence. Sinon, veuillez le décrire sommairement.

3.2.1. Répression des accès et divulgations non autorisées	
Points à vérifier en priorité	• Surveillance des atteintes à la confidentialité • Rapports sur les atteintes

Quelles sont les procédures appliquées par votre administration fiscale pour la surveillance des atteintes à la confidentialité ? Quelles sont les règles et procédures appliquées par votre administration fiscale pour imposer au personnel et aux sous-traitants de dresser un rapport en cas d'atteintes effectives ou potentielles à la confidentialité ? Quels rapports votre administration fiscale dresse-t-elle en cas d'atteinte à la confidentialité ? Ces règles et ces procédures sont-elles accessibles publiquement ? Si oui, veuillez indiquer une référence. Sinon, veuillez en donner une description.

3.2.2. Sanctions et cas rencontrés antérieurement	
Points à vérifier en priorité	• Cas répertoriés de divulgation non autorisée • Adaptation des règles ou des procédures pour prévenir des atteintes ultérieures

Des cas de divulgation indue de renseignements confidentiels se sont-ils déjà produits dans votre juridiction ? Est-il déjà arrivé que des informations confidentielles reçues par l'Autorité compétente d'un partenaire d'échange de renseignements soient divulguées de manière non-conforme aux modalités de l'instrument régissant la communication des renseignements ? L'administration fiscale ou l'Inspection générale publie-t-elle un rapport sur les atteintes survenus, les pénalités ou sanctions imposées et les changements apportés pour réduire le risque et prévenir de nouvelles atteintes à la confidentialité ? Si oui, veuillez indiquer une référence. Sinon, veuillez en faire une brève relation.

Annexe 5

Approche plus globale relative à la norme commune de déclaration

Introduction

1.   Les procédures de diligence raisonnable prévues dans la NCD (et notamment celles qui se rapportent à la recherche d'indices) sont destinées à identifier les Comptes déclarables, à savoir ceux de résidents d'une juridiction qui est soumise à déclaration au moment où les procédures de diligence raisonnable sont appliquées. Néanmoins, les juridictions ont de bonnes raisons de vouloir aller plus loin et, par exemple, étendre les procédures de diligence raisonnable afin de couvrir tous les non-résidents ou les résidents de pays avec lesquels elles ont conclu un instrument d'échange de renseignements. Une telle approche pourrait réduire sensiblement les coûts à la charge des institutions financières, car elles n'auraient pas à appliquer des procédures supplémentaires chaque fois qu'une nouvelle juridiction veut s'associer à l'échange de renseignements.

2.   Cette annexe contient un extrait de la NCD qui a été modifiée afin de tenir compte d'une telle approche plus globale. Les principales modifications apportées à la Norme sont les suivantes :

- •   Toute indication suggérant que les procédures ont pour objet d'identifier des comptes déclarables au moment où les procédures de diligence raisonnable sont appliquées est supprimée ou modifiée.

- •   Dans le cadre de la recherche d'indices, l'Institution financière déclarante est désormais tenue de rechercher des indices qui révèlent que le Titulaire de compte est résident d'une Juridiction étrangère et de considérer que le compte est détenu par un Titulaire qui est résident de chacune des Juridictions étrangères pour laquelle un indice est trouvé (sauf si l'IF suit la « procédure de conciliation »). Une Juridiction étrangère désigne toute juridiction autre que celle de l'Institution financière déclarante. L'avantage de cette approche est que si une nouvelle juridiction rejoint le système, l'Institution financière déclarante peut se fonder sur les résultats de cette recherche d'indices pour déterminer les Comptes préexistants qui sont détenus par des résidents de cette juridiction.

3.   Les exemples suivants illustrent l'application de cette approche plus globale :

- •   Exemple 1 : La Juridiction A décide d'appliquer la Norme commune de déclaration à partir du 1ᵉʳ janvier 2016, de sorte que tous les comptes ouverts après cette date sont considérés comme de Nouveaux comptes.

  M. X est résident de la Juridiction Z et ouvre un compte auprès d'une institution financière située dans la Juridiction A le 1ᵉʳ mars 2016. À cette date, la Juridiction Z n'est pas une Juridiction soumise à déclaration. L'institution financière devra obtenir une auto-certification de M. X, qui devra mentionner sa juridiction de résidence à des fins fiscales, mais pas son NIF ou sa date de naissance (car le compte n'est pas un Compte déclarable au moment de son ouverture). Si la Juridiction Z devient une Juridiction soumise à déclaration en 2017, l'institution financière pourra s'appuyer sur l'auto-certification pour établir que le compte est un Compte déclarable et devra se procurer le NIF et la date de naissance de M. X avant la fin de 2019.

- •   Exemple 2 : Même situation, mais le compte est ouvert en 2014. Si l'institution financière a effectué une recherche d'indices portant sur les Comptes préexistants en 2016, elle pourra s'appuyer sur les renseignements réunis à cette occasion pour déterminer la juridiction de résidence de M. X et traiter ce compte comme étant un Compte déclarable en 2017.

4.   Dans l'extrait ci-dessous, l'Institution financière déclarante ne serait pas tenue de signaler le NIF et la date de naissance concernant des comptes qui n'étaient pas déclarables au moment où elle a appliqué les procédures de diligence raisonnable. Toutefois, elle devrait se procurer ce NIF et la date de naissance avant la fin de la deuxième année civile qui suit l'année durant laquelle ces comptes ont été identifiés en tant que Comptes déclarables (à l'instar des Comptes préexistants). Dans la mesure où les règles locales relatives à la protection des données l'autorisent, les juridictions peuvent aussi envisager de demander le recueil du NIF et/ou de la date de naissance de tous les Titulaires de compte identifiés en tant qu'étrangers au moment de l'ouverture du compte (et pas seulement de ceux identifiés en tant que résidents d'une Juridiction soumise à déclaration). Cette exigence pourrait alléger davantage encore les contraintes pour les institutions financières car il est plus simple de réunir ces informations avant qu'après l'ouverture du

compte. En outre, demander le NIF d'un Titulaire de compte procurerait une garantie supplémentaire quant à la véracité de son auto-certification.

5. Bien que la Norme commune de déclaration ne l'impose pas, certaines juridictions pourraient aller au-delà de l'approche présentée dans cette annexe et, par exemple, étendre les procédures de diligence raisonnable afin de couvrir leurs propres résidents qui sont des Personnes détenant le contrôle d'ENF passives. Dans ce cas, elles seraient également informées dans le cas où un de leurs résidents est une Personne détenant le contrôle d'une ENF passive qui est Titulaire d'un compte auprès d'une Institution financière déclarante. Avec cette approche, les Institutions financières déclarantes devraient signaler les résidents qui, bien que n'étant pas Titulaires d'un compte eux-mêmes, sont des Personnes détenant le contrôle d'une ENF passive qui est Titulaire d'un compte. Pour ce faire, elles peuvent par exemple élargir la portée du terme « Personne devant faire l'objet d'une déclaration ».

EXTRAIT DE LA NCD, MODIFIÉE DANS LE BUT D'IMPOSER L'IDENTIFICATION DU STATUT DE TOUS LES COMPTES ÉTRANGERS.

Section I : Obligations déclaratives générales

A. Sous réserve des paragraphes C à F, chaque Institution financière déclarante doit communiquer les renseignements suivants concernant chaque Compte déclarable de cette Institution :

1. les nom, adresse, juridiction(s) de résidence, NIF, date et lieu de naissance (pour une personne physique) de chaque Personne devant faire l'objet d'une déclaration qui est un Titulaire de ce compte et, dans le cas d'une Entité qui est Titulaire de ce compte pour laquelle, après application des diligences raisonnables décrites dans les sections V, VI et VII, il apparaît qu'une ou plusieurs Personnes qui en détiennent le contrôle sont des Personnes devant faire l'objet d'une déclaration, le nom, l'adresse, la ou les juridiction(s) de résidence et le NIF de cette Entité et le nom, l'adresse, la ou les juridiction(s) de résidence, le NIF et les date et lieu de naissance de chacune de ces Personnes devant faire l'objet d'une déclaration ;

2. le numéro de compte (ou son équivalent fonctionnel en l'absence de numéro de compte) ;

3. le nom et le numéro d'identification (éventuel) de l'Institution financière déclarante ;

4. le solde ou la valeur portée sur le compte (y compris, dans le cas d'un Contrat d'assurance avec valeur de rachat ou d'un Contrat de rente, la Valeur de rachat) à la fin de l'année civile considérée ou d'une autre période de référence adéquate ou, si le compte a été clos au cours de l'année ou de la période en question, la clôture du compte ;

5. dans le cas d'un Compte conservateur :

   a) le montant brut total des intérêts, le montant brut total des dividendes et le montant brut total des autres revenus produits par les actifs détenus sur le compte, versés ou crédités sur le compte (ou au titre du compte) au cours de l'année civile ou d'une autre période de référence adéquate ; et

   b) le produit brut total de la vente ou du rachat d'Actifs financiers ou crédité sur le compte au cours de l'année civile ou d'une autre période de référence adéquate au titre de laquelle l'Institution financière déclarante a agi en tant que dépositaire, courtier, prête-nom ou représentant du Titulaire du compte ;

6. dans le cas d'un Compte de dépôt, le montant brut total des intérêts versés ou crédités sur le compte au cours de l'année civile ou d'une autre période de référence adéquate ; et

7. dans le cas d'un compte qui n'est pas visé par l'alinéa A(5) ou A(6), le montant brut total versé au Titulaire du compte ou porté à son crédit, au cours de l'année civile ou d'une autre période de référence adéquate, dont l'Institution financière déclarante est la débitrice, y compris le montant total de toutes les sommes remboursées au Titulaire du compte au cours de l'année civile ou d'une autre période de référence adéquate.

B. Les renseignements communiqués doivent indiquer la monnaie dans laquelle chaque montant est libellé.

C. Nonobstant l'alinéa A(1), s'agissant de chaque Compte déclarable qui est un Compte préexistant ou de chaque Compte financier qui est ouvert avant de devenir un Compte déclarable, le NIF ou la date de naissance n'ont pas à être communiqués s'ils ne figurent pas dans les dossiers de l'Institution financière déclarante et si son droit interne ne l'oblige pas à se procurer ces renseignements. Toutefois, une Institution financière déclarante est tenue de déployer des efforts raisonnables pour se procurer le NIF et la date de naissance concernant des Comptes préexistants avant la fin de la deuxième année civile qui suit l'année durant laquelle ces Comptes ont été identifiés en tant que Comptes déclarables.

D. Nonobstant l'alinéa A(1), le NIF n'a pas à être communiqué si *(i)* la Juridiction soumise à déclaration concernée n'a pas émis de NIF ou si *(ii)* le droit interne de la Juridiction soumise à déclaration concernée n'impose pas le recueil des NIF émis par celle-ci.

E. Nonobstant l'alinéa A(1), le lieu de naissance n'a pas à être communiqué sauf si l'Institution financière déclarante est par ailleurs tenue par son droit interne de se procurer et de communiquer ce renseignement et si le lieu de naissance figure dans les données conservées par l'Institution et pouvant faire l'objet de recherches par voie électronique.

F. Nonobstant le paragraphe A, les renseignements à communiquer concernant [xxxx] sont ceux décrits dans ce même paragraphe, à l'exception des produits bruts visés à l'alinéa A(5)(b).

Section II : Obligations générales de diligence

A. Un compte est considéré comme un Compte déclarable à partir de la date à laquelle il est identifié comme tel en application des procédures décrites dans les sections II à VII et, sauf dispositions contraires, les renseignements relatifs à un Compte déclarable sont transmis chaque année au cours de l'année civile qui suit l'année à laquelle se rattachent ces renseignements.

B. Une Institution financière déclarante qui, aux termes des procédures décrites dans les sections II à VII, identifie un compte comme étant un Compte étranger qui n'est pas déclarable au moment où les procédures de diligence raisonnable sont appliquées, peut se fier au résultat de ces procédures pour se conformer à ses obligations déclaratives futures.

C. Le solde ou la valeur d'un compte correspond à son solde ou à sa valeur le dernier jour de l'année civile ou d'une autre période de référence pertinente.

D. Lorsqu'un solde ou un seuil de valeur doit être déterminé le dernier jour d'une année civile, le solde ou le seuil de valeur considéré doit être déterminé le dernier jour de la période de déclaration qui se termine à la fin de cette année civile ou pendant cette année civile.

E. Chaque Juridiction peut autoriser les Institutions financières déclarantes à faire appel à des prestataires de service pour s'acquitter des obligations déclaratives et de diligence raisonnable qui leur sont imposées, en application de leur droit interne, ces obligations restant toutefois du domaine de la responsabilité des Institutions financières déclarantes.

F. Chaque Juridiction peut autoriser les Institutions financières déclarantes à appliquer aux Comptes préexistants les procédures de diligence raisonnable prévues pour les Nouveaux comptes, et à appliquer aux Comptes de faible valeur celles prévues pour les Comptes de valeur élevée. Lorsqu'une Juridiction autorise l'application aux Comptes préexistants des procédures de diligence raisonnable prévues pour les Nouveaux comptes, les autres règles applicables aux Comptes préexistants restent en vigueur.

Section III : Procédures de diligence raisonnable pour les Comptes de personnes physiques préexistants

Les procédures suivantes s'appliquent concernant les Comptes de personnes physiques préexistants.

A. **Comptes non soumis à examen, identification ou déclaration.** Un Compte de personne physique préexistant qui est un Contrat d'assurance avec valeur de rachat ou un Contrat de rente n'a pas à être examiné, identifié ou déclaré, à condition que la loi empêche effectivement l'Institution financière déclarante de vendre de tels Contrats à des résidents d'une Juridiction soumise à déclaration.

B. **Comptes de faible valeur.** Les procédures suivantes s'appliquent concernant les Comptes de faible valeur.

1. **Adresse de résidence.** Si l'Institution financière déclarante a dans ses dossiers une adresse de résidence actuelle du Titulaire de compte individuel basée sur des Pièces justificatives, elle peut considérer ce Titulaire de compte comme étant résident, à des fins fiscales, de la juridiction dans laquelle se situe l'adresse dans le but de déterminer si ce Titulaire est une Personne devant faire l'objet d'une déclaration.

2. **Recherche des dossiers par voie électronique.** Si l'Institution financière déclarante n'utilise pas une adresse de résidence actuelle du Titulaire de compte individuel basée sur des Pièces justificatives comme indiqué à l'alinéa B(1), elle doit examiner les données pouvant faire l'objet de recherches par voie électronique qu'elle conserve en vue de déceler un ou plusieurs des indices suivants et appliquer les indications énoncées aux alinéas B(3) à (6) :

   a) identification du Titulaire du compte comme résident d'une Juridiction étrangère ;

b) adresse postale ou de domicile actuel (y compris une boîte postale) dans une Juridiction étrangère ;

c) un ou plusieurs numéros de téléphone dans une Juridiction étrangère et aucun numéro de téléphone dans la juridiction de l'Institution financière déclarante ;

d) ordre de virement permanent (sauf sur un Compte de dépôt) sur un compte géré dans une Juridiction étrangère ;

e) procuration ou délégation de signature en cours de validité accordée à une personne dont l'adresse est située dans une Juridiction étrangère ; ou

f) adresse portant la mention « poste restante » ou « à l'attention de » dans une Juridiction étrangère si l'Institution financière déclarante n'a pas d'autre adresse enregistrée pour le Titulaire du compte.

3. Si l'examen des données par voie électronique ne révèle aucun des indices énumérés à l'alinéa B(2), aucune nouvelle démarche n'est requise jusqu'à ce qu'un changement de circonstances se produise et ait pour conséquence qu'un ou plusieurs indices soient associés à ce compte, ou que ce compte devienne un Compte de valeur élevée.

4. Si l'examen des données par voie électronique révèle un des indices énumérés aux alinéas (2)(a) à (e) du paragraphe B, ou si un changement de circonstances intervient qui se traduit par un ou plusieurs indices associés à ce compte, l'Institution financière déclarante est tenue de traiter le Titulaire du compte comme un résident à des fins fiscales de chacune des Juridictions étrangères pour laquelle un indice est identifié, à moins qu'elle choisisse d'appliquer l'alinéa B(6) et qu'une des exceptions qui y figurent s'applique à ce compte.

5. Si la mention « poste restante » ou « à l'attention de » figure dans le dossier électronique et qu'aucune autre adresse et aucun des autres indices énumérés aux alinéas B(2)(a) à (e) ne sont identifiés pour le Titulaire du compte, l'Institution financière déclarante doit, dans l'ordre le plus approprié aux circonstances, effectuer la recherche dans les dossiers papier décrite à l'alinéa C(2) ou s'efforcer d'obtenir du Titulaire du compte une auto-certification ou des Pièces justificatives établissant l'adresse ou les adresses de résidence à des fins fiscales de ce Titulaire. Si la recherche dans les dossiers papier ne révèle aucun indice et si la tentative d'obtenir l'auto-certification ou les Pièces justificatives

échoue, l'Institution financière déclarante doit déclarer le compte en tant que compte non documenté.

6. Nonobstant la découverte d'indices mentionnés à l'alinéa B(2), une Institution financière déclarante n'est pas tenue de considérer un Titulaire de compte comme résident d'une Juridiction étrangère si :

   a) Les renseignements sur le Titulaire du compte comprennent une adresse postale ou de résidence actuelle dans la Juridiction étrangère, un ou plusieurs numéros de téléphone dans la Juridiction étrangère (et aucun numéro de téléphone dans la juridiction de l'Institution financière déclarante) ou des ordres de virement permanents (concernant des Comptes financiers autres que des Comptes de dépôt) sur un compte géré dans une Juridiction étrangère, l'Institution financière déclarante obtient, ou a auparavant examiné, et conserve une copie des documents suivants :

      i) une auto-certification émanant du Titulaire du compte de la juridiction ou des juridictions où il réside qui ne mentionne pas cette Juridiction étrangère ; et

      ii) une Pièce justificative qui établit que la résidence du Titulaire du compte à des fins fiscales n'est pas cette Juridiction étrangère.

   b) Les renseignements sur le Titulaire du compte comprennent une procuration ou une délégation de signature en cours de validité accordée à une personne dont l'adresse est située dans une Juridiction étrangère, l'Institution financière déclarante obtient, ou a auparavant examiné, et conserve une copie des documents suivants :

      i) une auto-certification émanant du Titulaire du compte de la juridiction ou des juridictions où il réside qui ne mentionne pas cette Juridiction étrangère ; ou

      ii) une Pièce justificative qui établit que la résidence du Titulaire de compte à des fins fiscales n'est pas cette Juridiction étrangère.

C. **Procédures d'examen approfondi pour les Comptes de valeur élevée.** Les procédures d'examen approfondi suivantes s'appliquent concernant les Comptes de valeur élevée.

   1. **Recherche des dossiers par voie électronique.** S'agissant des Comptes de valeur élevée, l'Institution financière déclarante est tenue d'examiner les données qu'elle détient et qui peuvent faire

l'objet de recherches par voie électronique en vue de déceler l'un des indices visés à l'alinéa B(2).

2. **Recherche dans les dossiers papier.** Si les données de l'Institution financière déclarante susceptibles d'être examinées par voie électronique contiennent des champs comprenant tous les renseignements décrits à l'alinéa C(3) et permettent d'en appréhender le contenu, aucune recherche dans les dossiers papier n'est requise. Si ces données ne contiennent pas tous ces renseignements, l'Institution financière déclarante est également tenue, pour un Compte de valeur élevée, d'examiner le dossier principal actuel du client et, dans la mesure où ces renseignements n'y figurent pas, les documents suivants associés au compte et obtenus par l'Institution financière déclarante au cours des cinq années précédentes en vue de rechercher un des indices décrits à l'alinéa B(2) :

   a) les Pièces justificatives collectées le plus récemment concernant le compte ;

   b) la convention la plus récente ou le document d'ouverture de compte le plus récent ;

   c) la documentation la plus récente obtenue par l'Institution financière déclarante en application des Procédures visant à identifier les clients et à lutter contre le blanchiment (AML/ KYC) ou pour d'autres raisons légales ;

   d) toute procuration ou délégation de signature en cours de validité ; et

   e) tout ordre de virement permanent (sauf pour un Compte de dépôt) en cours de validité.

3. **Exception lorsque les bases de données contiennent suffisamment de renseignements.** Une Institution financière déclarante n'est pas tenue d'effectuer les recherches dans les dossiers papier décrites à l'alinéa C(2) de la présente section si ses informations susceptibles d'être examinées par voie électronique comprennent les éléments suivants :

   a) le pays de résidence du Titulaire du compte ;

   b) l'adresse du domicile et l'adresse postale du Titulaire du compte qui figurent au dossier de l'Institution financière déclarante ;

   c) le(s) numéro(s) de téléphone éventuel(s) du Titulaire du compte qui figure(nt) au dossier de l'Institution financière déclarante ;

d) dans le cas de Comptes financiers autres que des Comptes de dépôt, un éventuel ordre de virement permanent depuis le compte vers un autre compte (y compris un compte auprès d'une autre succursale de l'Institution financière déclarante ou d'une autre Institution financière) ;

e) une éventuelle adresse portant la mention « à l'attention de » ou « poste restante » pour le Titulaire du compte ; et

f) une éventuelle procuration ou délégation de signature sur le compte.

4. **Prise de renseignements auprès du chargé de clientèle en vue d'une connaissance réelle du compte.** Outre les recherches dans les dossiers informatiques et papier décrites ci-dessus, l'Institution financière déclarante est tenue de traiter comme Compte déclarable tout Compte de valeur élevée confié à un chargé de clientèle (y compris les éventuels comptes financiers qui sont groupés avec ce Compte de valeur élevée) si ce chargé de clientèle sait que le Titulaire du compte est une Personne devant faire l'objet d'une déclaration.

5. **Conséquences de la découverte d'indices.**

a) Si l'examen approfondi des Comptes de valeur élevée décrit ci-dessus ne révèle aucun des indices énumérés à l'alinéa B(2), et si l'application de l'alinéa C(4) ne permet pas d'établir que le compte est détenu par un résident à des fins fiscales d'une Juridiction étrangère, aucune nouvelle démarche n'est requise jusqu'à ce qu'un changement de circonstances intervienne qui se traduise par un ou plusieurs indices associés à ce compte.

b) Si l'examen approfondi des Comptes de valeur élevée décrit ci-dessus révèle l'un des indices énumérés aux alinéas (2)(a) à (e) du paragraphe B ou en cas de changement ultérieur de circonstances qui a pour conséquence d'associer au compte un ou plusieurs indices, l'Institution financière déclarante doit traiter le Titulaire du compte comme résident à des fins fiscales de chacune des Juridictions étrangères pour laquelle un indice est identifié, sauf si elle choisit d'appliquer l'alinéa B(6) de la présente section et que l'une des exceptions à celui-ci s'applique eu égard à ce compte.

c) Si la mention « poste restante » ou « à l'attention de » est découverte lors de l'examen approfondi d'une Compte de valeur élevée et qu'aucune autre adresse et aucun des autres indices énumérés aux alinéas B(2)(a) à (e) ne sont identifiés pour le Titulaire du compte, l'Institution financière déclarante doit obtenir du Titulaire du compte une auto-certification ou une Pièce justificative établissant l'adresse ou les adresses de résidence à des fins fiscales de ce Titulaire. Si l'Institution financière déclarante ne parvient pas à obtenir cette auto-certification ou cette Pièce justificative, elle doit déclarer le compte en tant que compte non documenté.

6. Si, au 31 décembre [xxxx], un Compte de personne physique préexistant n'est pas un Compte de valeur élevée mais le devient au dernier jour de toute année civile ultérieure, l'Institution financière déclarante doit appliquer à ce compte les procédures d'examen approfondi décrites au paragraphe C durant l'année qui suit l'année civile au cours de laquelle le compte devient un Compte de valeur élevée. Si, à la suite de cet examen, il apparaît que ce compte est un Compte déclarable, l'Institution financière déclarante doit fournir les renseignements requis sur ce compte pour l'année durant laquelle il est identifié comme Compte déclarable ainsi que pour les années suivantes sur une base annuelle, à moins que le Titulaire du compte cesse d'être une Personne devant faire l'objet d'une déclaration.

7. Après qu'une Institution financière déclarante a appliqué les procédures d'examen approfondi décrites au paragraphe C à un Compte de valeur élevée, elle n'est plus tenue de renouveler ces procédures les années suivantes, à l'exception de la prise de renseignements auprès du chargé de clientèle décrite à l'alinéa C(4), sauf si le compte n'est pas documenté, auquel cas elle doit les renouveler chaque année jusqu'à ce que ce compte cesse d'être non documenté.

8. Si un changement de circonstances concernant un Compte de valeur élevée se produit et a pour conséquence qu'un ou plusieurs des indices visés à l'alinéa B(2) sont associés à ce compte, l'Institution financière déclarante doit considérer le compte comme un Compte déclarable pour chaque Juridiction étrangère pour laquelle un indice est identifié, à moins qu'elle choisisse d'appliquer l'alinéa B(6) et qu'une des exceptions qui y figurent s'applique à ce compte.

9. Une Institution financière déclarante est tenue de mettre en œuvre des procédures garantissant que les chargés de clientèle identifient tout changement de circonstances en relation avec un compte. Si, par exemple, un chargé de clientèle est informé que le Titulaire du compte dispose d'une nouvelle adresse postale

dans une Juridiction étrangère, l'Institution financière déclarante doit considérer cette nouvelle adresse comme un changement de circonstances et, si elle choisit d'appliquer l'alinéa B(6), obtenir les documents requis auprès du Titulaire du compte.

D. L'examen des Comptes de personnes physiques préexistants doit être achevé le [xx/xx/xxxx] au plus tard.

Section IV : Procédures de diligence raisonnable pour les Nouveaux comptes de personnes physiques

Les procédures suivantes s'appliquent concernant les Nouveaux comptes de personnes physiques.

A. S'agissant des Nouveaux comptes de personnes physiques, l'Institution financière déclarante doit obtenir lors de l'ouverture du compte une auto-certification (qui peut faire partie des documents remis lors de l'ouverture de compte) qui lui permette de déterminer l'adresse ou les adresses de résidence du Titulaire du compte à des fins fiscales et de confirmer la vraisemblance de l'auto-certification en s'appuyant sur les renseignements obtenus dans le cadre de l'ouverture du compte, y compris les documents recueillis en application des Procédures visant à identifier les clients et à lutter contre le blanchiment.

B. Si l'auto-certification établit que le Titulaire du compte réside à des fins fiscales dans une Juridiction soumise à déclaration, l'Institution financière déclarante est tenue de traiter le compte comme un Compte déclarable et l'auto-certification doit indiquer le NIF du Titulaire du compte pour cette Juridiction soumise à déclaration (sous réserve du paragraphe D de la section I) et sa date de naissance.

C. Si un changement de circonstances concernant un Nouveau compte de personne physique se produit et a pour conséquence que l'Institution financière déclarante constate ou a tout lieu de savoir que l'auto-certification initiale est inexacte ou n'est pas fiable, cette institution ne peut utiliser cette auto-certification et doit obtenir une auto-certification valide qui précise l'adresse ou les adresses de résidence du Titulaire du compte à des fins fiscales.

Section V : Procédures de diligence raisonnable pour les Comptes d'entités préexistants

Les procédures suivantes s'appliquent concernant les Comptes d'entités préexistants.

A. **Comptes d'entités non soumis à examen, identification ou déclaration.** Sauf si l'Institution financière déclarante en décide autrement, soit à l'égard de tous les Comptes d'entités préexistants ou, séparément, par rapport à un groupe clairement identifié de tels comptes, un Compte d'entité préexistant dont le solde ou la valeur n'excède pas 250 000 USD au 31 décembre [xxxx] n'a pas à être examiné, identifié ou déclaré comme Compte déclarable tant que son solde ou sa valeur n'excède pas 250 000 USD au dernier jour de toute année civile ultérieure.

B. **Comptes d'entités soumis à examen.** Un Compte d'entité préexistant dont le solde ou la valeur excède 250 000 USD au 31 décembre [xxxx] et un Compte d'entité préexistant dont le solde n'excède pas 250 000 USD au 31 décembre [xxxx] mais dépasse le seuil de 250 000 USD au dernier jour de toute année civile ultérieure doivent être examinés en appliquant les procédures décrites au paragraphe D.

C. **Procédures d'examen relatives à l'identification des Comptes d'entités pour lesquels des déclarations peuvent être requises.** Pour les Comptes d'entités préexistants décrits au paragraphe B, l'Institution financière déclarante doit appliquer les procédures d'examen suivantes :

1. **Déterminer la résidence de l'Entité.**

   a) Examiner les renseignements obtenus à des fins réglementaires ou de relations avec le client (y compris les informations collectées dans le cadre des Procédures visant à identifier les clients et à lutter contre le blanchiment AML/KYC) afin de déterminer la résidence du Titulaire du compte. À cette fin, le lieu de constitution ou de création ou une adresse dans une Juridiction étrangère font partie des renseignements indiquant la résidence du Titulaire du compte.

   b) Si les renseignements obtenus indiquent que le Titulaire du compte est une Personne devant faire l'objet d'une déclaration, l'Institution financière déclarante est tenue de traiter le compte comme un Compte déclarable sauf si elle obtient une auto-certification du Titulaire du compte ou si elle détermine avec une certitude suffisante sur la base de renseignements en sa possession ou qui sont accessibles au public que le Titulaire du compte n'est pas une Personne devant faire l'objet d'une déclaration.

2. **Déterminer la résidence des Personnes détenant le contrôle d'une ENF passive.** S'agissant d'un Titulaire d'un Compte d'entité préexistant (y compris une Entité qui est une Personne devant faire l'objet d'une déclaration), l'Institution financière déclarante doit déterminer si le Titulaire du compte est une ENF passive avec une ou plusieurs Personnes qui en détiennent le contrôle et déterminer la résidence de ces personnes. Si une ou plusieurs Personnes qui détiennent le contrôle d'une ENF passive doivent faire l'objet d'une déclaration, le compte doit être considéré comme un Compte déclarable. À cette fin, l'Institution financière déclarante doit suivre les orientations mentionnées aux alinéas C(2)(a) à (c) dans l'ordre le plus approprié aux circonstances.

a) **Déterminer si le Titulaire du compte est une ENF passive.** Pour déterminer si le Titulaire du compte est une ENF passive, l'Institution financière déclarante doit obtenir une auto-certification du Titulaire du compte établissant son statut, sauf si elle détermine avec une certitude suffisante sur la base de renseignements en sa possession ou qui sont accessibles au public que le Titulaire du compte est une ENF active ou une Institution financière autre qu'une Entité d'investissement décrite à l'alinéa A(6)(b) de la section VIII qui n'est pas une Institution financière d'une Juridiction partenaire.

b) **Identifier les Personnes détenant le contrôle d'un Titulaire de compte.** Pour déterminer les Personnes détenant le contrôle d'un Titulaire de compte, une Institution financière déclarante peut se fonder sur les informations collectées et conservées dans le cadre des Procédures visant à identifier les clients et à lutter contre le blanchiment (AML/KYC).

c) **Déterminer la résidence d'une Personne détenant le contrôle d'une ENF passive.** Pour déterminer la résidence d'une Personne détenant le contrôle d'une ENF passive, une Institution financière déclarante peut s'en remettre :

i) aux renseignements recueillis et collectés en application des Procédures visant à identifier les clients et à lutter contre le blanchiment (AML/KYC) dans le cas d'un Compte d'entité préexistant détenu par une ou plusieurs ENF passives et dont le solde ou la valeur agrégé n'excède pas 1 000 000 USD, ou *ii)* une auto-certification du Titulaire du compte ou de la Personne détenant le contrôle de la ou des juridictions dont cette Personne est résidente à des fins fiscales. En l'absence d'une auto-certification, l'Institution financière déclarante déterminera cette ou ces résidences en suivant les procédures décrites au paragraphe C de la section III.

D. **Calendrier de mise en œuvre de l'examen et procédures supplémentaires applicables aux Comptes d'entités préexistants.**

1. L'examen des Comptes d'entités préexistants dont le solde ou la valeur agrégé est supérieur à 250 000 USD au 31 décembre [xxxx] doit être achevé au plus tard le 31 décembre [xxxx].

2. L'examen des Comptes d'entités préexistants dont le solde ou la valeur agrégé n'excède pas 250 000 USD au 31 décembre [xxxx], mais est supérieure à 250 000 USD au 31 décembre de toute année ultérieure, doit être achevé dans l'année civile qui suit l'année au cours de laquelle le solde ou la valeur agrégé du compte a été supérieur à 250 000 USD.

3. Si un changement de circonstances concernant un Compte d'entité préexistant se produit et a pour conséquence que l'Institution financière déclarante sait ou a tout lieu de savoir que l'auto-certification ou un autre document associé au compte est inexact ou n'est pas fiable, cette Institution doit déterminer à nouveau le statut du compte en appliquant les procédures décrites au paragraphe C de la présente section.

Section VI : Procédures de diligence raisonnable pour les Nouveaux comptes d'entités

Les procédures suivantes s'appliquent concernant les Nouveaux comptes d'entités.

A. **Procédures d'examen relatives à l'identification des Comptes d'entités pour lesquels des déclarations peuvent être requises.** Pour les Nouveaux comptes d'entités, une Institution financière déclarante doit appliquer les procédures d'examen suivantes :

1. **Déterminer la résidence de l'Entité.**

   a) Obtenir une auto-certification, qui peut faire partie des documents remis lors de l'ouverture de compte, permettant à l'Institution financière déclarante de déterminer l'adresse ou les adresses de résidence du Titulaire du compte à des fins fiscales et de confirmer la vraisemblance de l'auto-certification en s'appuyant sur les renseignements obtenus dans le cadre de l'ouverture du compte, y compris les documents recueillis en application des Procédures visant à identifier les clients et à lutter contre le blanchiment. Si l'Entité certifie qu'elle n'a pas d'adresse de résidence à des fins fiscales, l'Institution financière déclarante peut se fonder sur l'adresse de son établissement principal afin de déterminer la résidence du Titulaire du compte.

b) Si l'auto-certification établit que le Titulaire du compte réside dans une Juridiction soumise à déclaration, l'Institution financière déclarante est tenue de traiter le compte comme un Compte déclarable sauf si elle détermine avec une certitude suffisante sur la base de renseignements en sa possession ou qui sont accessibles au public que le Titulaire du compte n'est pas une Personne devant faire l'objet d'une déclaration au titre de cette Juridiction soumise à déclaration.

2. **Déterminer la résidence des Personnes détenant le contrôle d'une ENF passive.** S'agissant d'un Titulaire d'un Nouveau compte d'entité (y compris une Entité qui est une Personne devant faire l'objet d'une déclaration), l'Institution financière déclarante doit déterminer si le Titulaire du compte est une ENF passive avec une ou plusieurs Personnes qui en détiennent le contrôle et déterminer la résidence de ces Personnes devant faire l'objet d'une déclaration. Si une ou plusieurs Personnes qui détiennent le contrôle d'une ENF passive doivent faire l'objet d'une déclaration, le compte doit être considéré comme un Compte déclarable. À cette fin, l'Institution financière déclarante doit suivre les orientations mentionnées aux alinéas A(2)(a) à (c) dans l'ordre le plus approprié aux circonstances.

a) **Déterminer si le Titulaire du compte est une ENF passive.** Pour déterminer si le Titulaire du compte est une ENF passive, l'Institution financière déclarante doit obtenir une auto-certification du Titulaire du compte établissant son statut, sauf si elle détermine avec une certitude suffisante sur la base de renseignements en sa possession ou qui sont accessibles au public que le Titulaire du compte est une ENF active ou une Institution financière autre qu'une Entité d'investissement décrite à l'alinéa A(6)(b) de la section VIII qui n'est pas une Institution financière d'une Juridiction partenaire.

b) **Identifier les Personnes détenant le contrôle d'un Titulaire de compte.** Pour déterminer les Personnes détenant le contrôle d'un Titulaire de compte, une Institution financière déclarante peut se fonder sur les informations collectées et conservées dans le cadre des Procédures visant à identifier les clients et à lutter contre le blanchiment (AML/KYC).

c) **Déterminer la résidence d'une Personne détenant le contrôle d'une ENF passive.** Pour déterminer la résidence d'une Personne détenant le contrôle d'une ENF passive, une Institution financière déclarante peut s'en remettre à une auto-certification du Titulaire du compte ou de cette Personne détenant le contrôle.

Section VII : Règles de diligence raisonnable particulières

Pour la mise en œuvre des diligences raisonnable décrites ci-dessus, les règles supplémentaires suivantes s'appliquent :

A. **Recours aux auto-certifications et aux Pièces justificatives.** Une Institution financière déclarante ne peut pas se fier à une auto-certification ou à une Pièce justificative si elle sait ou a tout lieu de savoir que cette auto-certification ou cette Pièce justificative est inexacte ou n'est pas fiable.

B. **Procédures alternatives pour les Comptes financiers détenus par une personne physique bénéficiaire d'un Contrat d'assurance susceptible de rachat ou d'un Contrat de rente.** Une Institution financière déclarante peut présumer que le bénéficiaire d'un Contrat d'assurance avec valeur de rachat ou d'un Contrat de rente (autre que le souscripteur) qui perçoit un capital à la suite d'un décès n'est pas une Personne devant faire l'objet d'une déclaration et peut considérer que ce Compte financier n'est pas un Compte déclarable à moins que l'Institution financière déclarante ait effectivement connaissance du fait que le bénéficiaire du capital est une Personne devant faire l'objet d'une déclaration ou ait tout lieu de le savoir. Une Institution financière déclarante a tout lieu de savoir que le bénéficiaire du capital d'un Contrat d'assurance avec valeur de rachat ou d'un Contrat de rente est une Personne devant faire l'objet d'une déclaration si les informations recueillies par l'Institution financière déclarante et associées au bénéficiaire comprennent des indices de résidence dans une Juridiction étrangère visés au paragraphe B de la section III. Si une Institution financière déclarante sait, ou a tout lieu de savoir, que le bénéficiaire est une Personne devant faire l'objet d'une déclaration, elle doit suivre les procédures énoncées au paragraphe B de la section III.

C. **Agrégation des soldes de compte et règles de conversion monétaire.**

1. **Agrégation des soldes de Comptes des personnes physiques.** Pour déterminer le solde ou la valeur totale des Comptes financiers détenus par une personne physique, une Institution financière déclarante doit agréger tous les Comptes financiers détenus auprès d'elle ou auprès d'une Entité liée, mais uniquement dans la mesure où ses systèmes informatiques établissent un lien entre ces comptes grâce à une donnée telle que le numéro de client ou le NIF, et permettent ainsi d'effectuer l'agrégation des soldes ou des valeurs des comptes. Chaque Titulaire d'un compte joint se voit attribuer le total du solde ou de la valeur de ce compte aux fins de l'application de ces règles.

2. **Agrégation des soldes de Comptes d'entités.** Pour déterminer le solde ou la valeur totale des Comptes financiers détenus par une Entité, une Institution financière déclarante doit tenir compte de tous les Comptes financiers détenus auprès d'elle ou auprès d'une Entité liée, pour autant que ses systèmes informatiques établissent un lien entre ces comptes grâce à une donnée telle que le numéro de client ou le NIF, et permettent ainsi d'effectuer l'agrégation des soldes ou des valeurs des comptes. Chaque Titulaire d'un compte joint se voit attribuer le total du solde ou de la valeur de ce compte aux fins de l'application de ces règles.

3. **Règle d'agrégation particulière applicable aux chargés de clientèle.** Pour déterminer le solde total ou la valeur totale des Comptes financiers détenus par une personne dans le but d'établir si un Compte financier est de valeur élevée, une Institution financière déclarante doit également agréger les soldes de tous les comptes, lorsqu'un chargé de clientèle sait ou a tout lieu de savoir que ces comptes appartiennent directement ou indirectement à la même personne ou qu'ils sont contrôlés ou ont été ouverts par la même personne (sauf en cas d'ouverture à titre fiduciaire).

4. **Les montants incluent leur équivalent en d'autres monnaies.** Tous les montants sont exprimés en dollars des États-Unis et renvoient à leur contre-valeur en d'autres monnaies, conformément au droit interne.

Annexe 6

Déclaration relative à l'Échange automatique de renseignements en matière fiscale

(Adopté le 6 mai 2014)

NOUS, MINISTRES ET REPRÉSENTANTS de l'Afrique du sud, de l'Allemagne, de l'Arabie saoudite, de l'Argentine, de l'Australie, de l'Autriche, de la Belgique, du Brésil, du Canada, du Chili, de la République populaire de Chine, de la Colombie, de la Corée, du Costa Rica, du Danemark, de l'Espagne, de l'Estonie, des États-Unis, de la Finlande, de la France, de la Grèce, de la Hongrie, de l'Inde, de l'Indonésie, de l'Irlande, de l'Islande, d'Israël, de l'Italie, du Japon, de la Lettonie, de la Lituanie, du Luxembourg, de la Malaisie, du Mexique, de la Norvège, de la Nouvelle-Zélande, des Pays-Bas, de la Pologne, du Portugal, de la République slovaque, de la République tchèque, du Royaume-Uni, de Singapour, de la Slovénie, de la Suède, de la Suisse, de la Turquie et de l'Union Européenne ;

SALUANT la *Norme d'échange automatique de renseignements relatifs aux comptes financiers* de l'OCDE, qui contient les éléments fondamentaux nécessaires à l'établissement d'une norme mondiale commune et unique pour l'échange automatique de renseignements relatifs aux comptes financiers (« la nouvelle norme mondiale unique »), offrant ainsi aux administrations fiscales du monde entier un nouvel outil très efficace pour lutter contre la fraude et l'indiscipline fiscales internationales ;

NOTANT AVEC SATISFACTION le fort soutien qui y est apporté par les ministres des Finances et gouverneurs de banque centrale des pays du G20 et leur engagement à la mettre en œuvre exprimé lors de leur réunion des 22 et 23 février 2014 ;

CONSIDÉRANT que l'évasion et la fraude fiscales compromettent la confiance des citoyens dans l'équité et l'intégrité du système fiscal dans son ensemble, ce qui nuit à la discipline fiscale volontaire de l'ensemble des contribuables, condition essentielle à l'efficacité de l'administration de l'impôt ;

CONSIDÉRANT que la lutte contre l'évasion et la fraude fiscales permettra d'accroître les recettes qui contribueront à financer l'investissement public propice à la croissance, à assainir nos finances publiques et à offrir les services publics essentiels qui sont demandés par nos citoyens ;

CONSCIENTS qu'avec la mondialisation croissante de l'économie mondiale, il devient plus facile, pour tous les contribuables, d'effectuer, de conserver et de gérer des placements par le biais d'institutions financières situées hors de leur pays de résidence, et que les investissements à l'étranger peuvent échapper à l'impôt si les contribuables qui les détiennent ne respectent pas leurs obligations fiscales, au détriment de ceux qui paient leurs impôts ;

CONSIDÉRANT que l'évasion et la fraude fiscales internationales constituent un grave problème pour les juridictions du monde entier, qu'elles soient grandes ou petites, développées ou en développement ;

CONSCIENTS que la coopération entre les administrations fiscales est essentielle pour lutter contre l'évasion et la fraude fiscales et promouvoir la discipline fiscale internationale, et que l'échange effectif de renseignements de façon automatique, encadré par des garanties appropriées, est un aspect déterminant de cette coopération ;

RECONNAISSANT les progrès considérables réalisés par le Forum mondial sur la transparence et l'échange de renseignements à des fins fiscales (le « Forum mondial ») pour faire en sorte que les normes internationales de transparence et d'échange de renseignements sur demande soient pleinement mises en œuvre dans le monde ;

NOTANT l'intérêt croissant manifesté par de nombreux pays pour les possibilités offertes par l'échange automatique et réciproque de renseignements entre autorités fiscales ;

SALUANT les engagements déjà pris en faveur d'une adoption rapide de la nouvelle norme mondiale unique par un grand nombre de pays et de juridictions ;

CONSCIENTS que la nouvelle norme mondiale unique ne doit pas entraîner des coûts économiques et administratifs indus ;

NOTANT que même si la nouvelle norme mondiale unique couvre les renseignements relatifs aux comptes financiers, elle ne restreint pas la possibilité des pays à échanger des renseignements financiers en s'appuyant sur d'autres formes de mécanismes juridiques ou à échanger d'autres types ou catégories de renseignements de façon automatique ;

RECONNAISSANT le rôle important que la Convention multilatérale concernant l'assistance administrative mutuelle en matière fiscale peut jouer pour faciliter une mise en œuvre rapide de l'échange automatique de renseignements et SALUANT le fait que plus de 60 pays l'ont déjà signée, y compris pratiquement tous les pays de l'OCDE, tous les pays du G20 et un nombre croissant de centres financiers et de pays en développement ;

SALUANT la création récente, par le Forum mondial, d'un Groupe de travail sur l'échange automatique de renseignements, chargé de mettre en place un mécanisme permettant de suivre et d'examiner la mise en œuvre de la nouvelle norme unique d'échange automatique de renseignements, et d'établir un cadre pour offrir une assistance technique aux pays en développement qui souhaitent se conformer à la norme.

****

1. DÉCLARONS que nous sommes déterminés à combattre l'évasion et la fraude fiscales internationales et à promouvoir la discipline fiscale internationale en mettant en place une assistance administrative mutuelle en matière fiscale et en instaurant des règles du jeu équitables ;

2. CONFIRMONS que l'échange automatique de renseignements relatifs aux comptes financiers contribuera à la réalisation de ces objectifs, surtout si la nouvelle norme mondiale unique, prévoyant notamment la transparence totale sur les participations, est mise en œuvre par tous les centres financiers ;

3. RECONNAISSONS que les renseignements échangés sur le fondement de la nouvelle norme mondiale unique font l'objet de garanties appropriées, incluant certaines exigences de confidentialité et l'obligation d'utiliser les renseignements uniquement aux fins prévues par l'instrument juridique en vertu duquel ils sont échangés ;

4. SOMMES DÉTERMINÉS à mettre en œuvre la nouvelle norme mondiale unique rapidement et selon le principe de la réciprocité. Nous transcrirons la norme dans notre droit interne, notamment pour veiller à ce que les renseignements relatifs à la propriété effective des personnes morales et des constructions juridiques soient effectivement collectés et échangés conformément à la norme ;

5. DEMANDONS à tous les centres financiers de mettre en œuvre au plus vite la nouvelle norme mondiale unique ;

6. SOULIGNONS la nécessité d'apporter une aide aux pays en développement pour leur permettre de tirer profit de cette forme de coopération ;

7. DEMANDONS INSTAMMENT au Comité des affaires fiscales de l'OCDE, en coopération avec les membres du G20, d'élaborer rapidement a) des commentaires détaillés propres à assurer une mise en œuvre cohérente de la nouvelle norme mondiale unique, ainsi que b) les modalités

techniques et les garanties restant à finaliser y compris les informations et les orientations sur les solutions techniques requises, un format standard de déclaration et d'échange, et des normes minimales en matière de confidentialité ;

8.   ESCOMPTONS que les derniers éléments des travaux mentionnés au paragraphe 7 soient finalisés et approuvés d'ici le milieu de l'année 2014 ;

9.   ENCOURAGEONS tous les pays qui ne l'ont pas encore fait à signer et ratifier sans plus tarder la Convention multilatérale concernant l'assistance administrative mutuelle en matière fiscale ;

10.   COMPTONS sur la mise en place rapide, par le Forum mondial, d'un mécanisme permettant de suivre et d'examiner la mise en œuvre de la nouvelle norme mondiale unique ;

11.   INVITONS le Secrétaire général de l'OCDE à faire rapport des progrès accomplis par le Comité des affaires fiscales dans l'élaboration d'orientations supplémentaires sur la mise en œuvre de la nouvelle norme mondiale unique lors de la Réunion du Conseil au niveau des Ministres de 2015 et auprès d'autres enceintes internationales le cas échéant.

Annexe 7

Recommandation du Conseil
sur la Norme d'échange automatique de renseignements relatifs aux comptes financiers en matière fiscale

(Adopté le 15 julliet 2014)

LE CONSEIL

VU l'article 5 b) de la Convention relative à l'Organisation de coopération et de développement économiques, en date du 14 décembre 1960 ;

VU la Recommandation du Conseil sur l'évasion et la fraude fiscales [C(77)149/FINAL], la Recommandation du Conseil sur l'utilisation des numéros d'identification fiscale dans un contexte international [C(97)29/FINAL] et la Recommandation du Conseil relative au Modèle de convention fiscale concernant le revenu et la fortune [C(97)195/FINAL] ;

VU l'article 26 du Modèle de convention fiscale concernant le revenu et la fortune ;

VU la Convention concernant l'assistance administrative mutuelle en matière fiscale du 25 janvier 1988, telle qu'amendée par le Protocole de 2010 [C(2010)10/FINAL], qui compte un nombre croissant de Parties et de signataires, totalisant plus de 65 pays à l'heure actuelle ;

VU les progrès significatifs accomplis par le Forum mondial sur la transparence et l'échange de renseignements à des fins fiscales pour faire en sorte que les normes internationales de transparence et d'échange de renseignements sur demande soient pleinement mises en œuvre dans le monde ;

VU la Déclaration sur l'échange automatique de renseignements en matière fiscale en date du 6 mai 2014 [C/MIN(2014)5/FINAL] qui a été adoptée par tous les Membres de l'OCDE auxquels s'ajoutent l'Afrique du Sud, l'Andorre, l'Arabie Saoudite, l'Argentine, le Brésil, la Colombie, le Costa

Rica, l'Inde, l'Indonésie, la Lettonie, la Lituanie, la Malaisie, la République populaire de Chine et Singapour ainsi que l'Union européenne ;

CONSIDÉRANT que la coopération internationale joue un rôle essentiel dans la lutte contre la fraude et l'évasion fiscales et pour le respect des obligations fiscales, et que l'échange effectif de renseignements sur une base automatique, encadré par des garanties appropriées, est un aspect déterminant de cette coopération ;

CONSIDÉRANT que l'adoption d'une norme unique d'échange automatique de renseignements relatifs aux comptes financiers en matière fiscale évitera la multiplication de normes différentes qui accroîtrait la complexité et les coûts, à la fois pour les pouvoirs publics et pour les institutions financières ;

CONSIDÉRANT que la mise en œuvre d'une norme unique par tous les centres financiers permettra de créer des règles du jeu équitables pour tous ;

CONSIDÉRANT la nécessité d'encourager une mise en œuvre et une interprétation cohérentes de la norme unique par tous les pays ;

CONSIDÉRANT le mandat du Forum mondial sur la transparence et l'échange de renseignements à des fins fiscales et l'évolution rapide des normes de transparence et d'échange de renseignements en matière fiscale ;

SALUANT la Norme d'échange automatique de renseignements relatifs aux comptes financiers en matière fiscale, composée de la Norme commune de déclaration et du Modèle d'accord entre autorités compétentes, (ci-après la « Norme »), approuvée par le Comité des affaires fiscales ;

PRENANT NOTE des Commentaires sur la Norme commune de déclaration et sur le Modèle d'accord entre autorités compétentes (ci-après les « Commentaires »), approuvés par le Comité des affaires fiscales [C(2014)81/ ADD1] ;

Sur proposition du Comité des affaires fiscales :

I.   RECOMMANDE que les Membres et les non-Membres qui adhèrent à cette Recommandation (ci-après les « Adhérents ») mettent en œuvre rapidement sur une base réciproque la Norme telle qu'elle figure en Annexe à la présente Recommandation dont elle fait partie intégrante.

À cet effet, les Adhérents devraient :

a)   transposer la Norme dans leur droit interne, notamment pour faire en sorte que les renseignements sur la propriété effective des personnes morales et des constructions juridiques soient effectivement recueillis et échangés conformément à la Norme ;

b) prendre les mesures nécessaires, dans le respect de leur droit interne, pour mettre en œuvre toute modification à la Norme ; et

c) veiller à ce que des garanties adéquates soient mises en place pour protéger la confidentialité des renseignements échangés et pour se conformer à l'obligation que ces renseignements soient utilisés uniquement aux fins prévues par l'instrument juridique en vertu duquel l'échange a lieu ;

II.   RECOMMANDE que les Adhérents suivent les Commentaires lorsqu'ils mettent en œuvre et interprètent les dispositions pertinentes de leur droit interne ;

III.   INVITE les Adhérents et le Secrétaire général à diffuser largement cette Recommandation ;

IV.   INVITE les non-Membres à mettre en œuvre la Norme et à adhérer à la présente Recommandation ;

V.   INVITE les Adhérents à appuyer les efforts de renforcement des capacités et d'assistance aux pays en développement afin qu'ils puissent prendre part à cette forme de coopération et en tirer profit ;

VI.   INVITE tous les pays qui ne l'ont pas encore fait à signer et à ratifier la Convention concernant l'assistance administrative mutuelle en matière fiscale telle qu'amendée par le Protocole de 2010 ;

VII.   INVITE le Forum mondial sur la transparence et l'échange de renseignements à des fins fiscales à assurer le suivi de la mise en œuvre de la Norme ;

VIII. DEMANDE au Comité des affaires fiscales :

(i) de suivre la mise en œuvre de la Recommandation et de faire rapport au Conseil au plus tard trois ans après son adoption, et régulièrement par la suite ;

(ii) de se tenir prêt à réexaminer la Norme et les Commentaires à la lumière de l'expérience acquise par les Adhérents et en concertation avec les parties prenantes ;

(iii) d'adopter les modifications qu'il y aurait lieu d'apporter aux Commentaires et de formuler des propositions appropriées au Conseil en vue de modifier la Norme.

ORGANISATION DE COOPÉRATION
ET DE DÉVELOPPEMENT ÉCONOMIQUES

L'OCDE est un forum unique en son genre où les gouvernements œuvrent ensemble pour relever les défis économiques, sociaux et environnementaux liés à la mondialisation. À l'avant-garde des efforts engagés pour comprendre les évolutions du monde actuel et les préoccupations qu'elles suscitent, l'OCDE aide les gouvernements à y faire face en menant une réflexion sur des thèmes tels que le gouvernement d'entreprise, l'économie de l'information et la problématique du vieillissement démographique. L'Organisation offre aux gouvernements un cadre leur permettant de confronter leurs expériences en matière d'action publique, de chercher des réponses à des problèmes communs, de recenser les bonnes pratiques et de travailler à la coordination des politiques nationales et internationales.

Les pays membres de l'OCDE sont : l'Allemagne, l'Australie, l'Autriche, la Belgique, le Canada, le Chili, la Corée, le Danemark, l'Espagne, l'Estonie, les États-Unis, la Finlande, la France, la Grèce, la Hongrie, l'Irlande, l'Islande, Israël, l'Italie, le Japon, le Luxembourg, le Mexique, la Norvège, la Nouvelle-Zélande, les Pays-Bas, la Pologne, le Portugal, la République slovaque, la République tchèque, le Royaume-Uni, la Slovénie, la Suède, la Suisse et la Turquie. L'Union européenne participe aux travaux de l'OCDE.

Les Éditions OCDE assurent une large diffusion aux travaux de l'Organisation. Ces derniers comprennent les résultats de l'activité de collecte de statistiques, les travaux de recherche menés sur des questions économiques, sociales et environnementales, ainsi que les conventions, les principes directeurs et les modèles développés par les pays membres.

ÉDITIONS OCDE, 2, rue André-Pascal, 75775 PARIS CEDEX 16
(23 2014 13 2 P) ISBN 978-92-64-22206-9 – 2014

19224890R00186

Printed in Great Britain
by Amazon